BITCH!

歷史中最美麗叛逆、敢作敢為的15位婊子英雄

Polissonnes: Les grands secrets d’alcôves de l’Histoire

皮埃爾・盧內爾（Pierre Lunel） 著／克蘿伊　譯

序幕

自遙遠的記憶以來，人們就認為女人生來即是為了服從男人。首先，她得服從她的父親，接著，得順服她的丈夫。必須順從是因為她們「很危險」……。

當然，父權社會是根據夏娃或聖母瑪利亞這兩種典型塑造出了女人。她若不是注定得披上婚紗或是進入修道院當修女；就是誘惑的化身，是魔鬼，是女巫。至少，是一條毒蛇。如果亞當是共犯，那麼將蘋果遞給他的人，不正是夏娃嗎？這位女子既誘人又令人懼怕。無論如何，最好將她馴服。男人可從未放棄自己的這項權利。

兩千年來，除了男人允許的一丁點施捨外，女人一無所有。自由、欲望、權力……一切都被剝奪了。她們在愛情中出軌等於犯下重罪。對社會所有階層的男人而言，能毫無一絲風險地沉醉於通姦；可是大膽外遇的女子卻被視為罪人而遭受嚴厲的懲罰。女人的欲望、女人的愛情和激情，在男人的王國裡沒有一席之地，多麼可悲的境遇啊……。

然而，仍有些女人勇於拋開丈夫的保護、禮教規範和枷鎖——這些很多時候會以社會習俗、家族內的協議為其美名，而強加於身。她們為了自由之名如此行：自由地按照她們的意願，活出她們的品味、她們的激情和她們的愛情，而不顧任何危險和閒言閒語。這群不受束縛的女人是女性自由的先鋒，我認為她們應該以平等的名義，在萬神殿中占有一席之地。

當我在撰寫前一本關於戴綠帽的丈夫們——那些男人被他們以為已受控制的女人挫敗——的著作時，我已經開始與其中某一些美妙的生物相遇了。那時我發現，即使是那些最偉大崇高的人物，甚至天才們，仗著名望認為可以掌控他們的妻子，卻可能綠光罩頂。這讓我感到無比愉悅，出於一種公道……為什麼僅有女人該被愚弄，還得為此感到幸福，但男人卻能以優雅的姿態戴著綠帽呢？不過，我向自己承諾，不能就此善罷甘休。那些按自身意志而活，並引起當時代輿論的著名女性，如果不讓她們躍上舞台，我便不能貫徹摧毀男性狂妄自大的計劃。

因此我思索著適合這些女子的詞彙，我終於找到了：她們叫做婊子英雄[1]！這詞含有難以言喻的反叛，深得我心；帶一點香檳的滋味，和些許的不敬之意。這些女主角有著討人喜愛的膽識、淘氣的笑容；她們蠱惑人心、迷人又具吸引力。

她們共有十五位，原本該有二十位或是三十位之多……未於本書述及的女英雄，請原諒我。希望她們看到這些登場人物將自己如此出色地演繹時，從而感到安慰。對我來說，我的獎賞則是讓您感到相同的戰慄、相同的愉悅，任您溜進她們私密生活的核心。

1 原文為polissonne，有淘氣、不服管教、放蕩、下流等意涵。

目錄

逼瘋了神聖的奧古斯都——金髮茱莉亞

那些我們深愛的希臘羅馬史詩片，傳遞著古羅馬貴族社會女子的既定形象——也是唯一可以引起小說家和電視製作人感興趣的樣貌——既獨立，又高傲，任意指揮著她的一幫奴隸，甚至是她的男人。但，這是一個嚴重的誤解。關於對莉薇亞[1]這女子的回憶誤導了我們的印象，她是奧古斯都[2]皇帝的第二任妻子，不輕易受人誆騙，且與丈夫平起平坐。

人們忘記奧古斯都——偉大尤里烏斯．凱撒[3]的繼承人和繼任者——總是需要妻子來指引他的決策；再者，莉薇亞從未欺騙過「她」親愛的奧古斯都，儘管她勇氣十足，卻從不涉險……女子通姦是羅馬男人絕對無法容忍的汙辱，這是一種可怕的大男人主義！儘管男人可在其他女人的陪伴下度過美好的時光，他卻無法忍受出軌；著名的羅馬法律生逢其時，嚴峻地懲罰那些忘記予以其主人和丈夫尊重的女子們。在羅馬當個輕浮女人是多麼的危險啊！

然而，儘管在如此險惡的情況下，大膽的女子們仍會犯下荒唐的事。究竟是哪些女主人公，值得我們在象徵自由的博物館中樹立她們的雕像？

當我們提及羅馬的婊子英雄時，腦海中會浮現兩個名字：第一個是麥瑟琳娜[4]——讓其丈夫克勞狄[5]皇帝戴過的綠帽總數，堆起來跟羅馬競技場的圍牆一樣高。第二個是繼任的妻子小阿格里皮娜[6]，她的私生活淫亂有過之而無不及，還用一盤毒蘑菇擺脫口吃的丈夫。毫無疑問，這兩位女子樹立很高的門檻，但在我們詳述她們的故事之前，先來向一位先鋒人物致敬——她對兩女子的事績，可說毫無欣羨，她名叫茱莉亞[7]……。

茱莉亞天生便有著一副讓朱庇特大帝[8]發狂的容顏，即便將維納斯的美貌與之相比，亦難分軒輊。當時的羅馬正歷經完內戰和凱撒大帝的統治期：克麗奧佩脫拉七世[9]在亞克興[10]大敗後，以毒蛇咬傷手臂，自殺身亡。羅馬如母狼一般吞噬整個已知的世界，當時再也沒有其他需要征服的地方。如果生活沒有欲望和愛情，人們便會感到無聊至極。奧古斯都，原名屋大維，是凱撒的養子，他自稱「第一公民」[11]而非第一任皇帝，展現出自己的虛偽；

---

1 莉薇亞（Livia Drusilla，西元前五十九或五十八年至西元二九年）。羅馬帝國早期最有權力的女子。
2 奧古斯都（Imperator Caesar Divi filius Augustus，西元前六十三年至西元一四年）。羅馬帝國的開國君主。
3 尤利烏斯・凱撒（Gaius Iulius Caesar，西元前一百年至西元前四十四年）。羅馬共和國體制獨裁者。
4 麥瑟琳娜（Valeria Messalina，西元一七年至西元四八年）。羅馬皇帝克勞狄一世的皇后，尼祿皇帝的堂親。
5 克勞狄一世（Claudius I，西元前十年至西元五四年）。羅馬帝國朱里亞・克勞狄王朝的第四任皇帝，西元四一年至五四年在位。
6 小阿格里皮娜（Agrippina Minor，西元十五年至西元五九年）。尼祿的母親。
7 茱莉亞（Julia Augusti filia，西元前三十九年至西元一四年）。又稱大茱莉亞，是奧古斯都的獨生女。
8 朱庇特（Iuppiter）。古羅馬神話的眾神之王。
9 克麗奧佩脫拉七世（Kleopátra Philopátōr，西元前六十九年至西元前三十年）。她是古埃及托勒密王朝末代女王，世稱「埃及豔后」。
10 亞克興（Actium），古羅馬地名。西元前三十一年於該地爆發戰役，屋大維擊敗馬克・安東尼（Marcus Antonius），開創羅馬帝國。
11 第一公民（Premier des citoyens，拉丁文為Princeps Civitatis），又稱元首。是羅馬元老院的領導人。

同時以絕對的權力，和輔佐於側的莉薇亞，統治了羅馬帝國。這位巾幗不讓鬚眉的情人，指引他的決策，甚至對於道德風俗之事比男人更加鐵面無情。

奧古斯都唯一的女兒茱莉亞在帕拉丁山丘（Mont Palatin）一座簡陋的宮殿中，度過她的童年和青年時期；那裡，僅有著如墳場般的生氣，所幸，她優秀的血統無法被掩蓋，茱莉亞並非出自可悲的莉薇亞母胎，而是奧古斯都的第二任妻子、性格充滿喜悅的斯里柏尼婭（Scribonia）之女；且幸運的是，她沒有繼承奧古斯都如幼鳥般的脆弱，或是彷彿埃及豔后宮廷太監般的男子氣概。

花樣年華的女孩，沒有人像她一樣熱情、嬌豔和開朗；加上她極度迷人，越發令人不可抗拒。才步入青年，她內心的欲望無法抑止，甚至喜歡注視著馬匹的突起部位。「這可真是不得了！」奧古斯都和莉薇亞認為，必須儘早給這野孩子一條馬籠頭，意即是，在醜聞爆發之前，就將她嫁出去。在這些羅馬貴族的家庭中，相互通婚是時下風俗；毫無疑問，當時對近親繁衍的危險一無所知，因此茱莉亞的丈夫人選被快速地選定：他叫做馬塞盧斯（Marcellus），是奧古斯都珍愛的姐姐屋大薇亞（Octavie）的首任婚姻之子，即奧古斯都的表姪子、茱莉亞的表弟。馬塞盧斯和茱莉亞一樣，擁有美麗的外在，都是金髮、身形修長，一雙藍色的眼睛，兩人猶若一對兄妹。但是這兩人等不及新婚之夜，早早趕赴良宵。

茱莉亞不滿及笄之年，在微弱的暮色中，在噴泉誘惑人心的淙淙水流聲中，馬塞盧斯嘶吼著喉嚨，唱遍全世界獻與心愛戀人的歌曲，無論是強烈的或是悲傷的愛情……他如何能抵抗得了她呢？她擁有完美的身軀和誘人的神情。總之，他們結婚了，奧古斯都如釋重負地鬆了一口氣，這早該完成了。有什麼事能比兩個孩子相愛更美好呢？一切似乎都朝著所有人認為最好的方向邁進，奧古斯都的繼承權顯然是許諾交給馬塞勒斯的，因為馬塞勒斯是他的家族血脈，也是偉大的凱撒大帝的血脈。但此事卻讓莉薇亞怒火中燒，因為她很長一段時間，耗費心力才將自己在首任婚姻中生下的兒子提比略[12]一個大蠢才——推進到繼承的第一順位。奧古斯特出身尤里烏斯氏族，而她是克勞狄烏斯氏族。

但此時此刻，這所有的權力問題對茱莉亞來說根本無關緊要：她有一個年輕、英俊、聰明且熱情的丈夫。他愛她，已足矣。對一名十六歲的女孩來說，沒有什麼比愛更重要。她不只是品嘗，而是全心全意地浸潤於愛情裡；她貪婪地享受生命，和其餘的一切。她心中懷抱著永恆的幸福，放縱自己的感官。她熱愛夜晚，因為每個夜裡都充滿了愛火。最重要的是，馬塞盧斯是個很棒的情人。她從白天開始直至黃昏迫近都在沉睡，醒來時會感到相當不耐，恨不得夜晚即刻來臨。她一刻鐘都沒有想起莉薇亞，那個對她恨之入骨的莉薇亞，就像一名女子恨另一位女子那樣多。想當然爾，如果她能夠嫁給提比略，莉薇亞對她

---

12 提比略（Tiberius Julius Caesar Augustus，西元前四十二至西元三七年），羅馬帝國第二任皇帝。

的恨意就會少一點。

悲劇突然地發生。這個強壯無比、得以讓人頒發一張長壽證書的馬塞盧斯，驀地一臥不起，這位所向無敵的男子忽然感到非常疲倦。

他再也無法進食，他指責著前天吞下的海膽。他節制飲食，並且迅速消瘦。茱莉亞驚慌失措。對她而言，身體健康是她所愛的男人的自然天性，密不可分，一如清泉必得澄澈、葉子色澤也應該是青綠色的！她心愛丈夫染上病症，根本是對生命法則的一種侮辱。她請父親召來他的內醫穆薩（Musa），奧古斯都知道如何讓最優秀的人才環側於身，因此若談到疾病，他擁有羅馬最好的醫生。穆薩以前曾為困擾著奧古斯都的問題展現奇蹟，儘管他仍體弱多病，像杜鵑一樣孱弱。但要拯救如馬塞盧斯般強壯的人，不過是輕而易舉。起碼茱莉亞如此深信。然而，病人的病情不但每下愈況，更將穆薩惱怒的是，他慣常使用來治世界百病且相當靈驗的藥水，完全無助於抵擋這位年青人滑向死亡的國度。茱莉亞拒絕接受這個事實。

屈服不是她的本性，即使是面對卡瑪德[13]的進逼。她請羅馬貧民窟的女巫診斷，賞以重金，懇求她們，甚至威脅她們，直到求助無門。她向穆薩問了一個盤旋在她心裡亟欲脫口的問題：「難道有人對他下毒嗎？」

「看起來不是。」醫生答道。「但的確有許多毒藥能不留一丁點痕跡。」他補充道。這答案無法讓茱莉亞安心。

從此之後，送給馬塞盧斯的任何食物和飲料，都必須先讓奴隸驗毒。一天早晨，當馬塞盧斯醒來時，他示意茱莉亞近身：「我要死了。」他低聲說道。

「你瘋了！這絕不可能！我不准你死！」頑強的女子回道。

「有種毒藥在我身上發作了……」茱莉亞打斷他：「這不可能！我採取了一切防備的措施……」突然一股排山倒海的憤怒湧上她的心頭，這是她身為一個女人的憤怒，不僅僅是年輕女孩的憤怒，她如今肯定了：有人要謀殺她的丈夫。

以細火慢熬的速度，唯有某種難以覺察的毒藥，才足以將一個充滿青春活力和健康氣息的生命，變成如今這個垂死的男人，他的眼圈發黑，髮絡挾著汗水。她的怒火隨之被沮喪取代，她將再也無法感受到他放在她乳房上的手和熾熱的身體，他再也不能和她歡愛了，有人扼殺了她的幸福。而誰將在罪中受益？思此問題，答案呼之即出。她再熟悉對方不過……是莉薇亞。茱莉亞突然覺得自己的內心被恨意啃蝕著。正如她預想的，隔天，馬塞

13 卡瑪德（Camarde）是寓言和擬人化的死亡人物，以骨骼或瘦弱的人形顯現。

盧斯嚥下了最後一口氣。

茱莉亞陷入絕望，她正值十八歲，似乎是生命永不凋零、什麼瘋狂的願望都可以實現的年紀，突然一陣惡耗……如同湛藍天空中突然闖入的龍捲風一樣，茱莉亞遭受晴天霹靂的打擊，她再也無法恢復。自從穆薩把她移出死者的房間，拿一塊溼布將她從沉睡中拍醒，之後她便一直想著毒藥的事。她對罪魁禍首是誰毫不懷疑，那個眼中盛滿眼淚、擁抱她，向她保證會分擔她痛苦的人——莉薇亞……。

她拜見父親，訴說她的疑慮；她在第一時間未提及莉薇亞的名字，隨著被悲痛和過分壓抑的仇恨淹沒，她傾訴心中的想法。然而，正如她所預料的一樣，父親的回應狂暴無比：「妳哪裡來的膽子，敢指控莉薇亞？難道妳瘋了嗎？如果這樣的八卦在羅馬流傳，我會立即將道聽塗說的男人或女人釘死在十字架上，妳聽懂了嗎？」

茱莉亞本應該抱持謹慎，為了她自己好而勒緊自己的舌頭、自我約束，隱藏心裡的疑慮。究竟是什麼奇異的本領？讓莉薇亞完全控制住奧古斯都，支配他、掌握他。茱莉亞也理解到，在奧古斯都為家族的謀算中，這些家庭衝突並不在計劃之內。為了讓家族能夠永遠治領羅馬，對外，他的家人必須展現出光鮮亮麗、完美和毫無汙點……保持無懈可擊和團結一致。而茱莉亞則是第一位，因為愚蠢的婦人之見的揣測，而阻礙此一遠大前景的人。

奧古斯都對他侄子的死因毫不在乎，懷著專屬於政客的冷酷無情，他只想著未來。馬塞盧斯死了，也罷；但是家族必須永遠存續著……僅此而已！至於茱莉亞，好吧，她只能假裝一切無恙，尤其是假裝仍愛著她的繼母，這點無庸置疑。

一年的光陰還未過去，奧古斯都便對茱莉亞展開溫情攻勢，正如他每次盤算著某個計劃時一樣。這位十九歲的年輕女子對他可說是瞭若指掌，她猜中他的期望，她必須再婚。對於她持續不斷、在夜裡化成噩夢的哀痛，奧古斯都一點也不在乎。

家族的安全危在旦夕，他沒有兒子，如果他期望後繼有人，就只能指望茱莉亞。將她嫁出去，嫁給誰呢？我們可以料想，在由「家長」（Pater）掌控的這些家庭中，女兒沒有發言的權利。奧古斯都左右為難，他兩位密不可分的朋友：梅塞納斯[14]，無與倫比的藝術家保護者；以及他的將軍，阿格里帕[15]，真正在亞克興大敗克麗奧佩脫拉七世的征服者。他們兩個既不年輕也已婚，但這些都是可以解決的……。

考量到統治羅馬需要一定的手腕，他很快地選擇了阿格里帕；在國內和平尚脆弱的情

14 梅塞納斯（Gaius Cilnius Maecenas，西元前六十八年至西元前八年）奧古斯都的謀臣，著名的外交家和藝術文化贊助者。

15 阿格里帕（Marcus Vipsanius Agrippa，西元前六十三年至西元前十二年）

況下，他選擇了武力。他知道，他能指定阿格里帕成為實質上或是法定上的繼任者。「骰子已經擲下了！」[16]（Alea iacta est）凱撒應會如是說。

奧古斯都刻不容緩地拜訪了女兒，向她發表了一段非常具羅馬風格的演說，關於婦女職責、生育等從雄性觀點出發的言論。

她打斷了他：「你是來告知，我必須再婚嗎？」

「沒錯，在羅馬只有維斯塔貞女[17]不結婚！」

「好吧！那又是誰呢？」

他的舌頭在嘴巴裡打結了十次，似乎擔心她的反應，然後他鬆口道：「阿格里帕。」他望向茱莉亞，感到驚訝；她不但沒有朝他扔出印著人形的陶器，還對他面帶微笑：「他呀，有何不可呢？」她回答。

「我知道他並不英俊，且比你大二十歲，但羅馬需要他，也需要妳。」

「我覺得一切很完美！」茱莉亞再度回答道。

雖然奧古斯都心裡感到一絲微妙之處，但還不足以了解隱藏在笑容背後的是什麼：馬塞盧斯去世了，茱莉亞堅信自己永遠無法再愛上任何人，她只想著為自己復仇；為了能完成此事，似乎沒有什麼手段比和阿格里帕結婚更好的了。阿格里帕是奧古斯都的親密友人，是其得力的左右手，甚至可跟奧古斯都的地位並駕齊驅。茱莉亞成為另一個莉薇亞的化身，她堅信莉薇亞會從此栽在她手裡。她只剩下一件事情要做：等待適當的時機，報仇雪恨。她天生沒有耐性，但她知道如何等待。

奧古斯都，儘管他很少失算，這次卻犯下了一個錯誤。基於他的傲慢自大，他認為要讓阿格里帕離婚是件容易的事，誰知這次誤判了，踢到一塊大鐵板。阿格里帕早已和奧古斯都的摯妹，也就是屋大薇亞的女兒瑪爾凱路斯（Claudia Marcella）結婚，但屋大薇亞仍不帶怨氣地接受了，她從來不知道如何拒絕兄長。然而當瑪爾凱路斯得知是哪個女人將要取代她時，她徹底陷入狂怒，要她把床位讓給茱莉亞這樣美麗的女孩，這個想法使她氣瘋了。她砸爛阿格里帕家裡的一切，更遑論茱莉亞在她面前宣告羅馬休妻的慣例名句：「拿走妳的東西，然後滾吧！」瑪爾凱路斯發出一聲神經質的尖叫，開始像瘋子般咒罵，叫奧古斯都「渾蛋」，以便所有人都能聽見。幸運的是，她很快地暈厥過去；當她醒來時，她再也不認得任何人，以至於母親屋大薇亞擔憂她會精神崩潰。多麼哀傷的結局。

16 出自凱撒在西元前四十九年帶領軍隊，違抗法令渡河叛變前講的話，意即是「沒有退路的決定」。

17 維斯塔貞女（Vestal），古羅馬爐灶和家庭女神維斯塔的女祭司。

光從阿格里帕那張粗野軍人的滑稽面孔來看，他絲毫沒有人們所期許的文雅舉止。他的頭型碩大，臉上幾乎布滿灰白且旺盛的毛髮，令人聯想到一頭野獸，而不是一個人。然而，這頭野獸非常體貼，新婚之夜他沒有按照慣例地趕著完事，而是分房睡。他知道不宜故意拖延，這一切很有可能傳入奧古斯都的耳裡。因為阿格里帕在茱莉亞的床榻上有使命在身——「生育的使命」，他沒有忽視這件事情。

就茱莉亞而言，他的態度令她深為感動，這樣的體貼入微出乎她意料之外。她從不期望一名羅馬男人，更不用說是一名軍人，能夠做出這樣的事。當他躺回她的床上時，她驚奇地嘗到了快感，並很快地再度索求。馬塞盧斯離她遠去後，她深信沒有任何男人能再讓她有銷魂的感受，但她發覺自己錯了，至少就此事而言。因為她清楚地知道，偉大的愛情和馬塞盧斯一樣，永遠地再也不會回來了。

沒過多久，奧古斯都自認為深受諸神的祝福，因為他偉大的家族計劃圓滿成功，茱莉亞生下了一個名叫蓋烏斯（Caius Caesar）的男孩。奧古斯都終於有後繼者了！而且，為了讓事情能在世人眼前清晰明瞭，他領養了蓋烏斯。滾吧，那些仍堅持共和國理念的元老院的老母雞們！不管世人怎麼議論，羅馬都將成為一個帝國，一個家族的帝國。

但是茱莉亞並不開心。的確，她服從了；吞下滿腹的怨恨，敞開大腿迎接阿格里帕的種子，扮演一個聽話女兒的角色。

如今對莉薇亞的仇恨又像一記耳光般，打回她身上。如果那個無法為奧古斯都生兒育女的老女人，下定主意要偷走她兒子的話，那領養蓋烏斯會使「偷」更加地輕而易舉。那個可惡的莉薇亞想必暗藏詭計，她根本無法克制住自己的本性！如果她想為自己的兒子，那個令人嫌惡的提比略，除掉蓋烏斯呢？畢竟，馬塞盧斯曾是她的眼中釘，而他已經死去了！以一種奇異的方式死去的。

茱莉亞突然覺得自己是個囚犯，被她無從選擇的命運、這個不屬於她的命運給困住了。她會成為一個稱職產下娃娃的小雌馬，以滿足她無法掌握的政治權謀嗎？不，絕不！這絕對不行，也永遠不可能。她正當雙十年華，是自由的女人，而不是市場上出售的那些奴隸之一。她年輕、美得不可方物、熱情奔放，還是一位母親。她需要被理解和被愛，如此而已！她全心全意想反抗這種強加的命運，這不是她的，她是為其他目的而誕生下來的。唉，如果馬塞盧斯還活著的話！僅有對他的記憶能撫慰她。

藉由領養，蓋烏斯成為蓋烏斯·凱撒。這巧妙的戲法，使他的祖父變成他的父親，而他自己的母親成為介於母親與長姐的一個混合體。典禮的那天，奧古斯都丟下一個令人不能忍受、彷彿可上溯至羅穆勒斯[18]（Romulus）時期的道德風俗演說。這個古怪且模稜兩可的人物，提倡著美德，卻只喜歡與未成年的年輕奴隸做愛。他向羅馬人們提出一個指導方針，可用兩個詞來概括它：忠貞和生育。「太多的羅馬人，無論男女，都耽溺於荒淫之中」，他泰若自然地抨擊。在貴族子弟中，他繼續說道，「我們只能碰見那些配偶出軌的人，這太過分了！必須為此制定法律，而且是讓人聞風喪膽的法律。」違法者要當心了！

就在這場如雷鳴般佈道的夜晚，在阿格里帕為祝賀兒子所舉行的盛宴上，茱莉亞慵懶地臥躺在靠墊上時，覺得自己被對面的臉龐吸引了。那張臉出神地凝望著她，他是尤魯斯．安東尼（Jules Antoine）。這健美的身形、濃密的金髮和一雙清澈的大眼，皆是來自馬克．安東尼（Marc Antoine），即克麗奧佩脫拉的愛人和亞歷山大手下敗將的兒子。尤魯斯是安東尼與第一任妻子富爾維（Fulvie）所生的兒子。茱莉亞驚訝不已，幾乎沒有品嘗一口菜餚，也未讓嘴唇浸潤一滴酒。他是如此美麗，又如此執著地看著她！

正如她預感的一樣，奧古斯都掌控住蓋烏斯．凱撒，以至於她嘲諷地自問是否仍是他的母親。確實，在當時的貴族社會中，母親對子女的教育參與度不高；但即便如此，還是由莉薇亞選定了准許餵奶給嬰兒的乳母！茱莉亞沒有表示什麼，但在內心深處，是一座火山在隆隆作響。

奧古斯都將她當作一件物品，她會證明給他看，他錯了！正好完全相反，她是一個自由的女人，可以自由地做她想做的事，過著她想要的生活。身為母親的擔憂和女人的不滿足，使茱莉亞越來越煩躁。莉薇亞注意到了這一點，向奧古斯都挑撥離間，他大男子氣概地駁回她：「唉呀，阿格里帕不久將從戰爭回來，等他躺在她身邊，她就會平靜了。我不知道還有什麼更好的辦法可以安撫焦躁不安的人。」

然後他回到自己熱衷的事情上：改革傷風敗俗之事，並驅逐所有在羅馬閒蕩的戀人，恢復軍團裡那些戴綠帽的男子的榮譽。但是，正如預期的，制止通姦的法律在元老院引起了譏諷：「品德高尚的君王啊！請給我們一個榜樣，讓我們所有人都可以感受到您貞節的啟發！」在柱廊之間，我們能如此聽聞：人們叫囂著更可怕的內容，以及公然地拍打大腿嘲笑著。但是奧古斯都擁有對請願充耳不聞的天賦，眾人儘管嬉笑怒罵，法條仍會投票通過。貓咪可以一直喵嗚喵嗚的叫，老虎則繼續做牠覺得合宜的事。

在公開場合總是裝模作樣的莉薇亞，私底下毫不收斂，尤其在她信任的人身邊時，像是梅塞納斯（管理藝文的大臣，和阿格里帕競爭奧古斯都友誼賽事的對手）。她覺得他做好所有準備來理解她：「那個茱莉亞真是目光短淺！她忘記我們家族的女人們總有一項苦差

---

18 創建古羅馬城的神話英雄之一。

事。她年輕美麗，卻很愚蠢。她將情感越過理智之前，讓她的享樂置於義務之前。她控制不了情緒。一個無法控制情緒的女人是很危險的。有時候，她會讓我感到有些瘋狂，或起碼是不完全正常。她只有一個目標：做讓她自己高興的事情！她把自己當作是克麗奧佩脫拉嗎？那個皇家妓女？羅馬不需要第二個埃及豔后。一個就夠了！如果她是一位葡萄酒商人的女兒，她可以擺著臭臉，或甚至獻身給數十個愛人，如同那個埃及女人一樣！但她不是。」梅塞納斯反駁莉薇亞，說在此事上倒是無可指責茱莉亞。

「總有一天會爆發。」莉薇亞冷笑道。「你難道認為，她會對一張偶爾被老公勉強溫熱的冰冷床鋪感到滿意嗎？我告訴你，這女孩像是火燒屁股一樣的猴急！」生動的比喻讓優雅的梅塞納斯忍不住笑了。

某天，在梅塞納斯於埃斯奎利諾山丘上（Esquilin）的宮殿，也是整個帝國藏書最豐富的圖書館裡，當茱莉亞正翻閱著羊皮紙時，她迎面碰見尤魯斯。自從在蓋烏斯的領養宴會上，他貪婪地盯著她的那個特別夜晚以來，她一直沒有停止夢到他，這個念頭縈繞著她的夜晚。現在她可以從容地凝視著他，他活生生地出現在她面前，像一名神祇般的美麗，經日曬呈現小麥色的肌膚，因軍營生活而強健的體魄。簡直太完美了。他跟他父親馬克·安東尼一樣，甚至更勝於他，是同時代人的寵兒。

為掩蓋占據她心裡的騷動，她和他談論了許多無關緊要的瑣事。特別是關於克麗奧佩脫拉，她的畫像激起茱莉亞的好奇，而尤魯斯．安東尼小時候曾見過她。她以前是怎麼樣的呢？偉大的安東尼那時候愛著她嗎？她為什麼自殺？為什麼奧古斯都謀殺她的兒子凱撒里昂（Césarion），還有她和安東尼一起生下的孩子：亞歷山大．赫利俄斯（Alexandre Hélios）和克麗奧佩脫拉．塞勒涅二世（Cléopâtre Séléné）如何了？諸如此類的事情。

是莉薇亞處心積慮消滅埃及豔后的所有孩子，至少這是茱莉亞在那一天所得知的事情，但她不會為此感到驚訝。至於梅塞納斯，他知道自己做了什麼事：促成兩位年輕人在圖書館的會面。藉由茱莉亞和尤魯斯．安東尼面對面的相處，他對即將發生的事情有一種預感。如果有哪一個男人可以取悅茱莉亞，讓她忘記她的義務，那便是尤魯斯了。而這正是莉薇亞的想望，不是嗎？

梅塞納斯假裝視若無睹，很顯然政治是殘酷的。

某個炎熱的下午，愛神的箭射中了兩位年輕人。在梅塞納斯的圖書館中，他們正在解譯一個刻在聖甲蟲上的拉美西斯二世[19]象形繭符號。梅塞納斯事前已下達指令給入口處的奴隸，無論任何情況都不能打擾他們。

19 拉美西斯二世（Ramesses II，西元前一三〇四年至西元前一二一四年），埃及第十九王朝的第三位法老。

茱莉亞完全記不得事情是怎麼展開的。在她的記憶中，只有那張緊挨著她的臉，和甜如蜜的氣息；在一張閱讀床上，她深陷在自馬塞盧斯以來，未曾體驗過的高潮。她試圖說服尤魯斯遺忘此事，認為這樣的意外不會再發生了，但隨即他用如此強烈的目光看著她，以致於這些連她也無法相信的話語在她嘴邊消失了。

她試圖為自己背叛正在遠處打仗的丈夫感到羞恥，卻沒有成功。她內心深處傳來一個微弱的聲音，悄悄地對她說，她沒有做錯什麼事情，只是接受每個年輕婦女都有權利體會的幸福。至於梅塞納斯，他顯然必須為兩個戀人承擔共犯的責任。他早已安插必要的眼線，向他報告兩人所有的打情罵俏，因此，莉薇亞得以不費力地掌握一切事實。當被告知所有訊息時，她不發一語；但梅塞納斯覺得，她看起來像極一隻黑豹在瞪羚那血淋淋的身體上伸展著。「這個女人是一個怪物」，他不禁如是想。

接下來一切的發展，如莉薇亞料想的那樣，茱莉亞已經深深地愛上尤魯斯．安東尼，以至於當阿格里帕從前線回來後，她也沒有斬斷和安東尼的關係。說到底，她選擇了阿格里帕嗎？沒有，所以她並未背叛任何人。但這不是尤魯斯．安東尼的看法，他感到極不自在，他寧願等到阿格里帕離開後，再重新和茱莉亞共度良宵。哪怕茱莉亞大發雷霆，他仍不願屈服。反過來，將年輕的身體交付給從前線回來的丈夫，成為了她的負擔。沒有愛情的歡愉，再也沒有什麼比這更糟糕的了。這種情況幾乎讓她覺得是一種背叛，一種真正的背叛。可嘆的是，對茱莉亞而言，這第二段偉大的愛情一獲得後又馬上被奪走，正如初戀一樣。尤魯斯·安東尼為了克制自己不再放縱下去，自願被派遣到一個遙遠的駐紮地。我們都明白，肉體的欲望使人太過軟弱，他心生恐懼。

茱莉亞即將生下第二個孩子，阿格里帕不確定他是不是小孩的父親。總之，這一切都不重要！她心想。第二胎是個男孩，他名叫路奇烏斯（Lucius）。孩子的出生本該讓茱莉亞平靜下來，但對她來說，愛情永遠戰勝於屈服和常規。因此，她朝向一個又一個瘋狂地飛奔而去。這就是她的命運。至少，她覺得自己是主宰者。

莉薇亞在她的角落裡，滿意地搓著手，她很快就會實現自己的目標了。她不會因為一次的通姦就以為可以揭穿這名年輕對手。她了解奧古斯都，他愛著她的女兒，而且自從她生下兩名子嗣後，奧古斯都對她的疼愛更勝以往了。但沒關係，莉薇亞很有耐心。畢竟，正是她運用狠毒的手腕，巧妙地將這些卒子擺放在棋盤之上，不是嗎？在此期間，她的第二個兒子德魯蘇斯[20]成為戰功彪炳的統領，而他的妻子安東妮雅（Antonia）剛為他生下一個兒子，名叫日耳曼尼庫斯（Germanicus）。羅馬人民崇拜著這一對年輕夫婦。萬一長子提比略失敗了，莉薇亞還可以回過頭來選擇他。提比略和德魯蘇斯直接的對手——蓋烏斯和

20 德魯蘇斯（Nero Claudius Drusus，西元前三十八年至西元前九年），因軍功獲頭銜日耳曼尼庫斯。

路奇烏斯，僅是嬰孩，等到他們邁入成年，這日子還遠著呢。

阿格里帕剛剛又動身前往一場曠日持久的戰役。一如所料，茱莉亞陶醉地投入她全新的自由中。她趕赴一個個的盛會、一場場的晚宴，成為羅馬尋歡作樂者的矚目焦點，這些人大部分都是參議員的兒子們，總而言之，是一群紈袴子弟。

所有人的目光黏在她身上，渴望著她。她從來沒有如此美麗動人，兩次的懷孕使她苗條的身材略顯圓潤，但身上的一切仍完美無缺。炯炯有神、骨溜溜的眼睛，柔軟的嘴唇，細緻的輪廓。此外，羅馬的時興風尚更突顯她的優勢：穿著相當輕透的薄紗，茱莉亞猶如是帝王或是神賜予的一道餐點。她的選擇多到令自己覺得為難，但為什麼最後挑中了昆圖斯．克里斯皮努斯（Quintus Crispinus）？毫無疑問，有兩個原因。首先，他是最快向她獻殷勤的人；再者，他是父親著名通姦法律的起草者，沒有什麼比和這個起草者上床，更能嘲諷這條法律的了。

某一個在他家舉行的晚宴上，茱莉亞跟隨這位一家之主進入他的房間，當他展現自己的才華洋溢時，她任由自己被引誘。但是克里斯皮努斯不是一個特別勇敢的人，經過幾個極度熱烈的夜晚後，這位情人意識到，他把奧古斯都的女兒和阿格里帕的妻子當作情婦，簡直可以賠上他一條小命。於是，他打退堂鼓了，這讓茱莉亞勃然大怒：「我不在乎被所有人知道這件事情，我想做什麼就做什麼！不管是不是能取悅我的父親或是我的丈夫！」

「妳很清楚你的父親不會原諒我們通姦，不管是對妳，還是對我。想像一下這個醜聞！」由於她的大叫大嚷，他狠狠地給予她致命一擊，認為是出自好意：「假如妳身懷著你丈夫的孩子，然後人們發現妳有個情人，妳試想會發生什麼事？或者需要我詳細地向妳解釋嗎？」

「人們反倒應該祝賀我，因為我是一艘貨艙滿後才載客的船。」她反唇相譏道。在羅馬，沒有任何一個女人膽敢說出這樣的言論，這讓他瞠目結舌。

但當莉薇亞的眼線將這件事情傳到她耳裡時，她克制不住嘴角的笑容。克里斯皮努斯的時間所剩無幾，儘管他像火山一樣熱情地和她做愛，但茱莉亞討厭懦弱的人。「你令我厭惡！」她最後以此句作為終結的墓誌銘，甩掉他。

莉薇亞完全掌控局勢，不過她寧可再多等等。當她獨自在房間時，遏止不住地發出小小的笑聲。「即便如此，這還是比我想像中的輕而易舉……選擇克里斯皮努斯，這個通姦法條的審查員！如果奧古斯都得知此事，一定會震驚無比！但還不是時候給這女孩致命的一擊，必須等待，再等一會兒……。」

曙光指向奧古斯都的宮殿，它主宰著帕拉丁山丘。從房間的大片玻璃窗探出去，一隻烏鶇正棲息在花園裡的一棵檸檬樹上，獨自對著自己，發出如一整籠鳥叫聲般的聲響。茱莉亞嘆口氣，輕輕撫摸著她夜晚伴侶的食指尖和臉頰，他則像是被送去學堂的孩童般，咕噥一聲地翻過身去。她對他毫無期待。愛情與這些短暫的快樂無關，在她的生活裡，再也沒有容納愛情的餘地，即便是這些邂逅也只留給她未饜足的欲望和痛苦。但是，當那位貞節法條的發起人——她的父親——一邊提倡，一邊私底下與未成年少女私通時，她為什麼應該要比他更具備美德？

她覺得自己正在報復這位曾經深愛、卻令她大失所望的父親。自此之後，她的伴侶都很年輕，與克里斯皮努斯的不如意經歷讓她上了一課。在她的床上，她只接受那些不撒謊、在她面前顯出侷促不安和真誠的人。對著梳妝台上沉重的青銅鏡，她陷入沉思。

那些阿諛奉承之人沒有誇大其詞，即使歷經過幾次生育，她左臉上的酒窩和青春的光彩，依舊保養得宜。然而，歲月依舊流逝。兩個女兒，小茱莉亞（Julilla）和阿格里皮娜（Agrippine）的到來，完整了這個家。奧古斯都仍然不知道女兒在自家屋簷下的放縱行徑，他太過憂慮於剛剛得知的可怕消息：阿格里帕在多瑙河去世了！

奧古斯都感到搖搖欲墜，阿格里帕代表他軍事的力量，喪失這個支柱他還能堅持多久？茱莉亞則對此消息感到非常悲痛。無論她的所作所為如何，這個待她如此細膩的丈夫，依舊讓她產生了感情。幾名阿格里帕的軍官悄聲地講述一個可能會令茱莉亞痛苦的事實：他們的將軍焚燒了一封來自羅馬的信柬，不久後便突然暴斃身亡；信的內容是關於對他妻子操守的指控。

對於阿格里帕的死亡，莉薇亞喜不自勝，她的兒子提比略將進入首要的排序。他不正是繼阿格里帕之後，最負盛名的將軍嗎？他不就是一位偉大的創建者嗎？他具備繼承奧古斯都的一切資格。但只有莉薇亞知道，他仍缺少某些東西，否則他將永遠無法成為第一繼承順位：便是和茱莉亞結婚！莉薇亞為自己尚未告訴奧古斯都有關他女兒的放蕩生活而自鳴得意，這女兒還有利用價值。茱莉亞剛誕下第五個孩子，一名男孩，雙腳朝前地呱呱墜地，這是一個不好的徵兆。這位隨後被我們稱作是阿格里帕遺腹子（Agrippa Postumus）的男孩，提比略對他沒有什麼可擔憂的，他的身上始終飄散著一股私生子的氣味。

如果說莉薇亞會想出這個結婚的計劃，是因為像茱莉亞一樣的年輕少婦，這位羅馬最美麗的結婚對象，是不可能會一直處於淚流滿面的寡婦狀態。那些覬覦著光明前途的人爭先恐後地湧進，奧古斯都為了安撫他們，屬意其中一位代表羅馬中產階級、地位僅次於元老院的騎士。「是時候了」，莉薇亞心想。

於是，這位夫人開始在茱莉亞的宅邸四周散播謠言，讓她聽到此事：他父親要將她許配給克里斯皮努斯！莉薇亞清楚明白，伴隨這個名字，勢必可以達成完美的成效。自從克里斯皮努斯在茱莉亞面前盡顯軟弱無能之後，她便唾棄他。果然奏效了！茱莉亞氣極敗壞地尖叫著：嫁給克里斯皮努斯？永遠不可能！未待茱莉亞完全平復心情，莉薇亞趁此之際碰見她的繼女，然後向她提及——提比略。

「提比略！」茱莉亞驚呼出聲。「但他已經娶了維普薩尼亞（Vipsania Agrippina），我剛已故的丈夫阿格里帕的女兒。維普薩尼亞愛著他，而提比略也瘋狂地愛她，他永遠不會離開她的！」

「幸福不屬於我們這些成年人！」莉薇亞馬上駁斥她，歎口氣。「妳必須懂得如何運用手段，我的美人兒。妳父親已經屬意克里斯皮努斯，妳必須好好權衡，在秤的另一側放下更沉重的分量，讓其傾覆。否則，親愛的，妳很快就會在克里斯皮努斯的床上了！」

「但是無論如何，我不愛提比略……」茱莉亞再度抗爭。

「誰跟妳談論愛情呢？這只是一場婚姻！」

在奧古斯都面前，提比略總是極度地受其震懾。這次，更是如此。奧古斯都到底想要什麼？這個體弱多病的矮小男子總是使他講話結巴。在奧古斯都面前，他束手無策！某一天，他冷酷地揍打他；另一回，他和他勾著肩，像長年好友般暢聊。不，顯然提比略永遠也無法適應。只是這次提比略萬萬沒料到，等待著他的是什麼。

「我邁入五十歲了。」奧古斯都說道。「阿格里帕已經去世，而且入土為安，羅馬隨時隨刻需要你。我將收養你。因此你會成為我的家人，並且沒有人能質疑你的合法性！」

提比略囁嚅道：「但是您還有孫子們！」

「他們還如此年幼！需要一個靠山來保護他們。就這麼做吧，不要堅持了。此外，你要和茱莉亞結婚！」

「但我已經結婚了，而且我愛著我的妻子！」提比略期期艾艾地說著。

「那麼，為羅馬犧牲你的愛情吧！相信我，這會值得。」奧古斯都回道，略帶譏諷。「而且你放心吧，對於維普薩尼亞，我會把她當作我女兒一樣地對待她。」

「沒有人能讓我們分開！」提比略以冰冷的聲音反駁道。他重新挺起身子。

奧古斯特突然變得面色蒼白，一個拳頭砸在桌子上：「停止這些幼稚的行為……你要和茱莉亞結婚。這是命令。」提比略畢恭畢敬地回禮，臨走時摔碎一塊精美的陶器品。

「冥頑不靈的傢伙！」奧古斯都低聲埋怨。

當從提比略口中聽到他們將被迫離婚時，維普薩尼亞昏迷過去。恢復意識後，她立即向她孩提時代的朋友茱莉亞寫了一封辱罵的信柬，說她應擔負起這個陰謀的責任。茱莉亞並未回覆她，而是向提比略說道：「我知道你有多深愛著她。你已經結婚，既然是奧古斯都的旨意，之後你想多久去看望維普薩尼亞一次，都隨你心意，如此你便不會失去她。我不愛你，你並也不愛我。我們就試著不要讓彼此更加痛苦，如此而已！」

隨著婚禮盛大慶祝，提比略想要——也是他的權利——扮演好丈夫的角色。新婚夜晚開始，茱莉亞即察覺到，與許多性格非常膽怯的男人一樣，他患有「早洩」。對茱莉亞來說，渴望太容易被點燃，每每早晨醒來時她會感到興奮和沮喪。但某一天晚上，她實在克制不住自己，以至於當他的表現不盡人意時，她向他直截了當地說出事實。提比略的男性自尊心大受打擊，原來所有女人都是假裝在他的懷抱中享受快樂。自以為是一個非凡情人的他，感到相當氣惱。他，這個偉大的將軍，阿格里帕的後繼人，不過是塊軟綿綿的鬆糕。他的屈辱將更加殘酷，因為他永遠無法遏制自己的滿腔熱情。無論他怎麼想著別的事情、壓迫下腹，總是一籌莫展。

除了這個煩惱之外，還有德魯蘇斯的死亡，這個提比略疼愛的小弟。突如其來地，在他正值活力充沛的年歲，且身體健康之際……毒藥的氣味再度飄蕩在空中，謠言不脛而走，且很難遏止它。

提比略被深深地壓垮，越來越沉默寡言，他隔離於世，對人群的厭惡變成一種疾病。他沉浸在閱讀希臘哲學家的著作中，只和少數的朋友——像是他的占星師斯拉蘇盧斯（Thrasylle）交談，並開始疏遠他的妻子。無論如何，他們沒有任何相似的品味，彼此再也無話可說：他喜歡孤獨，她喜愛吵鬧；他喜歡安靜，她愛好聚會；和朋友出遊對他來說是一種負擔，她熱愛微笑且享受他人獻殷勤。沒什麼好說的，這兩個人根本不適合相處在一起。加上床笫之事完全沒有改善，她更加不掩飾，除厭倦之外，他們互相躲避。

某天，提比略在靠近廣場的大街上，碰見了維普薩尼亞——他的前妻和此生的摯愛。她沒有看見他，他卻不敢上前與她交談。這位麻木不仁的羅馬人，擦去了一抹眼淚。他從未停止愛著她，如今他只有一個願望：離去，去一個越遠的地方越好。正巧，戰爭在伊利里亞[21]（Illyrie）的邊界一觸即發。茱莉亞不反對他的離開，反而感到鬆一口氣。他從未滿足過她，卻仍讓她懷上一個孩子。當小孩出生的時候，提比略已在遙遠的彼方；小提比略（Tiberillus）發育不全，瘦小孱弱如一根稻草，人們不認為他有存活的機會。莉薇亞為此悲

21 指的是在西元前六年至西元九年於羅馬行省伊利里亞區爆發的軍事衝突。

痛欲絕，那是她的孫子；茱莉亞則不然⋯⋯。

提比略即將年屆三十七，看上去像極一個老頭。順便提及，他從以前就有著老態。即使在他年輕的時候，大家亦稱呼他「小老頭」，不是嗎？他還有很多綽號。因為他貪杯的嗜好，人們也叫他「畢比略」（Biberius）。於此開始，蓋烏斯和路奇烏斯已長成俊逸的少年。雖然俊美，卻狂妄自大得讓人無法忍受，奧古斯都溺愛或甚至放任式的教育，證明了是場災難。提比略無法對孩子提出一丁點評論，也不能讓他們暴跳如雷，且奧古斯都一直站在他們那一邊，毫無疑問地，這使提比略筋疲力竭。

他到底是他們的誰？是一個導師？一個攝政的帝王？或什麼都不是？他甘於採納第三個假設，且並不難過，因為他最大的心願是隱居希臘，並且忘掉羅馬。奧古斯都對他的請求不以為意，但提比略比一頭騾子還倔，他進行絕食抗議以迫使他的主人屈服並且成功。

呼！他總算要離開這個令人窒息的羅馬了，而且是「永遠」，起碼他自己如此希望。他將退隱至羅德島（Rhodes）。在內心深處，除了他的妻子維普薩尼亞，和德魯蘇斯的孩子們以外，他從沒有愛過任何人。在德魯蘇斯死後，他領養了日耳曼尼庫斯、克勞狄（Claude）和利維拉（Livilla），他們都是他的心肝寶貝。至於帕拉丁山丘、奧古斯都的宮殿，則讓他反胃。莉薇亞氣急敗壞，但仍保持鎮定。奇怪的是，原本覺得舒坦的茱莉亞，如今傷心起來了。

她無法忍受丈夫陰沉的性格，他是一個很糟糕的情人。她剛剛重新恢復與尤魯斯・安東尼的通姦關係，他終於克服了制止自己倒臥在她懷裡的恐懼，然而茱莉亞仍舊哀傷。她很傷心，猶如一位了解丈夫價值的女人，當丈夫離開後才忽然想到，她可能未付出足夠努力去試著接近他並理解他。她實在克制不了自己，對不能實現的愛情的執著；尤其她如此喜歡做愛，並全心全意地投入自己。

奧古斯都自提比略離開，或更確切地說，拋棄一切之後，再也不能忍受任何人提及他的消息了。然而，從政治目的來看，他並不顢頇：沒有人能取代提比略。他責怪茱莉亞，認為她毫不在意沒能為他生下一個成活的子嗣，亦沒有留住他。他埋怨整個世界，他不明白人們怎麼會愚蠢到拒絕權力。他仍然不知道茱莉亞早已重新和惡魔修復關係，榨乾好幾打的戀人；近來是一位塞姆普羅尼烏斯・格拉古（Sempronius Gracchus），這個人敢在公開場合批評奧古斯都。他會帶她通向何方？

羅馬的貴族們發起牢騷，羅馬令人感到無聊。最初使整個城市放蕩大笑的嚴厲法案，如今開始變得沉重。那些在帕拉丁山丘幽暗處所發生的事情，是一個眾人皆知的祕密：所有人都知道莊重自持的偉大元首，奧古斯都本人，實際上是位淫逸縱樂之主，在如同母狼的莉薇亞助紂為虐之下，受他凌辱的孩童已多到數不清了。

在社交集會裡，人們竊竊私語著，而且大多數人似乎擁戴著共和國的重建：提比略或許不會反對，蓋烏斯．凱撒則是個傲慢的軟腳蝦，這些都將奧古斯都逼至牆腳。簡而言之，一場陰謀正在醞釀之中，其中的煽動者就是茱莉亞的情人——塞姆普羅尼烏斯．格拉古，一個專橫任性之人。她不能再繼續忍受父親，於是她加入了這場陰謀！她甚至是主導者。難道她不是虛偽的對立面嗎？崇拜盛況的她不正像似一個東方女王般被小矮人包圍著，並培育出自由的愛情嗎？她不是已經變成羅馬的寵兒了嗎？當塞姆普羅尼烏斯向她提出這件事時，她像剛獲得玩具的孩子一樣地鼓掌贊同。

她並不惡毒，但不想排拒這個將父親一軍的機會。她想成為計劃的一部分，甚至擔任要角。茱莉亞，她從來不是如一抹影子般的女人，她喜愛受眾人矚目。對她來說，這不過是再添一筆笑話罷了。但之於格拉古，這可是嚴肅的事情。他們兩人的觀點大相逕庭。

幾天後，在舉行酒神巴克斯（Bacchus）的傳統慶典中，發生了第一場鬧事活動。狂歡者們聚集在廣場上，對禁止通姦的法律噓聲不已。藉著酒意，人們竟然公開地、在光天化日之下交歡起來。畢竟，這不過是一場狂歡酒宴，是對酒醉和放縱之神的敬意。這是慣常的風俗，長久以來或多或少都是如此。隔天，人們再度狂歡，而這次我們假裝崇拜阿波羅的對手——瑪耳緒阿斯[22]。這樣的暗示再明顯不過了，因為奧古斯都將自己置於阿波羅的保護之下。當夜晚來臨，在一群酩酊大醉的賓客陪伴下，茱莉亞參與了這場喧鬧。這一切激起她滿腔欲火，趁著同謀的神殿陰影掩護下，她任由身上的斯托拉[23]被撩至腰際。她覺得自己變成克麗奧佩脫拉，治理著這一小群受她著迷的人民。

奧古斯都當然得知這些暴行。聽到他女兒的名字被提及，他感到驚愕不已；更何況他不是容易輕信的人：他非常清楚這不是一個單純尋歡作樂者的脫軌念頭，而是涉及更嚴重的造反問題。除此之外，他尚被告知尤魯斯．安東尼是整起事件的主謀。

一定是哪裡出錯了。奧古斯都每次聽到這個名字時都會面色發白。尤魯斯是馬克．安東尼的兒子，那位他曾在亞克興擊敗的歷史讎敵之子。他是如此地恐懼，以至於忘記自己還未被稱作奧古斯都的屋大維時光。現在人們甚至告知他，當奧古斯都被推翻，尤魯斯．安東尼將會迎娶茱莉亞。

「但是茱莉亞已經結婚了！」他低聲咒罵。

22 瑪耳緒阿斯（Marsyas），希臘神話中的半羊人，和阿波羅打賭音樂比賽輸了而被剝皮。
23 斯托拉（Stola），羅馬婦女的傳統服裝。

「是的，但他是她的愛人！」人們補充道。「而且不是從今日才開始的……」

奧古斯都差點昏厥過去。他的女兒驀然間現身在一道耀眼奪目的光芒之中：象徵著墮落、姦淫和犯罪。她期盼著他的死亡，並準備與殺害他的兇手結婚。在此期間，她甚至在大眾廣眾之下嘲笑著他！他急忙前去找莉薇亞，他徹底被擊垮了。莉薇亞自己感到驚駭不已，他看上去像極一個剛從地震中逃脫的男人。

一個小時後，茱莉亞遭到逮捕。塞姆普羅尼烏斯．格拉古和其他二十多位狂歡作樂者也是。奧古斯都隨即寄封信給在希臘的提比略，告知他的婚姻已經解除，以及能理解他的痛苦，因為他們兩人同樣地被茱莉亞的失德給擊敗了。他向莉薇亞自白，後悔強迫她的兒子離開維普薩尼亞，並娶了一個……娼妓！

名譽徹底掃地的尤魯斯．安東尼，未等到百夫長們到來便自我了斷。茱莉亞的忠實僕人菲比（Phoebé）和她的同夥被發現絞死在她的房間裡。這對她來說，似乎是逃脫審訊的最好一種方法。奧古斯都難以成眠，他被女兒懷有弒父的想法折磨著：尤魯斯．安東尼的自縊難道不具有招供的價值嗎？回憶一陣陣地湧上他的心頭，像一瓶劣酒般使他心神紊亂。他在夢裡再度看到她：孩子時的模樣、調皮、充滿笑容，一幅幅生動的幸福景象。她怎麼會有如此的轉變？至於尤魯斯．安東尼，他一點也不感到訝異。對於一個糜爛父親的後代，我們該有什麼期待？如此卑劣的血統是無法被掩蓋的……

如今，他同情莉薇亞，她得知了親愛的兒子提比略遭到多麼嚴重的背叛。他是羅馬有史以來，最高貴的戴綠帽的男人。奧古斯都的第一反應是想讓茱莉亞被處決，但是，他退縮了。一方面，他覺得辦不到。另一方面，在政治上這或許會是一個嚴重的錯誤。他選擇再也不見她，永遠也不。但是他不能公開承認自己的女兒謀劃殺害他，這種無恥的行為將永遠讓尤里烏斯．凱撒的後代蒙受其辱，並危及他長期以來如此悉心照料的政權的未來。

該如何是好？在找出解決方案之前，他心裡反覆盤旋這個問題良久：只要改變指控的性質就好，我們必須將政治陰謀轉化為道德問題，就這麼簡單。把謀反者偽裝成為狂歡份子，把罪犯伴裝成為淫蕩的妓女。如此一來足夠將她放逐，永永遠遠。莉薇亞允准這件事情並向他保證，如果他需要證據證明茱莉亞的不端行為，她坐擁滿坑滿谷！她早就為提比略蒐集好了一切，以幫助他或許某天需要令這個不忠的女人不見容於世。奧古斯都忍不住想到「母貓」——猶如整個羅馬對莉薇亞的暱稱一樣，顯然是懷有難以根除的仇恨，才能累積這所有的罪證……。

一開始，茱莉亞以為她能輕易地證明這只是個玩笑，她不過是想嘲笑那些關於美德的法律，加上整個羅馬也想要這麼做。隨後，她得知尤魯斯．安東尼的自殺，於是她明白了並服從，動身前往那座軟禁她的小島。

她的生母斯里柏尼婭想分擔女兒的流亡生活，奧古斯都同意了。這次的旅行持續了三天，她馱轎的布簾保持緊閉。沒有人有權利和她說話，這是命令。比較開心的時光是，她途經著名的度假勝地巴亞（Baiae），並沿途經過坎帕尼亞（Campania）得天獨厚的海岸。但是她不記得曾經見過甚至聽過有人稱呼這個文托泰內（Pandataria）的島嶼。當小船靠近陸面，只能見到一片低矮而荒涼的土地，岸邊與地平線相連一起。

預先準備給她的房子是小村莊中的主要一間：是一整棟樓，並且在一樓有三間散發著羊毛粗脂味的小房間。難道她父親是發瘋了才會將她送來這裡？這樣的懲罰將持續多久？而她能存活多久？她的飲食甚至比她想像中還惡劣，她會像蘇布拉[24]地區的妓女一樣被餵食，沒有權利喝酒，而且再也沒有男人。「還不如現在就把我殺了……」她心裡想。斯里柏尼婭告訴她在羅馬流傳的謠言：她曾委身給廣場中心的那些黑人奴隸和色雷斯的角鬥士們，以褻瀆阿波羅；人們甚至要看她和發情的驢子交配；尤魯斯．安東尼會強迫她以幾個羅馬小銀幣跟來客進行性交易。

茱莉亞不以為意地聳聳肩。當你想射殺你的狗時，你會指責牠患有狂犬病……最終，茱莉亞要求並獲得一隻小貓的陪伴。她為牠取名為塞赫麥特（Sekhmet），以紀念埃及豔后這個不屈不撓的女子：想著這個女王，有助於她堅持下去。

在羅馬，人們對此件事的結果感到十分不滿。甚至聽到一些人嘲笑、對奧古斯都喝倒采：我們既沒有見到正在交歡的色雷斯角鬥士，也未看到發情的驢子！但無論人們如何地叫囂，奧古斯都不會改變主意。「對我來說，讓水和火結合比召回我女兒簡單！」他脫口而出。大街上的好勇之徒立即照他說的話行動起來，一群人把覆蓋著發燙瀝青的火把扔到台伯河（Tibre）中，它飄流著而且沒有熄滅。

在羅德島聽聞一切的提比略，選擇一種莊重的態度，他拒絕收回送給妻子的禮物和珠寶。奧古斯都對他來說只是個偽君子，儘管茱莉亞確實對他不忠，他仍不會相信這些散布的流言蜚語。他聳聳肩，毫不在乎。他不想按照母親的要求回到羅馬，莉薇亞警戒地看著年輕的蓋烏斯．凱撒，他如今以奧古斯都的名義現身在日耳曼尼庫斯的軍隊裡。但是她也知道奧古斯都擁有敏銳的洞察力，也並非沒有意識到蓋烏斯擁有的才能極為有限。提比略的命運早被規劃好，除非他固執己見地非要留在島上。莉薇亞同時明白奧古斯都的耐心所剩無多，她心想著，我們不能將選擇權強加於命運，但實際上，命運卻能幫助她實現最邪惡的意圖。

24 蘇布拉（拉丁文Subūra，現稱為Suburra），在古羅馬時期為低下階層龍蛇混雜的區域。

羅馬傳來了一個令人難以置信的消息：在帕提亞人的東方邊境進行外交活動的蓋烏斯，小腿剛被射中一支箭。「唉啊……跟阿基里斯一樣！」她忍不住如此想……既然阿基里斯會因此死去，那蓋烏斯又怎麼不會呢！

茱莉亞囚困在她的島上已有兩年的時間。她甚少收到消息，但她知道羅馬正有一群擁戴者密謀要釋放她。她為此膽戰心驚，因為她不信任陰謀。她兩個年長的孩子：蓋烏斯和路奇烏斯從未打聽過她的消息。這兩個冷血的怪物們。某天，她得知路奇烏斯的死亡，這是兩人之中較不出色的一位。這位在高盧巡視的年輕人於馬賽停下腳步，在那裡他發著高燒，兩天後，他去世了。茱莉亞很難過。她記得這個金髮碧眼的稚兒，當他還是嬰孩時，奧古斯都就從她身邊奪走他。確實，他離開了她，但他的確是她的孩子啊，而且他年僅十八歲就死去了。茱莉亞一直懷惴著一顆母親的心，而它正淌著血。在這種情況下，她希望能聽到奧古斯都捎來的隻字片語。但什麼都沒有，這個男人無動於衷。

他只是向她頒發了一條命令，以表示寬恕：她將被轉送到大陸上的卡拉布里亞雷焦（Rhegium）城市，僅此而已。她孩子中唯一還有打探她消息的是兩個女兒：小茱莉亞和阿格里皮娜。比較多的是前者，因為阿格里皮娜早已被英俊的日耳曼尼庫斯攫住心神而忙得不可開交。他是提比略的姪子，整個羅馬的紅人。另一方面，小茱莉亞無法忍受眼看著母親與世隔絕的事實，只是因為她曾經想要自由，而從此遠離人世。

莉薇亞，這個一直具有耐性的怪物，顯然開始心焦起來。奧古斯都確實體弱多病，但如同所有苟延殘喘之人一樣，他依舊堅持下來。而莉薇亞本人正邁向垂暮；提比略年近五十歲。現在，她發現提比略到處都有競爭對手，除了蓋烏斯・凱撒之外，還有日耳曼尼庫斯，甚至是他的弟弟——口吃的克勞狄和阿格里帕遺腹子。當然，前兩位是她的血脈，但奧古斯都更加疼愛他的第三個金孫——遺腹子，他來自凱撒，也是他的家族血統。在此期間，莉薇亞認為這個愚蠢的提比略，由於他該死的退隱，毀了一切。終於，期待已久的消息在她痛苦之中突然降臨：提比略同意歸返！

如今，茱莉亞在卡拉布里亞雷焦度過寧靜的日子。隨著時光荏苒，那些曾經如此擾亂她的肉欲的召喚，終於同意就此衰退，但尚未完全止息。她剛滿四十三歲，保留著迷人的酒窩，但臉色的光澤和眼神的光芒已經逝去，還出現最初的幾道皺紋。她曾經小心翼翼剪掉的灰白髮絲日益增多；但美髮的奴隸收到指令，勿將它們染色。

她不再為她的盥洗室、晚餐，她的那些小矮人們，甚至是愛人們，感到惋惜。她想念的只有羅馬。她長子蓋烏斯的死亡，沒讓她流下一滴眼淚，她也幾乎沒有感到悲傷。他難道不是因為對她過於失望，而長成一個冷漠的男孩，接著變為一位充滿敵意的少年嗎？從很久以前，他的命運對她來說早已不再重要。旁人告知她，蓋烏斯剛剛在東方死於某種致人委靡不振的疾病，他腳踝的傷口一直沒有真正的復元。他死去的方式跟馬塞盧斯一樣……

多麼離奇，不是嗎？她心想到這，不禁感到寒慄。毒藥的氣味籠罩了她的一生。她開始為她最小的兒子——遺腹子擔憂。

人們告訴她，提比略要回到羅馬了。這些事情對她來說無關痛癢。如今，人們會讓他娶誰呢？她思忖著。她誠心地認為他將不再娶任何人。她忍不住抑制訕笑：「他一直都憎惡女人，如今他一定變得更讓人難以忍受，我應該令他更討厭婚姻了。」

接下來的故事似乎不言而喻，奧古斯都收養了提比略，讓莉薇亞喜不自勝；但同時間他也收養了遺腹子，再度讓這隻「母貓」大為光火。至於提比略，他則收養了他弟弟的小孩日耳曼尼庫斯。最終，莉薇亞可以歡欣鼓舞了，她的兒子名列繼任者的首位。終於……奧古斯都向提比略詢問他是否同意放前妻自由。提比略拒絕了。無論如何，他覺得他被永遠剝奪了愛情，茱莉亞也將會永遠厭惡他。

然而，人們預感著有一天茱莉亞會返回羅馬。雖然茱莉亞還留在她的牢房裡，但一股歸返的氣息正在浮動著。望著她的女兒小茱莉亞，羅馬人深信會再度見到茱莉亞：同樣撩人的美貌，同樣輕薄的長裙。她二十二歲，擁有全羅馬最美麗的胸脯。未婚夫蓋烏斯的去世，似乎未讓她受到影響。和她的母親一樣，小茱莉亞是一個自由自在的女人。她唯一倖存的弟弟——遺腹子，似乎失去了理智。他身陷在莉薇亞精心策劃的一項陰謀之中，沒有其他方法可以脫身，於是開啟了流亡生活。在小茱莉亞眼裡，她似乎只能為兩件事而活：她的愛人們，以及釋放她的母親和弟弟。但她，唉，由於過於公開宣揚這件事情！讓莉薇亞費盡一切心思，在她祖父面前貶損她的名譽。奧古斯都，被這個新來的命運打擊，必須清楚地認識一個事實：有其母必有其女……小茱莉亞因此也被判流刑。當奧古斯都告知「母貓」關於小茱莉亞的墮落行為時，一如用在茱莉亞的慣用技倆一樣，她不會錯過佯裝出訝異之情。「這是不可能的！我難以相信！」她驚呼著。

小茱莉亞，和她母親一樣有骨氣，在緊閉的馱轎中昂揚地抬起頭。她因證明自己的祖父充其量是個暴君，而升起一股難以言明的滿足感。她出發前往伊索萊特雷米蒂（Isole Tremiti），這是與義大利西海岸接壤的島嶼之一，她在那裡的境況會比在卡拉布里亞雷焦的茱莉亞來得舒適。她能夠在那過著她想要的生活，只是禁止行走在羅馬的土地上。為了激怒奧古斯都，她小心翼翼地從最英俊的近衛軍中挑選出她的情人們。她無法忍受祖父，並想方設法地在他生命的最後幾年中毒害他。那本《愛的藝術》的作者奧維德（Ovid），她唯一真正愛過的情人，從今以後身在遙遠的彼方。

在卡拉布里亞雷焦的茱莉亞，收到女兒的來信，信裡以俏皮的語氣宣布她的流放。母親並不感到驚訝，她總是隱約覺得一切皆會以此種形式結束。兩個忘恩負義的長子已經死了，而那些對她展現溫情的人，正遭受和她一樣的命運。

臨近死亡之門的奧古斯都，不帶愉悅地看著在他身後屍橫遍野的一生。隨著時間的流逝，茱莉亞成為了一名哲學家：人們必須按照神的指示接受這個世界。莉薇亞大獲全勝，她的家族贏得了勝利，提比略將很快地開始執政；茱莉亞，她自己即將死去，並無法再次見到祖國。從今往後，這一切對她來說顯得遙遠：所有的瘋狂、愛人們，她所度過的無與倫比的一生！每個晚上，她透過窗戶凝望著夕陽下暈紅的大海。她在夢中看到了馬塞盧斯，那時他們還在青春的輝煌中燃燒著生命。

如果他沒有英年早逝的話，現在會怎麼樣呢？其他人根本算不上什麼，除了尤魯斯·安東尼之外。她時常想起提比略。也許她應該如其他人，裝出享受在其中的樣子，但是她辦不到。她知道提比略將會永遠恨她。而奧古斯都，他最好就這麼孤單地死去。他只心繫羅馬。他想塑造愛家的形象，但他始終如一地展現出「家族長」的態度；唯有真正涉及到羅馬的利害關係時，他才轉化為滿腔溫情的父親。

直到最終，茱莉亞甚至自忖：莉薇亞，這一隻有著甜美聲音和鐵石心腸的母貓，終於實現她作為世界征服者的賢妻角色。當然，她是一個毒害者，無疑地她為提比略清除政敵，殺死了馬塞盧斯、路奇烏斯、蓋烏斯和其他人，但她只是按照最有實權者的無情法律行事。在這場猛獸盛宴中早早就定位。而茱莉亞，她從最初就是一個自由的女人，就是這份自由，使她香消玉殞。

克勞狄皇帝無福消受的妻子們——淫亂的麥瑟琳娜和致命的小阿格里皮娜

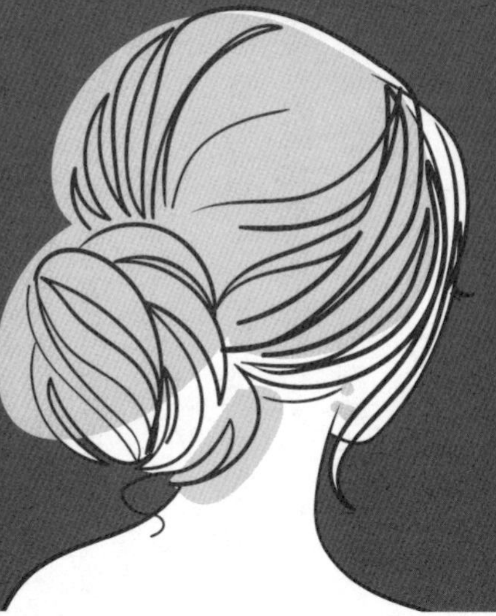

奧古斯都的家庭，是何等的家庭啊！誰能媲美呢？也許有人會在阿特柔斯家族[1]和達拉斯家族[2]之間猶豫不決，這取決於我們更傾向老祖宗或是當代人的故事。每個人都在互相撕扯，並帶著冷血的優雅；人們相互微笑，卻笑裡藏著一把刀。身為家族長的奧古斯都不想衝突發生，但即使這般展現真誠理解的意願，仍無法消抹日常生活的殘酷性。我們已經見證發生在茱莉亞和小茱莉亞，這兩個大膽且自由的女人身上的命運，而其他的女人亦是如此。

凱撒大帝的女人和女兒儘管來自王家貴族，但羅馬的大男人主義並沒有賦予她們比其他庶民的姐妹們更多的自由：她們必須身處在男性的宰制下！兩位茱莉亞因為對抗，而受到懲罰……但是，她們的故事對那些追隨她們的人來說，幾乎不足以為鑑；我們總以為恐懼會摧毀任何對自由的渴望；然而，茱莉亞的傳奇故事並未隨著她們的失寵和死亡而完結。其他人也迎接了挑戰，在她們之中，有兩位品行不端的女子占據著文學和電影的寵愛，她們是：蕩婦麥瑟琳娜和投毒者小阿格里皮娜。然而，她們犯下的罪行不僅於此……。

茱莉亞有一位女兒阿格里皮娜：我們稱她作「大阿格里皮娜」，以免與她的女兒小阿格里皮娜混淆——那位將成為尼祿[3]母親的女子。提及這位大阿格里皮娜的性格，不只和她的母親茱莉亞相像，與她的父親阿格里帕也如出一轍。她是一位全然奉獻給婚姻的羅馬女子，毫無和她母親或大姐小茱莉亞一樣放縱的性情。

她嫁給日耳曼尼庫斯，那個眾所周知的莉薇亞的孫子，全心全意地愛著他。她永遠不會有絲毫的行為失檢。大阿格里皮娜一生僅有一位丈夫。她為日耳曼尼庫斯生下六個孩子，這讓垂垂老矣的莉薇亞感到極為高興，因為她已不再信任提比略（那位成為皇帝的兒子），能產出克勞狄烏斯——她家族的後繼人。令人苦惱的是，日耳曼尼庫斯剛成為羅馬的偶像，便愚蠢地撒手人寰。是因為受了重傷？被餵毒藥？我們不得而知。在羅馬，只有丈夫才關乎緊要。大阿格里皮娜即使是奧古斯都的孫女，但在她的摯愛死去後，她什麼也不是。她向凱撒的子嗣們釋出了她的仇恨，這意謂著謀殺。在她的六個子女中，有三個女兒。其中一位同她一樣叫做阿格里皮娜，即年輕的小阿格里皮娜。一如她的兄弟姐妹，她成長於恐懼之中，她在皇宮的唯一要務是生存下去……。

現在是西元二十年，大阿格里皮娜的種種糾紛日益惡化，她越來越讓人難以忍受，總是傲慢自大、易怒暴躁和好爭權奪利；外祖母莉薇亞和提比略對她束手無策。由於不斷高姿態地對待他們，大阿格里皮娜為她自己樹立了棘手的敵人；他們再也無法忍受她了。莉薇亞如今是一位非常老邁、臨近八十歲的老婦人。隨著時間的流逝，她開始失去耐心。至

---

1 阿特柔斯家族（Les Astrides）出自古希臘劇作家埃斯庫羅斯的悲劇三部曲《俄瑞斯忒亞》（*Oresteia*）的悲慘家族。

2 達拉斯家族（Les Dallas），美國二十世紀著名的黑手黨犯罪家族。

3 尼祿（Néron，西元三七年至六八年），羅馬帝國朱里亞．克勞狄王朝的最後一代皇帝，古羅馬著名暴君。

於提比略，他一生的大部分時間都在忍受侮辱，且一個比一個難堪。

奧古斯都從未愛過他，是在迫不得已的情況下，才同意讓他成為繼承人；茱莉亞則讓他成為羅馬最赫赫有名的戴綠帽的男人。由於不愛任何事物和任何人，他脾氣暴躁、沉默寡言、憤世嫉俗。他對島嶼生活的喜好一直不變，這次他終於避難至卡布里島（L'île de Capris），並且將自由執政的權利，留給他的朋友塞揚努斯（Séjan）。只是後者太不擇手段，並懷抱著野心。有鑒於大多數男人的能力遠不及他——尤其是提比略的預定繼任者。他逐漸說服自己必須清除冗員：第一個要清除的阻礙叫做德魯蘇斯・尤里烏斯（Drusus），也就是提比略的兒子。

這位德魯蘇斯娶了一位叫做利維拉（Livilla）的女人，她不是別人，正是日耳曼尼庫斯的姐姐。利維拉是一位美麗、輕佻且大膽的女人，她隨即臣服在塞揚努斯殷勤的追求之下，他粗暴地贏得了勝利。遭受背叛的命運同樣降臨在父親及兒子身上！如果利維拉就此滿足於為德魯蘇斯編織一頂綠帽就算了，但其實不然，她和塞揚努斯竟痛下毒手。德魯蘇斯一命歸西後，提比略身邊的直系血統繼承人只剩下他的孫子，可憐的杰梅勒斯（Gémellus），年方三歲的孩童。不過，提比略珍貴的姪子日耳曼尼庫斯還健在！於是塞揚努斯和利維拉厚顏無恥地向他進攻。

首要目標：大阿格里皮娜的兩個長子——尼路（Néro Claudius）和德魯蘇斯三世（我們如此稱呼他是為了不和其他的德魯蘇斯混淆）。當我們想要宰殺一隻狗的時候，便會指稱牠患上狂犬病。在這種情況下，羅馬的狂犬病叫做：淫穢！尼路被指控與男孩們交媾，在男性氣概旺盛的羅馬，這是多麼下流齷齪的事情啊。提比略立即流放這個年輕人到蓬提亞島[4]，他很快會在那裡餓死。大阿格里皮娜怒火衝天地反對此一決定。這太過分了！為了按捺住她的怒火，她被逐去了文托泰內——這座她母親茱莉亞曾經被流放的島嶼。由於她止不住地大聲叫罵，一個笨拙的百夫長暴打她一頓，並弄瞎她一只眼睛。她最終自我了斷。現在，就只剩下一個繼任者：德魯蘇斯三世。但並未持續太久，因為他「忝不知恥」，意即他是個雞姦者，跟他的哥哥一樣！他將在宮殿地下室的監獄裡緩慢死去。但是塞揚努斯做得太過火了，提比略眼看著他和姪女利維拉出雙入對，感到焦慮不安。時間越久，這個「卡布里島的怪物」越發心生猜疑和恐懼。於是塞揚努斯被送上西天，且被剁成碎塊；利維拉則交由她母親看管，後者任由她餓死。真的是一個仁慈的家庭……。

總之，日耳曼尼庫斯和大阿格里皮娜的血親只剩下小兒子卡利古拉（Caligula）和三個妹妹——小阿格里皮娜、德魯蘇拉（Drusilla）和利維拉二世（Livilla II）。在提比略去世之前，每個人仍然需要忍耐十年，這十年都得活在恐懼之中。

4 蓬提亞島（Pontia），位於提雷尼亞海，屬於龐廷群島的一部分，現稱為蓬札島（Ponza Islands）。

小阿格里皮娜在十三歲時（這是羅馬的慣例成婚年齡！）嫁給了一個紅髮貴族，某位叫做多米提烏斯．阿赫諾巴爾布斯（Domitius Ahenobarbus）的男人，性格蠻橫得讓人無法忍受。他們花費十年的光陰才孕育出的嬰孩，日後成為惡名昭彰的暴君尼祿。與此同時，和提比略一起住在卡布里島的卡利古拉，厭倦這老人的長壽，為加快速度而將他壓在枕頭下窒息而死，就此稱帝。小阿格里皮娜和她的兩個姐妹驀地重見天日。因為卡利古拉的腦袋——讓我們承認吧——有點糊成一團，他藉由違背人倫道德的兄妹相姦，來復興埃及的風俗！他和自己最喜愛的妹妹德魯蘇拉亂倫，且為了不讓另外兩個姐姐嫉妒，也寵幸她們。而後，卡利古拉徹底陷入精神異常。

首先，他把時間消磨在唱歌、跳舞或向月亮祈禱，然後他的怪癖轉變成殘暴。卡利古拉藉由斬首和切掉男性生殖器，來嘲笑元老院和軍隊。而今，他視自己為絕對權力的標誌，不滿足於與姐妹們通姦，開始掠奪他人的妻子。在婚禮上，他撩起新娘的裙子、驅趕她並禁止她再婚！最終，他娶了一位叫做米隆尼亞．卡桑尼亞（Milonia Caesonia）的女子，她已身為人母並且舉止輕浮。他最後確實喪心病狂了，就連他摯愛的妹妹德魯蘇拉去世也不在乎。

成為卡桑尼亞的丈夫之後，他兩位倖存的姐姐不再讓他感興趣了。小阿格里皮娜和利維拉二世強忍野心，唯有等待。但毋須太久的時間！最受寵的德魯蘇拉被哥哥下嫁給某位雷比達（Lépidus）。她死後，這位雷比達成為她的遺產繼承人，繼承她所有一切，因此他也是卡利古拉的預定繼任者。小阿格里皮娜察覺了這件事情，開始對他拋媚眼，勾搭他；這實在難以抗拒，因為她美得沉魚落雁……他就此成為把「紅鬍子」丈夫阿赫諾巴爾布斯蒙在鼓裡的戀人。

小阿格里皮娜現年二十四，擁有非比尋常的膽量。如果她和雷比達結婚，並產下一子，那麼後者將生於帝王之家。當然，這必須是在卡利古拉和卡桑尼亞沒有任何子嗣的情況下。不讓這件事情發生的唯一方法，就是夭折！一個非常完美和令人胸有成足的陰謀就在眼前。唉，欲速則不達，卡利古拉可不是三歲小孩。他跟所有的瘋子一樣有著第六感，他嗅到陰謀的氣息，而把雷比達斬首。至於兩位同謀者，小阿格里皮娜和利維拉二世，她們被流放至蓬提亞島，在那裡反省密謀親愛的弟弟而遭致的後果。

由於卡利古拉突發的奇想，他命令小阿格里皮娜先去高盧尋找愛人的頭顱，並將其帶回羅馬。多麼有趣的殉葬遊行。為了斬草除根，卡里古拉將小阿格里皮娜的另一位戀人、某個名叫泰格利納斯（Tigellin）的男子流放。顯而易見，這美麗女子行為不檢。但在一片峭壁、了無生機的蓬提亞島（現今的蓬扎島）上，放蕩形骸毫無用武之地，她在這裡半個情人也沒有，除了兩三個百夫長和幾個近衛軍士兵之外——換句話說，都是沒有利用價值的人。小阿格里皮娜喜歡以愛情換權勢，她和能為她效力的人做愛。剩下的人都無法引起她的興趣。

因此，在這兩年的時間內，她保有貞潔，並且準備再維持一段時日，直到突然之間……一件難以置信的消息降臨：卡利古拉被暗殺了！時值西元四一年一月。這樣的悲劇是如何發生的？更特別的是，總是狡猾、處於戒備狀態的卡利古拉，怎麼會像個小男孩般地被突然襲擊？

總是嘲笑他人的人，很可能某天會遇到一個完全沒有幽默感的人，但這個人不應該在恐慌不安的元老院裡。相反地，對於軍隊而言，有些事情無論如何都無法讓人接受的。例如給卡西烏斯．卡瑞亞（Cassius Chaerea）取可笑的綽號，他是羅馬近衛軍的長官（換句話說是自己的護衛隊長），以便讓他在同僚眼中真正地成為笑柄，這非常的危險。確實，卡瑞亞是個同性戀。但這難道是稱他為「丘比特」、「維納斯」或「普里阿普斯[5]」的理由嗎？尤其是這可憐的卡瑞亞還擁有一副閹人般的嗓音時！於是卡利古拉在宮殿的一角被割喉宰殺，卡桑尼亞遭受了相同的下場，她的小嬰兒德魯蘇拉（Drusilla）的頭骨被砸碎在牆上……到此，卡利古拉退場。他的叔叔克勞狄，日耳曼尼庫斯倖存的弟弟，一個流著口水的傻瓜，從簾幕的背後被拖了出來，並被近衛軍們宣告他成為皇帝。

勇敢的克勞狄娶了一位迷人的女人麥瑟琳娜，小他二十歲。這是他第三次的婚姻。唉呀，但對他來說卻不會是最好的一次。麥瑟琳娜年僅十六歲，擁有勃勃的野心和某些篤定的優勢。首先，她為克勞狄誕下一個寶寶，我們不確定是否為他的孩子；他叫做不列塔尼庫斯（Britannicus）。再者，她讓人痴迷不已，她擁有某種特別的，介於女人與孩童間，半天使、半惡魔的毒性魅力，她是純潔和邪惡的。我們偶爾會形容她是性愛狂……最後，她來自一個顯貴家庭，因為她是多密提婭．列比達（Domitia Lepida）的女兒，後者是小阿格里皮娜的小姑。麥瑟琳娜跟她母親如出一轍——因為這個列比達吃乾抹淨好幾任丈夫和一大堆情人；她非但不是個蠢蛋，還具有政治野心。她很清楚自己的出身不及小阿格里皮娜和她姐姐利維拉二世來得優秀，她們可是帝王們的孫女和姐妹！還有那位從小阿格里皮娜兩腿間蹦出的尼祿，不正是她孩子不列塔尼庫斯的重要勁敵嗎？

小阿格里皮娜知道麥瑟琳娜討厭她。加上阿赫諾巴爾布斯剛去世，她孤身一人，沒有靠山；在她的摯愛雷比達身首異處後，她意識到自己必須趕緊再結婚。她開始追捕獵物。當她狩獵時，她找到了……塞爾維烏斯．加爾巴[6]，這男人大她二十歲，已婚，但這不是問題。加爾巴是出色的人才，因為他會在未來的某一天稱帝。只是他不是自由之身，這個傻

5 普里阿普斯（Príapos）是希臘神話掌管生育之神。
6 塞爾維烏斯．蘇爾皮基烏斯．加爾巴（Servius Sulpicius Galba，西元前三年至西元六九年），在西元六八年稱帝，但僅七個月即遭殺害。

瓜愛著他的妻子。儘管二十六歲的阿格里皮娜一生中從未如此有魅力，也從未如此聰明。但她失敗了，只獲得來自加爾巴岳母的一記響亮巴掌作為回報！

這位丈夫誘惑者將目光投向克里斯普斯・帕西安努斯（Crispus Passiénus），他是一位執政官、富豪而且已婚。就在加爾巴躲避之時，帕西安努斯並沒有回絕。誰會拒絕凱撒家族的女孩爬上自己的床呢？尤其是她如此美麗動人。當小阿格里皮娜和帕西安努斯終於成婚，一起享受甜美的愛情生活時，她的妹妹利維拉二世表現得不夠謹慎。她比其長姐更衝動、更不諳心計，而且無疑地更為著急，她開始和克勞狄調情。可悲的女人！如果她知道等待她的是什麼事情的話。侵犯麥瑟琳娜的地盤只會招惹上麻煩……一項充分的通姦指控儼然木已成舟。但這並不是毫無根據，因為利維拉二世喜歡蒐集情人，猶如其他人玩擲距骨遊戲[7]一樣。然後，美麗的利維拉二世流放到蓬提亞島上了。無庸置疑，這座島在很短的時間內一直迎接年輕女人們的到來！當時的那位情夫，哲學家塞內卡[8]前往島嶼，反省把已婚婦女當成自己妻子的危險。看來即使是哲學家，也不見得總是明智的……而小阿格里皮娜則遵循著柏拉圖的教誨並且小心警惕。

麥瑟琳娜如釋重負地鬆口氣，她從容地贏得勝利。該是歷史這個嚴厲的裁判官，給予麥瑟琳娜緩刑的時候了。她在十四歲時被克勞狄取走童貞，後者不僅年近半百，並且流著口水和結巴。此外，他食量驚人，還受脹氣折磨。我們可以試著理解她：和克勞狄睡在一塊時的心情，確實，那是她的丈夫；但唯一的慰藉是她還能夠和充滿香氣、英俊且舒張著肌肉的魁梧男子做愛。只不過，在這個虛偽的羅馬裡，偷情仍然必須要小心翼翼。可惜，保持低調向來不是麥瑟琳娜的強項；在做那檔事時，她喜歡放聲尖叫。

她從作為啞劇演員、卡利古拉的變童和公認的雙性戀者的明斯特[9]開始下手。他只對女人有適度的愛好，在屈服之前會使出一番拖延戰術，最後才轉為優秀的奉承者。麥瑟琳娜並不是一位感情用事之人，而是一位收藏家和淫逸女子。她天性喜歡分享伴侶，而且不容易嫉妒，可以一夜沉迷於三個情人而不是一個。一旦脫光了衣服，一個男人便和另一個差不多；而奴隸如果符合標準，對主人便有用處。但這樣的生活方式無法持續隱藏太久。即使克勞狄是一個有點重聽的丈夫，終究還是聽到了不脛而走的風聲。

在一個尊男人為天的羅馬社會有此等舉止，必須是腦袋嚴重地不清醒，或是根本不受禮節約束，或兩者兼而有之。在此情況下，當我們身為女性，只要有絲毫違反守則的行為，就可能得付出極高的代價。如果這個女人不是皇后，便是個徹底的瘋子；因為那時謠言占據著上風，會任意地被人曲解事實。不久後，在羅馬的小酒館中流傳著，麥瑟琳娜會在夜

7 古希臘和古羅馬人會蒐集羊的後脛距骨作為玩具和占卜。
8 塞內卡（Lucius Annaeus Seneca，約西元前四年至西元六五年）。古羅馬斯多噶學派哲學家。
9 明斯特（Mnester，～至西元四八年），羅馬著名啞劇演員。

晚起身，離開克勞狄的床，將她的黑髮藏在金色假髮之下，並以呂西斯卡（Lysisca）的化名到蘇布拉的妓院賣身。在那裡，她委身自己給一群羅馬的敗類，待性愛饜足後，於清晨重新回到她的床上。她甚至會下注，據傳聞……她會向專職妓女們發起挑戰……她的紀錄是在二十四小時內上陣挑戰二十四個男人！這就是人們如何編造出「小母狼」的聲譽，在妓院中就以此稱呼她。

但這一切如我們所料想的，被過於誇大了。麥瑟琳娜滿盈的野心，跟她所追求的欲樂一樣。她明白，如果她想比克勞狄活得久，並為他們兒子不列塔尼庫斯安排良機，她就需要盟友。克勞狄身旁環繞著兼具才能和肆無忌憚的被釋奴[10]，且他讓這些人擔任部門長官。麥瑟琳娜必須培養自己的心腹，因此，納爾奇蘇斯（Narcisse）、波利比烏斯（Polybe）、帕拉斯（Pallas）……皆向她微笑和卑躬屈膝，麥瑟琳娜得以喘口氣。最起碼，她是如此以為……她的錯誤——她年輕氣盛的事實可以被原諒——認為藉由一把雙面刃、毒藥和性愛，便可以全不費工夫地贏得勝利。她篤定不到三年的時間，就可以擺脫克勞狄。

缺乏耐心？錯誤的判斷？很顯然地兩者皆是。麥瑟琳娜對她丈夫的看法是錯的，克勞狄無法擺脫家族白痴的不當聲譽，但他比表現出來的更聰明和狡詐。在這種情況下，這個小美人如果不是因為當時其中一位情人推波助瀾，或許就不會採取行動了。他叫作蓋烏斯・西利斯（Caïus Silius），高貴、如神祇一樣俊美、自命不凡、自負和不擇手段。馳騁著皇帝年輕的伴侶讓他有如酒醉般地飄飄然，他想將這個遭背叛的丈夫置於死地，並搶走他的寶座：克勞狄被流放，他和麥瑟琳娜結婚，並領養了不列塔尼庫斯，大功告成！就是這樣。

麥瑟琳娜將克勞狄當作傻子，她告訴他，從動物內臟的卦象中讀到他遭受威脅，想要擺脫這種棘手情況的唯一方法就是讓她假結婚，以驅趕惡靈。克勞狄假裝相信這些胡謅之言，並前往奧斯蒂亞[11]。當他一轉身離去，麥瑟琳娜和西利斯便在盧庫魯斯[12]的花園裡盛大地慶祝他們的婚禮。為刺激客人的感官，到夜晚則轉為真正的狂歡節，伴隨超乎想像的放縱行止。麥瑟琳娜和西利斯理所當然地主導一切。麻煩在於，被釋奴納爾奇蘇斯起了變節的想法，想要警告克勞狄。但因害怕克勞狄暴跳如雷，他並未直接通知本人，而是將此一消息告訴當晚在克勞狄床上的兩位妓女：卡爾普尼亞（Calpurnia）和克麗奧佩脫拉。她們兩個對於擊垮所嫉妒的麥瑟琳娜可是樂意之至。這一局賭贏了……。

克勞狄急忙地返回。情人們在戴綠帽的丈夫面前矢口否認，還在做可笑的困獸之鬥，但當一切證明都恰恰相反時，要如何抵賴呢？西利斯被下令處死。至於麥瑟琳娜，她避難

10 被釋奴，又稱被釋自由人，指的是從合法奴隸地位中釋放和獲得自由的人。
11 奧斯蒂亞（Ostia），古羅馬的海港。
12 盧庫魯斯（Lucullus，西元前一一八至西元前五七或五六年）。羅馬將軍、執政官，在基礎建設、藝術和文化上有許多建樹。

到盧庫魯斯的花園，那裡是她最後一搏的機會所在。她試圖接近克勞狄，但沒有成功。這都是因為納爾奇蘇斯提防著任何意外的發生：這個不貞的皇后，很有可能會藉著她的魅力，使得老薩達那帕拉[13]改變心意。老皇帝的怒意才正要消退，但這個被釋奴玩著他不知道的把戲。他派遣士兵將花園中的麥瑟琳娜處以死刑。

在那裡，小女孩的母親多密提婭．列比達與她會合，並勸說其自刎，以羅馬人的方式死去！士兵們就在現場，麥瑟琳娜拿起一把刀抵著自己的胸口。辦不到，根本無法興起任何死亡的渴望，她只想活著，一次又一次地享受……一個百夫長不耐煩起來，拔出他的劍，刺進她的胸脯直至劍柄。「小母狼」就如此喪命了，她值得比她的放縱行為更好的下場。

她的表親小阿格里皮娜在角落裡，冷眼地旁觀一切。她剛重新恢復成寡婦，而且是富有的寡婦，因為帕西安努斯遺贈給她巨大的財富——這才是最重要的事情。她聳聳肩膀……「這個麥瑟琳娜，真是個蠢蛋」！她——小阿格里皮娜，可不會被如此愚弄。屆滿三十三歲的她早已歷經風霜。自從年少以來，她改變了很多。這個令人心醉神馳的女子和她的祖母茱莉亞長得如出一轍，行事衝動且舉止輕挑，逐漸轉變為致命的女子；她成為了莉薇亞，老奧古斯塔[14]的另一個化身——我們俗稱為「母貓」的奧古斯都之妻。她盯著身旁轉動的世界，張牙舞爪。總之，小阿格里皮娜這個壞女孩如今已轉變為一名高尚的已婚女子，至少在表面上，而在她心底猶如一座噴發的火山。

在她丈夫死後，她並未孤身太久。無論如何，在羅馬，如果一個女人獨身，那她就什麼都不是。小阿格里皮娜瞄準她叔叔克勞狄其中一位被釋奴，因為他們是極好的踏腳石。麥瑟琳娜曾嘗試想征服納爾奇蘇斯，但她失敗了；小阿格里皮娜想要征服帕拉斯，而且她手到擒來。但親愛的帕拉斯只是一個暫時的支持者。麥瑟琳娜才剛一離場，小阿格里皮娜便前來進攻叔叔克勞狄，她是如此渴望安慰他。克勞狄雖然是一個暴食和貪色的老人，但他對麥瑟琳娜的悲慘結局感到遺憾。他喜歡她，這孩子氣的女人。而他的侄女小阿格里皮娜早已不再是個孩子氣的少女，很高興她在身邊。她很漂亮，而且懂得巧妙地撒嬌，幾乎和麥瑟琳娜一樣。當她來訪時會親吻他，離去時亦然。作為皇室成員，她有權如此。但毫無疑問地，她的吻在老人的嘴唇上徘徊，而他喜歡如此。克勞狄沒有道德感，小阿格里皮娜是他侄女的事實完全不會困擾他。這位對於治理國家相對嫻熟的皇帝雖然確實令人反感，卻十分體貼情婦，總是渴望給她們帶來快樂。另一方面，也必須承認，這些輕佻的女子們應該獲得補償，這個老人不喜歡洗澡，而且他的打鼾聲和屁聲幾乎是持久不衰。

克勞狄的屁已經變得眾人皆知。他在這件事情上非常慷慨；由於看到他的餐會賓客們，

---

13 薩達那帕拉（Sardanapale）。指的是亞述國王亞述巴尼拔（Aššur-bāni-apli，西元前六六九年或西元前六六八年至西元前六二七年在位）。攻打巴比倫失利後，他燒毀宮殿、處死自己的妻妾和馬匹後自殺。

14 Augusta，相對於女奧古斯都（Augustus）的尊稱。

自我抑制到身體不適或是如公雞頭冠一樣面紅耳赤的程度，他頒布了一項法令，允許上流貴族們在用餐時放風。嬌弱的小阿格里皮娜並不是很心甘情願地取代麥瑟琳娜的位置，但是一份絕對的渴望讓她強迫自己，這遠超過她鼻子的敏感度：她的野心。一旦涉及到叔叔的再婚，小阿格里皮娜就加入了競爭的行列；她不會放棄這個嶄露頭角的機會，並且必須與第一流的候選人鬥爭。

克勞狄做任何決策都少不了詢問他的被釋奴們的意見，於是每個人都安插了他們的棋子。納爾奇蘇斯建議人選是艾里婭·拜提娜（Aelia Paetina），這位的優勢是老薩達那帕拉對她瞭若指掌，因為之前曾與她結過一次婚又離婚了。但艾里婭幾乎無法激起克勞狄的任何欲望，他把她摸得一清二楚；此外，她已經衰老許多，老頭子喜歡新鮮的胴體。卡里斯特（Calliste）則推薦羅利亞·保利娜（Lollia Paulina），她如期望般的誘人，加上她與卡利古拉結過幾個月婚，非常清楚這個職責。最後，帕拉斯把希望投注在符合所有條件的小阿格里皮娜上：無可匹敵的貴族血統、世界上最美的臀部以及女喜劇演員般的幽默感。克勞狄傾向於選擇小阿格里皮娜。麻煩在於，叔叔與侄女通姦不太符合羅馬的風俗習慣。要消除這層阻礙，需要一個絕對不道德的好演說家，同時必須準備好一切來滿足他的野心。

這個人是維特里烏斯[15]，此時他還沒有成為皇帝，而且他並沒有忘記自己虧欠小阿格里皮娜，他曾被列入麥瑟琳娜的狩獵名單中。他想，或許可以幫小阿格里皮娜一點忙作為回報，一切將會水到渠成。維特里烏斯後來在皇帝寶座上待了短短三個月，在成為狼吞虎嚥和曇花一現的皇帝之前，他已是個軟弱和卑劣的人。為了他所渴望的小阿格里皮娜，他有什麼辦不到的事情呢？這名蠢貨是個優秀的演說家，他說服參議員，如果侄女與叔叔的婚姻被稱為亂倫，那侄女與舅舅的婚姻則不能等同視之……最誇張的是，元老院接受了這一齣低俗的滑稽劇碼。這證明曾使羅馬榮耀的奧古斯都元老院議會向下衰敗的程度。最後的一絲疑慮，如今也一掃而空了。然後，在西元四九年一月一日，事已既成，亂倫不復存在，叔叔和侄女成為世界上最堂堂正正的夫妻。在羅馬，由於大家有點迷信，人們大幅增添給予奧林匹斯山所有神明的祭物，以防萬一……。

小阿格里皮娜搓著手想，對於曾降落在她身上的命運而言，這是多麼好的報復呀！一個被謀殺的父親，一個自殺的母親，兩個兄長也被殺害，然後第三個成為皇帝的弟弟同樣被謀殺，一個姐姐在二十歲時離奇地去世……小阿格里皮娜感到為他們報了一箭之仇！當然，她還必須在老人的床上親自上陣一段時間，克勞狄打算善用——因為他確實能夠如此——他丈夫的權利。但這些與最首要的事情相比簡直微不足道：她要成為帝國中最有權勢的女人。然後，就是將她的獨生子，她的小尼祿，按繼承順序放在正確的位置上。

15 維特里烏斯（Aulus Vitellius Germanicus，西元一五年至西元六九年），羅馬帝國「四皇時代」其中的一位皇帝，以好吃聞名。

克勞狄確實有一個和麥瑟琳娜生的孩子，但是這個不列塔尼庫斯非常年幼。至於克勞狄的女兒屋大維婭（Octavia），小阿格里皮娜認為她若成為尼祿的一位優秀妻子，事情就能迎刃而解。但是屋大維婭已經與奧古斯都的曾孫子訂婚，某個名叫路奇烏斯．西拉努斯（Lucius Silanus）的男子。但這不重要，一項亂倫的指控可不費吹灰之力瓦解這門親事：西拉努斯驚訝地發現自己被指控與還是幼童的親妹妹通姦，他難以置信而且驚訝得喘不過氣……而克勞狄，兩眼昏聵得什麼都看不見，他對如此可怕的「犯罪」感到憤慨，立即解除了屋大維婭和西拉努斯的婚約。好險！小阿格里皮娜心想。而西拉努斯因不能忍受恥辱，在浴池裡劃開了靜脈。

兩年後，小阿格里皮娜被授予奧古斯塔的稱號。如同曾經的莉薇亞一樣，只是莉薇亞必須為此等到奧古斯都逝世之後，但小阿格里皮娜卻不用：她如今同等於皇帝。基於此點，奧古斯都、提比略和卡利古拉皆曾反對過，克勞狄究竟是怎麼讓步的？克勞狄自己亦曾同樣地拒絕將之授予麥瑟琳娜啊。這是因為叔叔覺得自己已垂垂老矣，他需要支持，於是轉向年輕的妻子尋求安慰；在小阿格里皮娜身上，他發現她對政治的才能，甚至是一股真正的熱情，這在羅馬女人之間很少見。她是否懷抱著統治帝國的計劃？她如此仰慕埃及豔后，「為什麼一個女人無法統治呢？」

從凱撒至小阿格里皮娜，這名戰敗的埃及女人吸引了不少的崇拜者。小阿格里皮娜迎來她的四十歲，這對當時代的女人來說已不算年輕……但她看上去卻不然。她不僅是個有頭腦的女人，她充滿魅力，且必須保持如此，因為她知道克勞狄很喜歡緊實的胴體。

她會在浴室裡花上數個小時，沉醉在美髮師的技藝，全身抹上精油並進行按摩。她的肌膚享有盛譽，堪稱典範，並聞名貴族之間，那是如同象牙一樣的白淨膚色（只有奴隸的皮膚是灰褐色）。臉形有點方正，但鼻子筆直、精緻，有著希臘雕像般的輪廓。她的眼睛又大又藍，而且她深諳如何用它們傳達所有的情感，堪稱是一位真正的女演員。她有著和祖母茱莉亞一樣性感的嘴巴。她個子不是很高，但是身材令人驚豔不已地勻稱。

小阿格里皮娜聰明靈巧？可不只如此，還多著呢。她有極度清晰的頭腦、城府極深且個性狡猾。她知道如何利用信徒——在她的周圍只有忠心耿耿的人！帕拉斯始終在那，她並未戒掉和他過夜的習慣，尤其是當克勞狄酣聲如雷的時候。同時，她還召回流亡的哲學家塞內卡，一個對於愛情充滿熱情的哲學家。在麥瑟琳娜的時代，他、卡利古拉和小阿格里皮娜最小的妹妹利維拉二世，一起度過漫長的歲月。因為他身為哲學家，他將負責教導懶惰笨拙的學生尼祿。再加上他很英俊，好吧……小阿格里皮娜讓他成為她的情夫。塞內卡可以做世界上最好的情人，因此當塞內卡焦頭爛額時，小阿格里皮娜便召喚她的朋友維特里烏斯。

奧古斯塔想要一切：權勢和愛情。她曾經向自己發誓永遠都不會和麥瑟琳娜那個可憐的小女孩一樣：她的眼光狹隘，只看得見眼前的享樂！但小阿格里皮娜很有耐心，她等待著。您認為她會毒害不列塔尼庫斯嗎？當然不會。面對十歲的小男孩，她表現出笑臉迎人和甜如蜜糖的樣子。另一方面，她除掉他周圍的人，被釋奴納爾奇蘇斯因涉嫌貪汙而被流放。很快地將不會再有「大人」能夠支持這個小孩，連克勞狄也不會。只需幾聲嘆息、微笑、一些惡毒的誹謗……然後不一會工夫，善良的克勞狄便相信不列塔尼庫斯是個私生子！有麥瑟琳娜這女人作為母親，唉，什麼事都有可能！

至於尼祿，西元五〇年他正值十二歲。必須刻不容緩地將他和屋大維婭——克勞狄的女兒締結婚約，雖然後者才九歲，但這無關緊要！一切將水到渠成。不擇手段的小阿格里皮娜，讓克勞狄收養了尼祿。他從一名女婿——已經是還不錯的頭銜——成為了兒子，於是更加地完美了。在羅馬，一個養子等同於合法繼承人。克勞狄兩眼昏花、不辨是非。「畢竟，」大家如此說服他。「不列塔尼庫斯還那麼年輕……」。

同時，小阿格里皮娜繼續進行清掃，消滅那些可能使未來蒙上陰影的人。她無法忍受羅利亞．保利娜，後者某天晚上爬上卡利古拉的床，並且充滿熊心壯膽地加入嫁給克勞狄的競爭行列。她把自己當成誰？她美得要命，且富有得要命。小阿格里皮娜散布流言說，羅利亞諮詢了一些祭司，打算霸占克勞狄的床位。這可是非常嚴重的罪刑。美麗的羅利亞因此被迫留下了她的財產（將被充公），以及最終，她美麗的腦袋。

另外一個原地打轉的礙事女人：麥瑟琳娜的母親多密提婭．列比達，也就是不列塔尼庫斯的祖母。她完全不討小阿格里皮娜歡心，但離密謀殺害她，還有一大段距離……小阿格里皮娜愉快地跨出那一步。列比達被指控為一位巫師，而且曾向克勞狄施展咒術。大功告成了！劊子手又被傳喚了！再者，這個可惡的列比達曾經成功地讓尼祿施予同理心。小阿格里皮娜的名單很長，美麗的奧古斯塔喜歡清除冗員。

小阿格里皮娜忍受克勞狄將近五年的光景……他六十四歲了，卻沒有要死去的跡象——儘管他狼吞虎嚥了這麼多的廢渣，這讓人一點也無法理解！克勞狄持續地認為，她是非常好的政治顧問，而且在帝國事務上給予極大的幫助。對於目睹克勞狄的辭世，小阿格里皮娜不抱希望了。這個玩笑究竟還要持續到什麼時候？她可沒有打算成為像莉薇亞一樣的奧古斯塔，早克勞狄一步死去，然後留下……誰知道呢？留下那個妓女的兒子不列塔尼庫斯，方便他奪走尼祿的寶座嗎？此外，她發現克勞狄變了，他已聽聞她的不忠嗎？

我們永遠無法得知，所有該死的、擁有一張惡毒嘴巴的被釋奴們，會對主人說三道四些什麼。小阿格里皮娜顫抖著……如果克勞狄決定除掉她怎麼辦？畢竟，他已經殺害了第一任妻子烏爾古拉尼拉（Plautia Urgulanilla），以及第二任麥瑟琳娜。皆是為了再愚蠢不過的理由：他不喜歡綠光罩頂，尤其他是位皇帝。而一個戴綠帽的皇帝，就猶如變成凡人的神。而且，尼祿十七歲了，正值執政的年紀；不列塔尼庫斯也已經十三歲了。孩子們都長大了，時機已成熟。小阿格里皮娜堅信著：她必須在克勞狄行動之前動手，否則事成定局，尼祿永遠無法成為皇帝，而她將不得不割斷自己的靜脈……。她離目標就在咫尺之間，不，絕對不能讓這發生！

西元五四年十月十二日，在帕拉丁山上的克勞狄宮殿，正值晚餐時間。克勞狄躺在宴會床上。他最喜愛的時光，就是和眾人吃飯的時間。有人向他呈上了一些蘑菇，他一直酷愛它；自從他年輕的時候，自己去樹林裡採摘它們之後，特別是牛肝菌蘑菇。剛好，這些就是牛肝菌……突然一股恐懼襲上他的心頭，假使這些有毒呢？

他聳了聳肩，立即驅散這個念頭，特別是他看到小阿格里皮娜似乎正大肆享受著這些蘑菇。而他不知道的是，小阿格里皮娜付了一大筆錢給洛庫斯塔（Locusta）——一名因殺害近三分之一的參議員，而關押在監獄的投毒者——以便為她找來一種未知的毒藥，足以對抗圍繞克勞狄身邊的所有解藥。不同於小阿格里皮娜，克勞狄不知道如何區分有毒蘑菇和食用蘑菇。幾個小時過後，克勞狄大快朵頤地吃完一切，牛肝菌蘑菇、鵝膏菌蘑菇和剩下的食物，並放足了一陣屁，這對他說是個健康的徵兆。

突然之間，一個猛烈的飽嗝，伴隨而來一股反胃。他習慣於此，相對他吞食的一切來說並不足為奇。而後，人們帶他到床上。同樣被小阿格里皮娜收買的醫生們為他進行灌腸……摻了毒藥。首席的醫療官是色諾芬（Xenophon）。終於，小阿格里皮娜成功地實現了自己的命運——為家人復仇、爬升至最高權力，並藉由謀殺丈夫使她的兒子成為皇帝。十月十三日早上，克勞狄已是瀕死之人。克勞狄退場。緊接著是尼祿……但這又是另外一段故事了。

露出美胸的阿涅絲・索蕾和她的一串小搗蛋鬼們

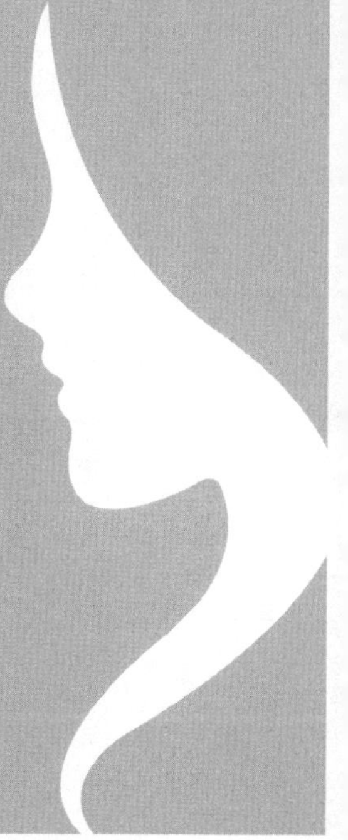

「瘋子」查理六世[1]一直是「戴綠帽」的查理，而他自己對此一無所知。巴伐利亞的伊莎波（Isabeau de Bavière）王后讓他戴過的綠帽，其高度遠超過裝飾那位罪人前額的漢寧[2]尖錐。這個迷人的伊莎波壯足了膽向領主及主人展現自己的不忠，卻未有一絲懺悔之意：她對國王早已不忠無數次，而且她確實愛上了奧爾良的路易一世[3]——順帶一提，是國王的親弟弟。難道愛情不能原諒部分的錯誤嗎？在那個年代，這三項難道不是完全足夠成為女性出軌的理由嗎？但最後，她的丈夫國王仍瘋到無可救藥，狠狠地痛打了她一頓。

這對於普通女子來說已經很不容易了，何況是一位公主，更別說是一位王后或寵妃了！王后們並非總以愛情之名雀屏中選。皇室情婦們則剛好相反……一旦被選上了，她們在某程度上就變得難以觸及。可謂是真正的維斯塔貞女，國王可以任其所欲地極盡通姦之事。而她們卻未曾被允許擁有相同的作為……因此在歷史中，少有戴綠帽的國王或王子們。綠帽和皇冠難以契合，正說明了巴伐利亞的伊莎波和其他敢如此為之的大膽女子的功績……。

伊莎波比她瘋子丈夫查理六世活得更久，因此她在自己生命盡頭所犯下的淫亂之事，是能夠被寬恕的，她並沒有背叛任何人。當她去世時，她的兒子查理七世已經統治法蘭西一段時間。他刺殺了無畏的約翰（Jean Sans Peur）、勃艮第公爵（duc de Bourgogne），從而開啟了法蘭西與勃艮第之間數十年的惡劣關係。他從遠處目睹奧爾良少女[4]（Pucelle d'Orléans）的苦難，這個了不起的貧窮少女，有膽量向占領法蘭西的英格蘭人回敬以侮辱的手勢。查理七世在貞德的基礎之下努力奮戰，西元一四五〇年，他幾乎把英格蘭人都趕出法蘭西的領土。然而除了征戰之外，查理七世還做了什麼事呢？跟前人一樣：做愛。總在戰場上驍勇善鬥的法蘭西國王們，幾乎在閨房之事上也是如此，這可能是他們的座右銘——偶爾化作戰士，大多時候是政客，但永遠作為情人。查理七世也不例外。在此之前，他一直是個易怒的無賴，流連於一處又一處更好的花叢，不停欺騙他的妻子，直到某天他猛烈地愛上一位最稀有的極品女人：她的名字叫阿涅絲・索蕾[5]。

一四四三年二月，查理七世在他美好的城市圖盧斯（Toulouse）慶祝自己的四十歲生日。他仍然一如弱冠之年時，是個矮小瘦弱的男子，且鬱鬱寡歡。為了掩飾這樣的體質（因為忍受不了自己），他不停旅行。當然，在那個時代裡大家必須長途跋涉，但是查理七世好動成癖，他逃避自我。毫無疑問，身心是一體的，在他經歷了悲傷的人生之後，查理幾乎感覺不到幸福。時間在他身上流逝，他盯著它飛逝，猶若看一隻蒼蠅飛舞，意即他幾乎無動於衷。他忍受生命的重擔，如同鐐上了鐵球般，很少有人看見他笑。

1 查理六世（Charles VI，西元一三六八年至西元一四二二年）。瓦盧瓦（Valois）王朝第四任國王。
2 漢寧（Hennin）是中世紀晚期歐洲貴族婦女佩戴的圓錐、尖頂型或截頂圓錐型的頭飾。
3 路易一世（Louis Ier de Valois，西元一三七二年至西元一四〇七年），奧爾良第二王朝的第一位公爵。
4 指聖女貞德。
5 阿涅絲・索蕾（Agnès Sorel，西元一四二二年至西元一四五〇年），號稱法蘭西史上最美的女人。

必須承認的是，他曾是一個不被寵愛、被鄙視的孩子。不意外地，他變得侷促不安、尷尬，更不用說像塊木頭一樣。他如瘋子般的父親的吼叫聲仍在他耳邊迴盪；而他的母親，對待和她上床的男人們比對兒子更殷勤。或許她是盲目地偏愛自己的英格蘭孫子，亦即她女兒凱瑟琳[6]的兒子，因為人們甚至竊竊私語著查理是個私生子。可想而知，他的夜晚一定被噩夢騷擾著。可憐的是，噩夢在白天也縈繞著他。直到他確信：他一定是在父親精神錯亂發作中受孕的，這就是為什麼他老覺得不舒服的原因。於是，查理從一個城堡動身至另一個，就像一位懶惰的國王乘坐著他的牛車。要是他父親有遺傳相貌給他的話就好了⋯⋯可惜沒有。父母親生得如此俊美，但自己卻長得相當醜陋，又能怎麼樣呢？這就是為什麼查理討厭旁人的眼光，甚至是直盯著他。在這種情況之下，他會感到手足無措。他幾乎忘記一個女人不會像看一個男人般的注視著一位國王，儘管他積累了許多情婦，仍於事無補，因他知道自己無法靠著外表吸引女人。查理熱愛女人，甚至崇拜她們。在昏暗的床幃之間，他感到自信倍增。

隨著時光的飛逝和接二連三的懷孕，法蘭西女王——安茹的瑪麗[7]只能供給國王一副走樣的身材。他毫無幹勁地履行自己的職責。這位生育力旺盛的王后依據聯姻的需要，為他誕下十四個小王子和小公主們充當交易條件。最後不算太糟糕，尚存有五條生命。在當時，必須努力地生育才可能成功留下幾個後嗣下來。

四十歲生日那一天，在這座往昔圖盧茲伯爵們的宮殿中，查理七世感到無聊透頂，並不住地克制自己打呵欠。人們突然宣布安茹皇室的到來，由著名的勒內[8]國王率領，後者雖然長得奇醜無比，但學識淵博無人可匹敵，而且充滿幽默感。他的妻子伊莎貝拉（Isabelle）是巴爾（Bar）暨洛林（Lorraine）公國伯爵的女兒，伯爵的領地激起令人厭惡的勃艮第公爵、好人菲利普[9]的憤怒。不同的是，伊莎貝拉人如其名地討人喜歡。但當她對查理七世行屈膝禮時，查理看都不看她一眼，目光只放在她的其中一位女僕身上。

這位向前邁步的女子，是一位皮卡第地區（Picardie）的美女，有一頭耀眼奪目的金髮。跟那時在宮廷所盛行的人工感草莓金完全不能相提並論——那是經由大量的染劑和香料，使所有女人變得如威尼斯人或佛萊芒人（Flamand）一樣。這個神蹟是怎麼造成的？如下：她們將兩公升的明礬、六盎司的黑硫和四盎司的蜂蜜在水中蒸餾，並抹在頭顱上，然後讓它在烈日當中靜置。幾個小時後，如果她們沒有因中暑死亡，她們會用鐵棍燙捲自己嶄新的草莓金髮。

6 瓦盧瓦的凱瑟琳（Catherine of Valois，西元一四〇一年至西元一四三七年），英格蘭國王亨利五世的妻子。
7 安茹的瑪麗（Marie d'Anjou，西元一四〇四年至西元一四六三年），查理七世國王的妻子。
8 安茹的勒內（René d'Anjou，西元一四〇九年至西元一四八〇年），又稱好王勒內。
9 好人菲利普（Philippe le Bon，西元一三九六年至西元一四六七年），瓦盧瓦王朝的第三代勃艮第公爵。

對於攫住國王目光的少女來說，根本不需要這樣的魔法藥劑！這是一位真正的金髮美女，帶著貪婪眼神的查理沒有看錯：她是多麼明豔動人，精緻的臉龐、高高的額頭、精緻的顴骨、蠟黃的眉毛、飽滿的臉頰，讓人想起童年。當她微笑時，左頰上凹進一個討人喜歡的酒窩。她那小巧的鼻子、微妙的鼻孔微微翕動，豐滿的嘴唇露出一排潔白的牙齒。杏仁形、我們不清楚是灰色還是綠色的雙眼，上面覆蓋著金色的倒影。她非常白皙的皮膚讓人聯想到珍珠；纖細的手臂、流線般的雙腿和背部下緣，給予他致命的一擊，讓他難以喘息。原以為這位只有二十歲的年輕女子是冰若冷霜的美女。但不是，她談天、微笑，舉手投足帶著野獸般的性感。即使是僧侶們也會一致同意。

查理如同石化了一般。有人告訴他，她的名字叫阿涅絲，一個微不足道的讓·索蕾（Jean Sorel）的女兒。人們肯定嗎？「她更像是朱庇特種出的果實」，國王如是想。向來吸引女人毫無困難的他，這次感到無比的窘迫。他擔心阿涅絲會認為他其貌不揚——他那顆棲息在鳥脖子上的蛋頭、像豬一樣暗淡無光的小眼睛、垂頭喪氣的目光、突出的嘴唇和藏在帽子底下貧瘠的頭髮。難道，我們要戴著帽子做愛嗎？他將必須展現給她看，就像他那細瘦的腿和外翻的膝蓋一樣。

穿著衣服時，時興的衣服樣式為他的肩膀填補了襯料，美化他的褲檔之處，然而一旦赤身裸體，就不可能再欺瞞了。國王之所以俊美，是因為他是國王！但是現在……他沒把握。他幾乎要用自己的王冠交換成另一個身體——真實的身體。這個傻瓜，他似乎忘卻了自己擁有一些魅力：黝黑的膚色、溫柔的舉止和低沉且溫暖的嗓音，以及他的涵養。那名詩人[10]說的有道理：「一個目不識丁的國王就像是一隻戴著皇冠的驢子。」阿涅絲一點也不在乎他平庸的外表，她想了解更多關於他的事情。

查理在親密關係中從來就不是笨拙的，但是他不了解愛情是什麼。一夜之間，這個不懂笑的人變得快樂起來。這個陰鬱的人變得讓大家都認不出來了。阿涅絲懂得應對進退，和國王的妃子們經常的作為不同，她從未企圖篡奪任何人的位置，特別是王后的。成為一個寵妃且占據國王心中的第一順位就令她心滿意足了。

阿涅絲單純、坦率和聰明。愛情對國王來說是一種少見的情感，這兩個人皆體驗到了。每當他們從歡愛中起身時，便能感受到更多的愛意。她為這樣的變化感到自豪：曾經神經質的查理如今很平靜。她成功地給予查理想要前進的力量，薩達那帕拉國王變成那位女人的情人，這在國王身上實屬難得的事情。在她的陪伴下，他覺得有能力對抗自己的命運，他不再想起自己孱弱的身體，當他和阿涅絲做愛時，他感到無比美好。

不久阿涅絲為查理誕下一名孩子，一個非婚生子。我們知道那些愛情的結晶會讓父親

10 指索爾茲伯里的約翰（John of Salisbury），英國作家、哲學家、教育家。

們深深受到感動。當一個男人擁有越多的私生子，我們對他的生育能力越不懷疑。查理早已有了幾個私生子，儘管遠遠不及勃艮第的叔叔——好人菲利普。確實，菲利普維持著大約三十個情婦，由於他應盡的義務，他不會忘記寵幸每一個人。在百年戰爭的尾聲，出於放縱、習慣、野心、躲避無聊或擊退死亡的原因，人們私通直到精疲力竭為止。在淫亂和汗水淋漓之中，我們可以感覺自己活著。顯而易見的是，婚姻的忠誠不會從這些顫抖之中有任何受益；這些事情變得如此自然，以至於妻子們只能闔上眼睛相互安慰著彼此的失寵。於是有一天在王族的行程中，當時承受最多外遇的兩個女人相遇了：安茹的瑪麗王后、查理國王的妻子，和勃艮第的女公爵、葡萄牙的伊莎貝拉[11]，她們一起度過下午時光討論著彼此的不幸。

這些對手根本算不上什麼……只有晉升至近乎最高權力地位的情婦才至關緊要。阿涅絲．索蕾便是這樣的情婦之一，這也是為什麼大家痛恨她的原因。已經有很長一段時日，沒有任何的交際花能夠干預王后和君王之間的事情！我們甚至認為這種威脅已經消失了，因而有必要由其中一位蕩婦來重新擦亮招牌。阿涅絲儘管行事低調，人們卻仍關注著她；因為無法對國王面帶慍色，大家便發作在她身上。必須承認這個美人費了一番工夫，透過服儀展露她的優勢，但人們仍舊喋喋不休……把索蕾說得亂七八糟。相較於她，麥瑟琳娜猶如處女一樣。索蕾毫不在乎，這會使她更加美麗。如果有這般的天姿國色會使您贏得眾多的情人的話？……她會甘冒失去理智的風險嗎？如果她不愛查理的話，可能不會，但是她愛他。她是其中一種不背叛國王的寵妃類型。對於其他人，其他用眼神吞噬她的貴族們，她只能獻以打扮。誰能怪她呢？當時所有美女都耽溺於奢華之中。無庸置疑地是為了忘卻戰爭，以及讓法蘭西王國成為地獄前廳的瘟疫。她們明白生死繫於一線之間。哪怕是比預期的更早一步踏入地獄，她們還是祈望能身著黑貂、紫貂並穿戴寶石，以免惡魔自己喜愛上女人；這些我們永遠料想不到……還不能忘記要穿戴圓錐頭飾，這個可笑的角狀組合物，像極了雄鹿角，必須低下頭以免撞到教堂的門頂，但是據說地獄之門比上帝居所的門要高出許多。

提及奢華品，英俊的男人們並沒有被排除在外。他們從未曾現在一般地壯碩——即使是最纖瘦的人，也會像擠鮭魚一樣，將自己塞進填充過、止於臀部齊平之處的男式緊身短上衣；臀部如此貼身地被裹在緊身長褲，以至於從正面看，男性的象徵幾乎是赤裸裸地顯現出來。因此多情的女子們一眼就能辨識出她們該跟哪些人打交道，以及哪些人能激起她們的欲望。

阿涅絲・索蕾是時尚的化身，她甚至是時尚未被定義之前的設計師。沒有一個女人願

---

11 伊莎貝拉（西元一三九七年至西元一四七一年）。

意自己與眾不同。所有人都模仿她，刮除自己的眉毛和額頭上的髮際線。大家都想要她自製以純蜂蜜為基底的美容霜。而她的早霜是用睡蓮油、蠶豆和玫瑰製成的，所有人都拿來塗塗抹抹，但結果卻不一樣。阿涅絲正值二十歲的保鮮期，在她的身上，毫無宮中衰老皮膚藉助鉗子和繩索拉緊的新生皺紋。至於貼身衣物，阿涅絲只穿絲綢材質。某天，她意識到自己連衫裙的上半身缺少一個領口，於是拿起剪刀剪了一下，她那讓人隱約看見、薄紗下的胸部，便赤裸地呈現在所有人的眼前。她順勢強行展開一股時尚風潮，查理為此感到受寵若驚。在這場他和勃艮第的奢華之爭，她為他贏得了幾場戰事。截止目前，王后們從未符合過條件。伊莎波王后粗俗，而安茹的瑪麗相貌醜陋。

查理有一個王儲，名叫路易[12]，他認為父親衰老的速度太慢了。另一個人同樣地對此感到不耐煩，某個名為皮埃爾·德·布雷澤（Pierre de Brézé）的人，是索蕾黨派的親信，也是某首席大臣之一。由於他不僅很聰明，而且是一位非常英俊的男人，路易王儲便散布謠言說阿涅絲將他當作情人。的確，皮埃爾有著讓阿涅絲喜歡的一切。她是否只向他獻上一個柏拉圖式的愛情，以隱而不宣的挑逗來刺激他呢？歷史並沒有說明這件事，但是謠言仍喋喋不休。阿涅絲毫不在意，但是，她太低估王儲了。這隻狐狸富有機智和惡魔般的手腕，他一開始就想蠱惑這位美人，引導她變成一個羞怯的情人。他真的渴望她嗎？也許吧……有誰不垂涎她呢？至少他這麼做就可以讓父親感到不快，而無需使用裝砒霜的小瓶子！

路易王儲是一個可恨的丈夫和殘酷的情人。他醜陋得讓人懼怕，以至父親能夠看起來較為俊美。而且，他並不是那些靠溫柔和幽默吸引女人的醜陋男人之一[12]。猶如瓦盧瓦男人，他認為女人們是被攻占的堡壘，如此而已。他愛她們，除了兩種類型：最得寵的和那些多愁善感的女人；他唯一感興趣的是那些追求享樂的女人，那些不畏不懼的女人。

不幸的是，當他只有十三歲的時候，王室婚姻的變化莫測讓他娶了一個十一歲的女孩——瑪格麗特（Marguerite），蘇格蘭國王詹姆斯一世[13]的女兒。這使得查理七世想把這些粗鄙的英格蘭人變成夾心餅乾！這個年輕女孩才剛踏上法蘭西領土，就已經開始悼念起蘇格蘭的大霧，並藉由詩歌來消磨她的無聊。由於這樣的做作姿態，路易王儲討厭她至極。年輕的太子妃假裝欣賞丈夫結實的膝蓋、狹窄的胸膛、平坦的屁股，甚至是他的大鼻子、暴凸的眼球和平庸的嘴唇。相反地，她不喜歡的則是他的粗魯舉止。這位優雅的公主打算尋找著一位更優雅的男人的陪伴。

對她來說，愛情是詩歌和情感的交流，這使她成為宮廷愛情的信徒，猶如在吟遊詩人時代一樣。當路易王儲看到她聽這些連篇蠢話如痴如醉的樣子時，他冷笑了。直到某天，

12 即路易十一（Louis XI，西元一四二三年至西元一四八三年），法蘭西瓦盧瓦王朝的國王。
13 詹姆斯一世（James I of Scotland，西元一三九四年至西元一四三七年），蘇格蘭王國的君主、詩人。

一位二十二歲的年輕騎士——雅克・德・拉林（Jacques de Lalaing），暱稱為雅凱——來到聰明又遭外遇的勃艮第公爵夫人房間。這位雅凱擁有許多優勢，但是他已經被一位年輕又漂亮的克雷維瑪麗（Marie de Clèves）努力不懈地征服了。她是詩人王子奧爾良的查理（Charles d'Orléans）的淫亂妻子，但查理實在太老了而無法平息她強烈的欲火。

王儲妃瑪格麗特必須用讓・艾斯圖特維爾（Jean d'Estouteville）來撫慰自己。與此同時，王儲埋怨道：「我嗅到情人的味道……我必須監視她。」藉由不斷觀察鑰匙孔洞，最終我們當場抓姦近幾全裸的太子妃，和陪伴在旁的艾斯圖特維爾先生。這名可憐的女人幾乎沒有餘暇享受更多人生。一四四五年的一個美好夏日，她感冒後沒多久就氣絕身亡了，她喃喃自語簡單的字句：「我後悔來到法蘭西。」直到最後，依舊令人恐懼的路易王儲，焚毀了她所有的詩歌，希望將她無用的夢想和她的屍體一同埋葬。

同一時間，在海峽群島（Channel Islands）的對岸，一個法蘭西公主則在一個英格蘭國王身邊悶悶不樂。國王叫做亨利六世（Henry VI），正是瘋子查理六世和巴伐利亞伊莎波的孫子，由於屈辱的《特魯瓦條約》（*Traité de Troyes*），這個人生來就註定必須同時統治法蘭西和英格蘭。然後聖女貞德來了，開始將那些該死的英格蘭人驅逐離開法蘭西，在她去世後，查理七世仍繼續執行這項任務。因此，在二十二歲時，亨利六世僅能統治倫敦，並仍然是個處男。

他的舅舅查理七世，一位慷慨的王子，正幫忙找尋匹配他的法蘭西美女，而忘記英法聯姻通常只會招致不愉快。凱瑟琳[14]是他自己的妹妹，也是亨利六世的母親，難道她沒有為百年戰爭火上加油嗎？儘管如此……查理還是在姪女中覓得一位貴族小姐，她有著天使般的臉龐，以及折磨著所有聖徒的胴體：某位安茹的瑪格麗特[15]，好國王勒內的女兒。英格蘭人開始撇嘴：這個對下流和猥褻屁股畫作的極度愛好者，自從他輸掉那不勒斯王國之後，還有什麼價值？我們把他們當笑話看嗎？在權衡利弊之後，如同市集裡狡猾的商人一樣，這些討厭的英格蘭人接受了這筆交易。

一四四五年四月二十二日，這場婚姻締結了，這使新娘大為不快。新娘天生富有烈火一般的性格，不斷打探新郎的消息。即使眾人告訴她，新郎和他母親凱薩琳長得如出一轍，瑪格麗特仍心不甘情不願。亨利無法回應吞噬她的火燄，他是一個聖潔的男子，祈禱、少量進食，不飲酒，且當他不經意地做愛時，他經常只敲響一次鐘。他行為舉止多像個修道士就罷了！更嚴重的是，這個蠢蛋第一眼看到緊身胸衣便逃走了，或是當他涉及到一對翹臀時就暈眩過去。簡而言之，才跟這位活潑的法蘭西女人結婚，他就對這個美人的攻勢感到抱歉。在那些恣意通姦的熱情英格蘭國王行列之中，亨利六世是一個特例。他未能和

---

14 瓦盧瓦的凱瑟琳（Catherine of Valois，西元一四〇一年至西元一四三七年），英格蘭國王亨利五世的妻子。
15 安茹的瑪格麗特（Marguerite d'Anjou，西元一四三〇年至西元一四八二年）。

這個不幸的女王生出一個孩子。在九年的時間裡！這個慘烈失敗持續九年！王國屏息以待一位繼承人。但亨利和瑪格麗特無論如何地努力，在黃昏時巧妙地跳著脫衣舞或是莎樂美（Salomé）舞，或是進行雙人浴，或是說著下流的話語、或是親密、細膩的愛撫，皆沒有奏效。

一個崩壞的國王，猶如他的王國一樣……瑪格麗特決定起而抵抗，大刀闊斧地採取因應措施，對那些不把法蘭西王后訓誡放在眼裡的男爵們發號司令。除了他們之中的一位，薩福克公爵[16]是一個只出一張嘴的人，這位甚至曾經以亨利國王的名義透過代理人前去迎娶她，自此之後，腦袋瓜中只想著如何跟她上床。嫉妒薩福克的其他男爵前去效忠約克公爵[17]，並以白玫瑰花為象徵；而薩福克和他的同黨揮舞著一朵紅玫瑰，象徵著蘭開斯特（Lancastre）。因此，兩朵玫瑰的內戰就如一場愛情競賽的溫床……。

一四四六年聖誕節，路易王儲在巴黎與父王及皇家妓女阿涅斯發生最終的爭吵後，氣憤離去；倫敦群情激憤地對抗著牢牢掌控國王的瑪格麗特。英格蘭軍隊在諾曼第海岸登陸後，全被扔去餵魚；薩福克被狠狠地敲了一筆竹槓，約克控訴他叛國，活力充沛的瑪格麗特六神無主。之後，薩福克被判死刑，瑪格麗特對他的遭遇感到無比絕望，想要減輕這個白日給予她支持、夜晚令她歡愉的人的刑罰。不料，薩福克與他的同謀眼看大勢已去竟決定逃脫，約克公爵的人馬在大海中逮捕他，並在船甲板上用生鏽的劍將他斬首，以他的男性象徵裝飾他的嘴巴。聞此消息，瑪格麗特昏厥過去。

三年之後，在一四五〇年一月某個寒冷的日子，法蘭西最美麗的生物不過是一具屍體。阿涅絲，查理七世的迷人伴侶，在短短的時間內死去；她是某種產褥熱（襲擊產婦並致她們於死地的發燒症狀）的受害者，她原想為國王生下第二個非婚生子，但運氣欠佳。毫無疑問地，想擊敗她的皇室階層對手，是某位叫安托瓦內特·德·梅格尼萊[18]的女子，亦是阿涅絲自己的表妹。當阿涅絲去世的消息宣布時，查理不發一語。但是他傷心欲絕，他覺得自己如行屍走肉般。和阿涅絲相伴的愛情時光結束了，他將無法再體驗到這樣的情感，且重新變回自己生命的旁觀者，如阿涅絲到來之前一樣。他和梅格尼萊做愛，卻心如槁木。

此時尚存在著一個謎團：阿涅絲·索蕾是否是被謀殺的？在此情況下，是誰殺害她呢？誰能從罪中受益？是安托瓦內特·德·梅格尼萊嗎？為什麼不是呢？在她表姐去世的三個月前，她突然現身在國王的床上。為了捕捉她，查理採用疲勞戰術，立即找到一個殷勤的丈夫，命運把他變成其中一名戴著綠帽的男子，此人就是他的侍從安德烈·德維勒奇爾（André de Villequier）。這樁婚事迅速地促成。

在不到六個月的時間裡，安托瓦內特和國王翻雲覆雨，並與她墮落的情人盛大結婚。

---

16 薩福克公爵威廉·德·拉波（1st Duke of Suffolk, William de la Pole，西元一三九六年至西元一四五〇年）。
17 第三代約克公爵（英文：3rd Duke of York，西元一四一一年九月二十二日至西元一四六〇年）。
18 安托寧特·德·梅格尼萊（Antoinette de Maignelais，西元一四三四年至西元一四七四年）。

還有比這更好的事嗎？如果阿涅絲還在世的話，梅格尼萊絕不可能取代她。如果查理必須在兩者之間做出選擇，那麼安托瓦內特會被甩在一旁。這位女士能擺脫她的對手嗎？她是獨自行動嗎？或是有人出主意給她呢？而且，在此情況下，這個重罪的主謀是誰？一個名字立即浮現腦海：即是可怕的路易王儲，阿涅絲對他來說是個持續不斷的阻礙。路易王儲這個不擇手段的傢伙，選中安托瓦內特，並藉由一些獎賞引誘她。從那猜想，梅格尼萊同樣打算緩慢地謀殺這位老人，藉由不斷的性愛，僅一步之遙……繼阿涅絲後，便輪到國王了……國王死了，國王萬歲！有著馬鈴薯般鼻子的路易王儲成為路易十一。不然，要怎麼解釋安托瓦內特豢養一些非常年幼的女孩，並成為她們的鴇母，塞進國王的床裡……憑著這樣的後宮，在不斷的翻雲覆雨之下，查理追趕上盛名遠播的堂兄、好人菲利普的進度。安托瓦內特有著堅定的家庭精神，她竟然將自己的姊妹和丈夫安德烈·德維勒奇爾的姊妹們送去做勞務。查理即使整個人拋開理智沉溺其中，但他仍不放鬆警惕，如磐石般堅定。而且自從討厭的王儲被放逐至多菲內[19]（Dauphiné）後，他甚至萌生殺害的念頭。查理無所畏懼，繼續在床上和對外征討。

一四五三年，在卡斯蒂永（Castillon）的勝利終結了百年戰爭。這一場大獲全勝的象徵人物老塔爾博特[20]，自半個世紀以來對法蘭西人幹盡惡毒之事；他死在他的馬身之下，被刺穿的刀傷比凱撒多三倍；喉嚨被割開，一把法蘭西劍屈辱地戳進他的屁股，臉孔被劈成兩半，頭骨被打碎，他那微不足道的屍體擋不住英格蘭人的野心。

回過頭來說，美麗的安茹瑪格麗特，對於愛人薩福克悲慘結局的消息，感到有些不安，但她不是一個任由命運擊垮的人。薩福克屍骨未寒，她已經為俊美的索默塞特（Somerset）敞開她的床，這個無能的人被她大膽地推至王國陸軍統帥。「這個法蘭西女人在插手什麼事啊？」大家在約克的玫瑰軍隊陣列中低聲抱怨著。她是否相信憑藉自己唯一的美德、她的魅惑力，便能在薄霧的王國中興風作浪？忍耐已經到極限，人們必須做個了結。約克的理查響起緊急戰鼓。

亨利六世滿懷激動地立下功績——當然是在索默塞特的支持之下，為女王產下了一個名叫愛德華（Édouard）的孩子。由於被某個他不擅長的努力弄得筋疲力盡，他突然之間喪失記憶，再也記不起任何事和任何人。簡而言之，他發瘋了，跟他的法蘭西祖父查理六世一樣。很快地，瑪格麗特造成的問題開始越發嚴重，因為約克軍隊把索默塞特的軍隊打得落花流水，並將可憐的陸軍統帥砍成肉醬。瑪格麗特認為這樣的侮辱難以忍受，更何況她還必須嚥下另一個：約克的理查變成王國的護國公。儘管白玫瑰彩旗滿掛，瑪格麗特仍留

19 法蘭西東南部的一個行省，約為現今的伊澤爾省（Isère）、德龍省（Drôme），和上阿爾卑斯省（Hautes-Alpes）。
20 約翰．塔爾博特（John Talbot，西元一三八四年至西元一四五三年），英格蘭軍事將領。

有一手。她一邊在約克的兩個臉頰上親吻，一邊背地裡向法蘭西國王求援。由於援軍來遲，她攜著幼子愛德華飛奔至威爾斯王國。

亨利六世的母親、法蘭西的凱瑟琳，在第二任婚姻中嫁給一個威爾斯貴族——歐文・都鐸。凱瑟琳去世後，擁有家庭觀念的都鐸家族因瑪格麗特的緣故重新聚集一起。很快地，這些威爾斯人不費吹灰之力地鏟除理查的約克軍隊。可惜的是，理查有一位兒子愛德華（Edouard），猶如阿波羅一樣的英俊，有如阿提拉一般的殘忍。他進駐倫敦，以愛德華四世之名登基為王。一四六一年，美麗的瑪格麗特除了不敗的魅力和毀滅性的微笑外，再無計可施。她逃亡至蘇格蘭，和索默塞特的兒子、她被謀殺的愛人的繼承者，相互慰藉。

同一時期，討人厭的路易王儲躲避在多菲內，花費大量時間諮詢許多占卜師和星相家，以便預知他的王后究竟何時一命歸西。他在宮廷中塞滿了間諜、投毒者和海盜。查理七世，絕望地確信他會被後代的罪惡之手毒死。經歷了四十年奇異而懾服人心的統治之後，在一四六一年七月二十二日，查理七世很快地因喉嚨的蜂窩組織炎而停止進食，最終死於飢餓，這與路易毫無關係。緊接著在他之後的短短兩年內，瑪麗王后在前往孔波斯特拉（Compostela）朝聖的路上將自己的靈魂還給了上帝。安托瓦內特・德・梅格尼萊作為老國王的最後一位美人，為了重新翻身並未等到她皇家情人死後才動作，立即勾引精力充沛的年輕布列塔尼公爵，弗朗索瓦（François）上鉤了。

成為他勾人的姘婦之後，安托瓦內特繼續在新國王身邊善用女間諜才能。安托瓦內特是婊子英雄中的冒險家，一位出身低微、革新世界的女子。在雷恩（Rennes），她把弗朗索瓦的妻子，即福瓦的瑪格麗特（Marguerite de Foix）——一個有魅力但略拘謹的女子的簡樸家院，變成道德低落的宮廷。亞奎丹的艾莉諾（Aliénor d'Aquitaine）和她普瓦捷的朝臣們皆已入土。安托瓦內特和雷恩的貴族們主導著一切，即便是在勃艮第好人菲利普的宅邸，人們也覺得望塵莫及。安托瓦內特毀了弗朗索瓦，但對她著迷的弗朗索瓦二世卻不情願地買了單。

您是否認為布列塔尼女公爵面露慍色？完全沒有。這個如魔鬼般的安托瓦內特，自從她在阿涅絲．索蕾眼皮底下獻身給國王的那一刻起，便成為三角關係中的真正行家。因此，當福瓦的瑪格麗特為弗朗索瓦生下兩個女兒時，她也為弗朗索瓦蹦出三個活力四射的私生子。這個奇特的三角家庭在完美的默契之下持續了二十多年。如此完美，以至於在一四八五年這兩個女人一同地過世，死於英格蘭的汗熱流行病，這正證明了她們密不可分的友誼。

在這些讓她們伴侶買單的厚臉皮事蹟之中，其中一位女子拔得頭籌。奧爾良的查理一世，是王國最偉大的君主和勃艮第公爵，同時是王子也是詩人。晚年娶了一位小他四十歲的金髮女子，美麗且一點也不害羞。從目光到耳邊的歎息，這個昔日的王子終於說服自己，他一點也沒有失去青春的活力，以至他幻想著年輕的瑪麗在夜晚的呻吟背叛了他內心的滿足感。可以肯定的是，沒有什麼比一個戰無不勝的情場高手來得更盲目了。藉著帶著甜蜜嗓音的輕聲細語，「可愛的小寶貝，讓我們去看看玫瑰好嗎？……」和其他同一形式的四行詩，他忘卻自己帶有皺紋的皮膚、大肚腩及每次都無法滿足伴侶索求的不舉。

年輕而朝氣蓬勃的情人們一湧而至，在榨乾為數甚豐的騎士和貴族後，她最終不得已回歸至書本和馬伕們身旁。一天，當她躺在老查理一世的懷抱時，她在他耳邊用甜美沙啞的嗓音說道：「您想要一個兒子，不是嗎？」出於家族的傲氣更甚於愛情，他當然渴望！聞言於此，查理突然覺得自己年輕了二十歲，以至於欲望不斷地膨脹起來，表現得一如他年少青春的熱情，冒著幾乎要斷氣的風險。

九個月之後，一四六二年，路易・奧爾良（Louis d'Orléans）誕生了，隨即在老王子的隨從人員中引發令人不愉快的嘲諷：隨著不斷地成長，孩子看起來越來越像他父親的侍從拉巴達奇（Rabadage）。奧爾良的查理，滿心為自己成功讓年輕的公爵夫人懷孕感到驕傲，他毫無所察地認可這個男孩，並建議路易十一（Louis XI）作為他的教父。賭上奧爾良家族的滅亡，以及籠罩在奧爾良家族頭上的一切，國王的怒火達到了頂點。如果他這可憐的人知道，這孩子將有一天成為國王路易十二的話（Louis XII）……。

那不勒斯人發明了「法式」舌吻！

法蘭西國王查理八世，是路易十一的兒子，沒有繼承父親的才華，相反地，繼承了父親的醜陋。當法蘭索瓦公爵（François II de Bretagne）的女兒安妮·德布列塔尼（Anne de Bretagne）第一次見到他——是在路易十一世的長女、攝政女王安妮·德·博熱（Anne de Beaujeu）暗地謀劃的婚姻談判之下，她無法抑制自己的厭惡之情。她甚至心想：「天啊！他長得好醜！最嚴重的並不是他這麼矮小……許多很矮的男人也相當俊美！但這不協調的臉孔，比他父親更巨大、更粗壯的鼻子，一雙蟾蜍般的眼睛，簡直太可怕了！而且，即使他不說話，為什麼他還要張著嘴巴並垂著厚而突出的下唇？活像個白痴！我要跟一個侏儒睡覺嗎？永遠不……。」

事與願違……一四九一年十二月六日晚上，在朗熱（Langeais）城堡的新婚之夜裡，查理八世馬上向安妮證明了，在某些男人之中，男性象徵能彌補矮小的身材。滿是熱情的年輕布列塔尼女子，對它愛不釋手。他們相處得如此融洽，以至於結婚的前兩年，安妮一晚也未曾離開查理八世的枕邊，這遠超乎他的想像。這位年輕的女王是明智的，因為那是維持她至高權力的唯一途徑。

她知道國王對肉體欲望的意志軟弱，宮廷垂著眼睫毛的漂亮女孩很誘人。安妮絕對不能放鬆警惕，冒著做一個蕩婦滿足國王痴狂的危險。這種欲望使她處於最荒唐的境地，無論是在用餐時、望彌撒時，或甚至在如廁的時候……安妮對自己發誓，絕對不會允許國王擁有任何一個官方首席情婦[1]，如同阿涅絲．索蕾，或是如父親法蘭索瓦公爵在世的那樣，我們記得他曾與好色的安托瓦內特．德．梅格納萊一起強迫他妻子加入三人行。這是多麼疲憊的監視啊！

最重要的是，查理國王決定送給法蘭西以及他的王后一件豐功偉業，這項事業將在未來幾個世紀內被人們所談論[2]。他的父親從未率領過進行對農民的視察，這個悶頭猛做事的人花費他統治的大部分時間來擴展勢力範圍。查理則是如此：覺得自己身穿盔甲比襯衫更為崇高，並在夜裡幻想自己是亞歷山大大帝，不外乎如此……。

時機點正剛好：教宗對土耳其人極為不滿，他們不滿足於占領巴勒斯坦的聖地，興高采烈地劫掠了整個地中海東部，而眾人們卻默不作聲。教皇於是向法蘭西請求援助，後者作為教會的長女[3]，肩負起率領第一百零一次的十字軍東征的義務，把可憎的人們打得落花流水。總而言之，教皇的祝福適逢其時，將侏儒變成了巨人。查爾斯將率領一支耀眼的軍隊，途中先攻占那不勒斯王國，然後在出發前往聖地驅逐信奉真主的狂熱分子。為什麼選擇那

1 官方首席情婦（maîtresse en titre）指法國君王所冊封的情婦，從法國國王法蘭索瓦一世（François I，西元一四九四年至一五四七年）首次冊封最愛的情婦為「官方皇家情婦」，並於亨利四世（Henri IV，西元一五五三年至一六一〇年）發揚光大，直到路易十五（Louis XV，西元一七一〇年至一七七四年）為止。

2 指西元一四九三年對義大利的遠征，不僅使法國捲入了長達半個世紀的義大利戰爭，同時將梅毒帶回法國。

3 法蘭西素有「教會的長女」（fille aînée de l'Eglise）之稱。

不勒斯呢？因為路易十一藉由繼承了勒內國王的遺產而將它納入手中。這一切都令人難以置信，但是軍隊必須解決這個紛爭。

於是他離開了，挺起胸膛，開門見山地向女王宣布了他的決定。他將不會攔她前往，他對她說，必須要有個人看守家園……安妮拉長了臉，並要求至少陪伴他到里昂，因為她極度不信任那個蠢蛋。那位以她所懷的孩子無法忍受道路的顛簸為由，拋下了她。在春天，正當耀眼且羽翼豐滿的軍隊在里昂等待他，準備和那不勒斯人、土耳其人，及整個世界決一死戰時，查理八世突然猛追起他對性愛的喜好。隨行軍隊的有篷四輪馬車不僅用於軍事運輸，其中的兩輛保留給國王作以娛樂消遣，在此設立一個真正的後宮，宮廷中擁有最新鮮的獵物。理所當然是一群娼妓……但不只如此。一群貴族小姐入駐此處，使她們能夠以最隱密的方式完成自己的罪惡行徑。查理，很少一副道貌岸然的樣子，對待專職情婦和可愛的業餘床伴之間並沒有什麼區別，且一丁點都不關心從這些翻雲覆雨中蹦出的私生子。

不顧他的意願，安妮與他在里昂重新會合。您是否認為這會困擾他埋首於性愛的勞動中？一點也不。在短短幾個月內，里昂所有不太害臊的美女都獲得了國王的恩寵。對於如今敦促他加快腳步前往義大利的安妮，他回應道，他仍然必須解決些許枝微末節的事。她可不容易上當，這些「枝微末節」擁有動人的眼眸、一張溼潤的嘴、顫抖的乳房和釋放熱情的屁股。王后的眼線還留意到她的丈夫總是挑選同類型的女人：有著一雙長腿和纖細柳腰、帶著傲然堅挺雙峰的生物們。安妮決定對符合此一描繪的女人嚴加監視。唉呀，不幸的是，有非常多的漏網之魚。六個月過去，查理持續弄得床架嘎吱作響，乃至王后為他的身體感到擔憂。死於極度的歡愉，這個事情千真萬確地上演過！雖然瘦小的人相對於心室和動脈裏有脂肪的胖子而言，較不容易受到威脅……。

忽然之間，國王發生什麼事情了嗎？在一四九四年七月，他令戰馬套上馬鞍，朝向那不勒斯猛力進擊。看到這些被稱為野蠻人、粗野人和處女強暴犯的法蘭西人登陸，義大利人感到驚惶失措，他們早已經由間諜得知國王的致命弱點！因此，他們祕密地向里昂進獻一位絕色天姿的女子，名叫希碧樂（Sibylle）。一個上等的蛇蠍女人，效法偉大的狄奧多拉皇后[4]——她從角鬥士的妓女階級一躍至拜占庭的王座。她可以將網撒向國王、教皇和帝王，就像在加利利海[5]捕魚的漁夫一樣，完全不費吹灰之力。查理上鉤了。他被希碧樂迷得暈頭轉向，沒有什麼可以比得上她芳香的氣息。他花費時間跟她在草坪上、在灌木叢裡翻滾，雙腳朝天，並且腰部擺動得比一隻響尾蛇還厲害，伴隨幾聲母老虎般的低吼。這個致命的武器發揮得淋漓盡致。永別了那不勒斯、軍隊、戰爭和王后……只差一步，一個情婦就要把義大利的戰爭從法蘭西的歷史中抹去。

4 狄奧多拉（Theodora，西元五〇〇年至五四八年）是拜占庭帝國（即東羅馬帝國）查士丁尼大帝的皇后。
5 加利利海（Lac de Tibériade）又譯太巴列湖，是以色列最大的內陸淡水湖。

但是，人們厭倦了一切，即便是一個莎樂美[6]。希碧樂退場。讓位給瓜斯塔拉的夫人，她和第一位同樣忝不知恥。可憐的那不勒斯人，她在前往那不勒斯路途的盧卡（Lucques）中展現她的風情萬種。而這位瓜斯塔拉的夫人有著最崇高的血統，因為她出身自貢扎加家族[7]，毫不膽怯。在某一個火辣夜晚裡的第十五次「推進」之後，她露出滿口皓齒地笑著詢問查理：

「culo、cazzo、potta和fottere？你知道是什麼意思嗎？我的陛下？」查理雙手一攤。她接話道：「好吧，這意思是：屁股、那話兒、夜壺和做愛！很有意思，不是嗎？」他喜愛聽著她沙啞的聲音，這引起他脊椎骨下方一陣陣的顫慄。再度眼神迷離、重拾陣陣喘息聲和晃震的床。

這個將其恥毛編織成兩條等長辮子的年輕女子，展現得如此放浪形骸，乃至他打破允諾安妮王后的誓言。他使年輕女子成為公開的情婦。當我們俘虜此母豹後，必須嚴加管束她；尤其是當我們帶她拜見教皇迪波吉亞（Borgia）時，後者是很有眼光的鑑賞家，他將梵諦岡搖身一變成為一間妓院，自己則是醉心於美麗的野獸。

法蘭西軍隊向那不勒斯的行進純粹是一場鬧劇，連一場交戰也沒有。相反地，有不少的猶太人、瑪拉諾人[8]、阿拉伯人、黑人，當然還有數量甚豐的義大利人，隨處可見。義大利丈夫們誤以為，與這些惡魔的法蘭西人達成勇者之間的和平，不是因為獻上這座城市，而是因為擺上他們的女兒們。在那不勒斯，隨著這支粗鄙軍隊的逼近，阿拉貢的君王毫不抵抗地聞風而逃。查理完全不將這個阿拉貢人放在心上，因為他躺臥的時間比下床的時間多。

正當瓜斯塔拉的夫人繼續為他提供星光熠熠的夜晚，突然之間，他目不轉睛地停留在一位年輕、渾身散發熱力的女僕。為了和他相識，她身著夏娃的服裝向他引薦自己。很快地，他以自己的方式恩寵她，她則用熾熱的吻回應他。令查理大吃一驚的是，她把舌頭探入他至高無上的嘴裡，由於他對此一行為感到驚奇，她向他回覆道，這是義大利的親吻方式。他覺得這件事情非常令人愉悅，將它予以採納並立即地付諸實行。不久之後，就只有敞開的嘴巴和交纏的舌頭，枉顧法蘭西的風俗習慣，緊閉雙唇和淡淡親吻的日子一去不復返。勝利者應該永遠向失敗者學習。

法蘭西人對那不勒斯的占領是在床笫之間的，而查理的心裡升起一股前所未有的詩意情緒，當他摘下那朵馬爾扎諾的花瓣時，輕聲細語地朗誦著奧爾良的查理——那位風流老

---

6 千百年來一直是西方世界藝文作品的重要主題，其形象隨著社會發展不斷演變。

7 貢扎加家族（義大利文：Gonzaga）是一個享譽歐洲的義大利貴族世家，於西元一三二八年到一七〇七年統治義大利曼托瓦公國。

8 瑪拉諾（Marrane），指一些生活在伊比利半島的猶太人，表面上改宗基督教但仍暗中保留猶太教信仰。

男人的優美詩句：「朱紅色的花蕾啊，我的可愛寶貝，我的迷人酒窩，如浮雕般的豐滿鼓起。」

與此同時，他一邊準備入侵聖地，一邊馳騁著這位馬爾扎諾（Marzano）的女孩。作為鍛鍊一位國王對抗土耳其嚴峻戰役的體格，以及準備迎接巴耶濟德二世（Bajazet）後宮的女人們，這不正是一個更臻完美的訓練嗎？為了調整自己至最佳狀態，他還添加了刺激的調味，身材瘦長和捲髮的女黑人、古銅膚色和深色瞳眸的摩爾人，以及如今要求必須除毛的那不勒斯人。一個突發奇想之於他不過是點綴。至於馬爾扎諾女孩，她赤身裸體地主持宴會，並以甜點為餘下的夜晚定下基調。這一伴侶們到哪裡都如膠似漆，且筋疲力盡直到啟程的信號響起。由情婦、姘婦、妓女和魔鬼敗類組成的大隊，嚴重地打擊軍隊的士氣。在這些微不足道的英雄眼中，抵制土耳其的十字軍隊如今被看作是一場春秋大夢，充斥著豐盛筵席和尋歡作樂。眾人覺得欲火難耐，故以迅雷不及掩耳的速度重新北上。

在最後一刻，這批因受瘟疫和梅毒折磨而臥床不起的軍隊，發動了整個故事中唯一的一場戰鬥，在倫巴底區（Lombardie）的福爾諾沃（Fornoue），法蘭西人的憤怒（furia francese）——對於戰爭的法式直覺——擊潰了義大利的混雜兵團。但是，猶如我們聽聞過千百次的結局一樣，表面上戰敗的法蘭西從未放棄捲土重來。

「藍鬍子」亨利八世
大膽無畏的妹妹——
瑪麗·都鐸

奧爾良的路易公爵[1]差一點就當不成國王。這個公爵如同他的祖輩，他正是奧爾良路易一世[2]的孫子，他與巴伐利亞的伊薩博私通，而讓「瘋子」查理六世戴上綠帽；這個女人甚至被她的孫子路易十一暱稱為「偉大的老鴇」。

路易十一厭惡奧爾良家族，就如同他厭惡每個威脅到他的王室家族一樣。他曾經對路易一世的兒子、奧爾良的查理一世寄予厚望：在阿金庫爾[3]慘敗後，被拘禁於倫敦，是充滿魅力又風流的詩人。可惜，被釋放後，這位遊吟詩人只是一個明顯將死而沒有男性後代的老人。但是……一個女人，一個魔女，阻撓了「蜘蛛國王[4]」的災難性意圖。某個克萊沃的瑪麗（Marie de Clèves）——不確定她是不是心腸狠毒的美麗女人——為老人誕下一個兒子。

鑑於瑪麗對於具有雄性象徵的任何事物有高漲的欲望，路易國王很懷疑這個孩子是不是詩人的親骨肉。在沒有證據的情況下，這個幼兒從小就以奧爾良的路易之名長大。路易國王並沒有一絲驚恐，他仍然幻想著消滅這個恥辱的家族，國王強迫少年與自己的女兒，即法蘭西的讓娜（Jeanne de France）結婚——一個如此畸形的駝背女孩，看樣子她永遠不可能生育。事實上，她也未產下任何子嗣。但是奧爾良路易的命運註定不是平凡無奇的。您不如看下去吧……

查理八世繼承其父路易十一，並且立即地實現他統治時期的最大成就，與布列塔尼的女繼承人安妮結婚。婚姻契約規定，如果國王提前過世，安妮必須嫁給法蘭西的新國王。安妮既是布列塔尼公爵夫人，又是法蘭西王后，作為寡婦的她不能以犧牲法蘭西王國為代價嫁給外國王子。法學家施加這些條件時是有遠見的，因為查理八世不幸一頭撞上安布瓦茲城堡（Château d'Amboise）稍矮的門楣，比女王早一步過世。更糟的是，他死後沒有男性或女性繼承人，他們所有的孩子都早夭了。奧爾良的路易是王位的繼承人，他要求寡婦兌現自己的權利。好險！布列塔尼公國仍是法蘭西的。

路易十二是比他前任更好的播種者，為安妮女王生下兩個女兒：克洛德（Claude）以及勒內（Renée），前者嫁給法蘭索瓦·德·昂古萊姆（François de Angoulême）——未來的法蘭索瓦一世（François I）。但她始終沒有產下男孩，轉身立即重新投入她的任務，但心已如槁木。一五一三年，她生了一個死胎：一個男孩。由於多次嘗試為法蘭西王國產下一個王儲而耗盡氣數，她於一五一四年一月九日在布洛瓦（Blois）去世，年僅三十七歲。對於法

---

1 即路易十二（Louis XII le Père du Peuple）。

2 路易一世（西元一三七二年至一四〇七年），奧爾良第二王朝的第一位公爵。

3 阿金庫爾戰役（bataille d'Azincourt），發生於西元一四一五年十月二十五日。在亨利五世的率領下，英軍擊敗法軍，查理一世被俘虜到英格蘭，度過二十五年的人質生活。

4 路易十一在建立他的中央集權統治過程中，喜愛玩弄陰謀手段勝於參與直接的軍事行動。因此同時代人叫他「蜘蛛國王」。

蘭索瓦·德·昂古萊姆來說，前方一切暢行無阻；他的母親是薩伏依的路易絲（Louise de Savoie），早已欣喜若狂：她將成為國王的母親。不幸的是，路易十二下定主意要讓法蘭索瓦嘗盡苦頭！他散布謠言說他正籌備三個婚姻：克洛德和法蘭索瓦、勒內和一個奧地利貴族的兒子，還有他自己的婚姻！老頭子決定再次結婚，而路易絲可以躲過了波及。就遵照旨意吧！

一五一四年五月十八日，國王以慣常地蠻橫方式，召喚了神父將他女兒嫁給法蘭索瓦·德·昂古萊姆。薩伏依路易絲的喜悅時光很短暫。首先，婚禮看起來像極了葬禮，每個人都穿著黑色的服裝！音樂，沒有！騎士比武，沒辦！完全不像一場正常的婚禮。藉口是要對安妮女王服喪期的尊重，更糟的是，國王只提及自己的婚姻。無庸置疑地，老人有著長遠的盤算……事實上，他的玩世不恭筆墨難以形容。他使法蘭索瓦·德·昂古萊姆成為他的女婿，暗示他無權統治，因為他本人、路易十二將生下一位王儲！

在與法蘭西讓娜的第一次未有後繼的婚姻；和布列塔尼的安妮的六次懷胎，而只有兩個女孩活著之後，他仍不灰心，但他將要娶誰呢？一個國王——即使頭髮花白，仍有眾多的選擇。這傢伙已經打聽清楚了！西班牙和英格蘭各有一位適婚的公主。愛好新鮮胴體的路易，從一開始就刪去兩個寡婦，即英格蘭國王亨利八世的長姐瑪格麗特·都鐸和奧地利的瑪格麗特，兩人皆已年過三十。作為一個臨老著迷於花叢的人，他把目光投向十九歲的美女，即亨利八世的妹妹，瑪麗．都鐸。尚未開始殺害妻子的英格蘭藍鬍子接受了這項交易，因為他希望在對抗西班牙和奧地利之間的爭端中，能更加鞏固和法蘭西的關係。一言為定！一五一四年八月十三日，這位美女溜進床裡，撩起裙子，摩擦朗格維爾公爵（duc de Longueville）裸露的腿，這位公爵代理他的主人法蘭西國王與她結婚。

瑪麗是致命的武器，也是個兩敗俱傷的武器。在英格蘭，不到一眨眼的時間，她便積極地服務於腐爛至骨子裡的宮廷，對渴望她的人表現出極大的熱情，直到深深地愛上了一個空有外表，且與他兄弟相同的狂歡者。一位名叫查爾斯．布蘭登的男子，剛被亨利八世（Henri VIII）授予薩福克公爵（duc de Suffolk）爵位，這是追隨在國王身後，撈剩餘好處的那些猛禽之一。法蘭西國王老頭的誓言攫住陶醉於愛情中的瑪麗，她以對布蘭登的熱情抗拒著；但後者，和所有厚顏無恥的共享份子一樣，向她發誓，無論結婚與否仍會繼續愛她，且國王的年紀對他們來說毫無威脅。

第一位開心迎接貌美瑪麗的法蘭西人不是法蘭西國王，而是一位無名的貴族。在瑪麗的船舶淹沒後，他拯救她免於溺水，並深感幸福地抱著她因為衣服浸溼而顯得更為裸露的身體於懷中。真是個幸運兒！路易十二在剛見到她的第一眼，便被征服了。一個身材勻稱的胴體，有著恰到好處的豐滿；珍珠般的肌膚、一張覆有金髮的完美鵝蛋臉、讓人想親吻的一雙唇瓣、適宜歡笑和流露愛意的眼眸。

路易在法蘭索瓦·德·昂古萊姆的眼皮底下，克制著當下享用新婚之夜的欲望直到最後一刻，後者則觀賞著盛宴並且樂於參與其中。

一五一四年十月九日婚禮迅速地完成。路易在十日醒來時，帶著一股年輕小伙子的神氣。「這一整夜，我達成許多美妙的事情！」他自吹自擂地吐露。過度的誇耀引起痛風的發作，緊接著另一個，然後又一個……顯而易見，她的陛下正在濫用自己的體力。美麗的瑪麗是永不饜足的。這些對他的背脊來說是可怕的性幻想，而且威脅著他的心臟。據說照此節奏下去，不需要太久的時間，他將成為一位父親……或者一命歸西！

隨著不斷充當年輕人、遭受痛風和腎結石帶來的行動困難，路易變成殘破之軀。正在此時，這個愚蠢的法蘭索瓦·德·昂古萊姆一衝而上。他思忖著，這個老人應該無法滿足美人了。這把匕首必須打磨成更鋒利的劍。

在作案的前夕（背著法蘭西國王通姦），薩伏依的路易絲，從她兒子熾烈的眼神中讀出他的意圖，斥責他道：

「你瘋了嗎？你難道看不到這個纖弱而狡猾如狐狸的女人，想要吸引你到她身邊，以便你讓她懷孕嗎？再者，如果她成功地懷上這個兒子，你依舊只是昂古萊姆的伯爵，永遠不會是法蘭西國王！」

路易絲對兒子僅抱有薄弱的信心，她寧願在瑪麗身邊豎立一道由宮女和女僕所組成的防範警戒線，負責在法蘭索瓦緊急行動時立即通知她。唉，危險總是發生在我們無法預料之處。薩福克公爵布蘭登剛剛抵達布洛瓦，擔任非常和藹可親的陛下、亨利八世的大使。而瑪麗藉由性愛做了應該做的事。

當路易絲一見到這名男子，她便心生憂慮！這個表面無害卻城府深沉之人，她才不上當！她每天來回看著布蘭登和瑪麗。優里卡[5]！瞧瞧他們的黑眼圈，不用知識份子也猜得到這兩個人可不是在一起玩賽鵝圖[6]。路易絲難以承受……如果瑪麗在查爾斯・布蘭登的幫助下懷孕，她和她兒子的希望便完蛋了！

當她試圖從混亂中找尋出解套的方法時，正好傳來令人期盼的消息：在一五一五年一月一日的晚上，風燭殘年的法蘭西國王剛在午夜前斷氣。他的心臟在受到最終的致命一擊後，停止跳動，如同阿提拉[7]一樣。這可憐的人只剩最後片刻，他在狂亂的母豹耳邊低語道：「我的可愛寶貝，我把我的死亡當作妳的新年禮物！」

5 優里卡（Eureka），源自希臘，用以表達發現某件事物、真相時的感嘆詞。意即「我發現了」。
6 出現於十六世紀歐洲的擲賽遊戲。
7 阿提拉（西元四〇六年至四五三年），是古代歐亞大陸匈奴人最為人熟知的領袖。

路易絲感到如釋重負。她親愛的法蘭索瓦終於成為國王了。總之，幾近如此……瑪麗由於不斷地與布蘭登做愛，難道她不會懷上一個被大家認為是已故國王的子嗣，而後者在最後一刻奪走他兒子的王座嗎？一個糟糕的徵兆冒出來提醒路易絲：當國王去世的消息公開時，瑪麗根本是墜入昏迷之中，由於這不太像是悲傷導致的結果，那麼就有可能顯示：她懷孕了……。

錯誤的警報！事實上，如果瑪麗昏厥過去，那是因為她知道身為王室的遺孀，等著她的會是什麼：幽禁在只放幾支蠟燭的房裡整整六個禮拜。對她來說，沒有什麼比昏暗更讓她厭惡的了——除了床幃內的以外。最重要的是，亨利八世，她親愛的哥哥剛剛告訴她，直到她收回路易十二贈予的所有黃金和珠寶後，她才能返回英格蘭。那個流氓……。

在此期間，路易絲和她的兒子加快腳步行事，在兩天內安排好已故國王的葬禮儀式，並在一日之內舉行加冕典禮；在此之際，令人晴天霹靂的是，寡婦宣布了她懷孕的消息，並威脅要生下一個遺腹子繼承人——儘管眾人懷疑那不是老國王的親骨肉。但是誰能證明呢？母子兩人產生新的煩惱……誰是那位應當助老國王一臂之力的人？一個明擺著的罪魁禍首：顯然是薩福克。雖然依照瑪麗的饑渴，我們也能料想任何的情況，甚至是最糟糕的！無論這男孩的父親是僕人、熱情的馬伕還是法蘭索瓦本人？我們永遠不會知道。

幸運的是，這場警報最後以流產作結。路易絲再度鳳顏大悅；瑪麗則生著悶氣……一位剛剛從英格蘭抵達的勇敢僧侶向她報告一個震驚的事實後，她更為惱火：當她在法蘭西受煎熬的同時，布蘭登正在倫敦欲仙欲死。

自此之後，瑪麗便鬱鬱寡歡。突然之間，她震懾地看見法蘭索瓦國王親身駕到。後者不因曾被打發而怒火難消，仍向她施展魅力。無法忍受他的目的未果，他振振有詞地對她提出一個卸下心防的提議：

「夫人，您願意嫁給我嗎？」

她差一點沒昏倒。

「什麼？您怎麼能向我提出這樣的要求呢？您不是已婚了嗎？」

「沒錯……但是任何婚姻都可以撤銷。我愛您，我想要您……」欲望使他近乎窒息……。

「但是克洛德皇后正懷著您的孩子啊？」她低聲說道。

這個暗示突然澆了他一頭冷水。當女王懷孕時，要如何說服教皇取消婚姻？再者，與克洛德離婚等同於決定與布列塔尼公國切割。最後的念頭適時地為他套上了緊箍咒。

肯定的是，肉體的欲望是使最審慎的男人也變成傻子的罪愆。眼見他開始動搖，魔女使出女人獨門的傷人言語，給予他致命的一擊：「陛下，我不妨向您坦承，我完全不愛您。我愛著薩福克，您知道的！」

法蘭索瓦氣惱地離開。如果這位年輕女孩能夠為一個布蘭登拒絕法蘭西，那她見鬼去吧！但是他知道自己還未輕言放棄。他渴望著她，且勢在必得。他對她無微不至，表現出溫存的樣子。她任由法蘭索瓦如此做，將他當作知己。然而一轉眼間，該來的事情還是發生了。一時片刻的寂寞難以忍受，沒多久，那個可人兒同意為氣血阻塞的法蘭索瓦，提供女人在這俗世中唯一能找到比放血更易緩解情緒的藥物。這個補救方法極為靈驗；這個醫護人員多麼有天賦，以至於他只剩下一件關心的事情：幫助她嫁給布蘭登，用來取悅她！

瑪麗和布蘭登將在英格蘭宮廷盛大結婚。當她抵達倫敦時，這對戀人受到一群好人民的譏諷，指手劃腳地說這有美妙臀部而無腦的女孩，偏好往昔的皇家狩獵長而不是法蘭西國王……。

站上斷頭臺的淫婦——
蘇格蘭女王
瑪麗·斯圖亞特

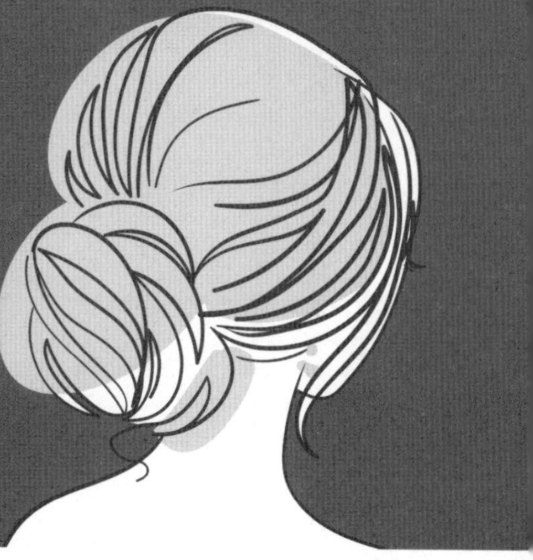

大眾傾向只了解歷史事實的一部分，這通常是詩人的過錯……他們非常擅長博取我們的眼淚……確實，著名的蘇格蘭皇后正是葬送在她表姑英格蘭伊麗莎白一世手中，以最屈辱的方式——一把斧頭砍斷她漂亮的脖子。哎，還砍了好幾次，多麼可憐的女人，連劊子手都於心不忍。這一切都是真實的，然而，一如見樹不見林，蘇格蘭女王的駭人命運掩蓋另一件事實：瑪麗是歷史上最著稱的蕩婦之一。不如由您來評斷吧！

從前從前，有一位美麗的女孩名叫瑪麗，她是某位瑪麗·德·吉斯[1]的女兒。她一如其母，因為她是法蘭索瓦·德·吉斯[2]的姐姐。後來，因為他的不幸（反抗亨利三世[3]），這位瑪麗·德·吉斯，性格惡毒，以她的手段——透過無數次各種類型的性愛和謀殺，為自己開闢了一條命運之路，她才是一隻真正的母豹——蘇格蘭女王。她風華已過但仍不安分，一邊蒐集著戀人，一邊將女兒小瑪麗「安插」在法蘭西宮廷裡，以便嫁給王儲法蘭索瓦二世[4]——亨利二世（Henri II）和凱薩琳·德·麥第奇（Catherine de Médicis）四個兒子中的長子。

當這艘船隻航向法蘭西時，這位八歲的女孩，她真的能理解將來會遭遇的事情嗎？她沒有哭泣，人們對她訴說夢想國度的許多故事。再者，她將來不是會嫁給未來的法蘭西國王，並且輪到她成為王后嗎？法蘭西畢竟和蘇格蘭是截然不同的地方，亨利國王的俊美朝臣與高地的鄉巴佬天差地遠。但她並不失望，因為法蘭西熱情歡迎她……她無比喜愛它。

這讓小瑪麗心裡暖暖的，因為和皇室在一起，就是另一種感覺：一門心思的禁錮。

亨利二世是一個坐享齊人之福的男人，他左擁女巫凱薩琳・德・麥第奇，右抱他的仙女情婦黛安・德・波迪耶[5]。孩子是可怕的小無賴，特別是小瑪麗的未婚夫小法蘭索瓦，一個流著鼻涕、帶膿皰的小鬼。身材矮小，加上又凸又圓的眼睛（遺傳自他母親麥第奇），顯得特別愚蠢；他還是個小色鬼，一有機會時便急著將手伸進瑪麗的裙底下。

就在歡樂和悲傷的童年中，一件大事讓她激動不已——她母親瑪麗・德・吉斯的到訪。小瑪麗寸步不離地跟在母親身邊，預感一旦母親離開後，她將再也見不到了。

瑪麗如今是及笄之年，她清新的青春芳華正要閃閃發光。她的額頭迷人隆起、鵝蛋般的臉龐充滿魅力。她杏仁形的眼睛和母親拉吉斯如出一轍，表露出同樣多的智慧和情感。

---

1 瑪麗・德・吉斯（Marie de Guise，西元一五一五年至一五六〇年），蘇格蘭國王詹姆斯五世的第二位王后，即蘇格蘭女王瑪麗一世的母親。
2 法蘭索瓦・德・吉斯（François de Guise，西元一五一九年至一五六三年）只有傑出才幹的法國軍人和政治家，與法王亨利四世並列十六世紀的軍事天才。
3 指法蘭西王國歷史三十年的宗教戰爭，又稱胡格諾戰爭。
4 法蘭索瓦二世（François，西元一五四四年至一五六〇年），一五五九年九月二十一日加冕為法蘭西國王法蘭索瓦二世。
5 黛安・德・波迪耶（Diane de Poitiers，西元一四九九年至一五六六年），亨利二世的「首席情婦」。

時不時，這樣的目光會被遮掩起來，顯現神祕感，然後隱沒在悅耳的笑聲中。在孩童時期透明金色的頭髮，轉成了黃褐色。身材高挑，瑪麗如一隻小精靈般地輕移蓮步。我們猜想著她有著小巧和令人陶醉的柔滑胸部、一對如蘋果般緊實的臀部和修長到逆天的雙腿。在布洛瓦、舍農索（Chenonceaux）、昂布瓦斯（Amboise）、香波爾（Chambord），和任何她路經之處，老少皆深受她吸引……錦上添花的是，她唱歌唱得比吟遊詩人還動聽。身為一個女人，她已經壓倒群雌了。

相反地，作為一個婚姻對象……亨利二世，猶如所有國王一樣，背信忘義，永遠打著他人的主意，如今開始為他的兒子覬覦西班牙公主。對英格蘭的亨利八世而言，為了他兒子、長著痘子的愛德華[6]，他非常想得到瑪麗。只需這位英格蘭的競爭對手露出獠牙，便足以讓亨利二世回心轉意，固執地除了這個兒媳婦誰都不要。還有另一個亨利二世緘默不談的問題：法蘭索瓦有兩個抬升的睪丸，和細小的螺旋狀的針頭。以這樣的器官去扮演一個王子的角色！簡直是白費力氣。

但現在，德．吉斯家族把自己的未來押在年輕的瑪麗身上，不願意為了一個萎縮的紮布團的荒唐事賤賣這門婚事。麻煩在於，一雙青蛙眼的麥第奇王后凱薩琳，出自純女性的嫉妒心，不想要這門婚姻。她認為年輕女孩太過令人目眩神迷，以及性格太過剛烈，她不可能馴服這女孩；一如尊貴的情婦黛安．德．波迪耶亦嫉妒她的美貌，瑪麗的優勢逐漸瓦解成片。麥第奇王后認為應給予她國王丈夫致命的一擊，向他如此說道：「陛下，法蘭索瓦的健康沒辦法應付她。瑪麗太過於熱情了……您會讓他送命的！」亨利二世認為沒那麼嚴重，畢竟他還有三個兒子！那就實現婚禮吧。

光芒閃耀的瑪麗並不認為法蘭索瓦很誘人。這個好色的孩子蛻變成一個沉默寡言的少年和偽君子。他的外表一點也無法讓人激起欲望：一張布滿癬子並抓至出血的娃娃臉、細瘦的雙腿、腫脹的肚子、後縮的肩膀和死白膚色——每每使力便會發黃，如同所有肝病患者……更不用提他不起眼的性徵。在蘇格蘭的瑪麗面前，他顯然心情愉悅，但是由於他吸氣時不斷張著嘴，使他看起來像個傻子。瑪麗高挑，他矮小，因此他總是僵直地行走，並拉長脖子使自己變得更高，讓他看上去更滑稽。儘管這些種種，活力四射的瑪麗還是喜歡他。

一五五八年四月，這對年輕的愛侶訂婚並馬上結婚。在一番迂迴之後，大家直接切入核心。出於一個簡單的理由，瑪麗簽署了一份價值連城的文件，彰顯出亨利二世的熊心豹子膽：她母親去世後，她將成為蘇格蘭女王，如她死後無嗣，她將把蘇格蘭王位，以及她聲稱從曾祖父都鐸亨利七世那繼承來的英格蘭王位，遺留給法蘭西。於倫敦統治的瑪麗皇

6 指的是愛德華六世（Edward VI，西元一五三七年至一五五三年）。

后——藍鬍子亨利八世的女兒，應該是聞及此事後，染上重病[7]。

與此同時，瑪麗從未如新婚時的那般嬌艷欲滴。她迷倒眾生，女人妒嫉她，男人渴望她，並想像自己是那位矮小乾癟的王儲。

「我是最幸福的女人！」當晚，瑪麗在日記中寫下。隔天早晨她還會如此認為嗎？她完璧之身地甦醒過來，法蘭索瓦仍未摘下這朵花，即使她予以他熱烈的吻和數不清的愛撫……徒勞無功，這支皇家刺胳針仍然沒有活力。醒來時，她以為年輕丈夫的小腹顫抖著，她費盡力氣將低語聲音變成一首貨真價實的歌曲，卻還是一籌莫展，笛子的樂聲無起伏，像垂柳樹一樣地抽噎。接下來的夜晚皆是相同的光景，男性的挫敗接二連三。終於某一天，當他因激烈的水禽狩獵而疲憊不堪，任由瑪麗吸乾時，驀然間出現一道奇蹟……某樣東西從他身上鬆開，他的錐子頭一飛衝天，猶如一條準備咬囓的眼鏡蛇。當他正要履行最低限度的服務時候，欲振乏力！眼鏡蛇被一道雷擊，一敗塗地。

亨利二世在錦標賽中被某個晦氣男人投擲的長矛擊中身亡。法蘭索瓦二世當上國王，而美麗的瑪麗晉升為女王。接著，從天而降一個令人不可置信的消息，她宣布自己懷孕了！德．吉斯為此歡天喜地，凱薩琳．德．麥第奇面容慘澹。她開始討厭她的兒媳婦；此外，由於堅信法蘭索瓦的小蜂鳥無法戰勝它的性能不良，她對第二個兒子查理關懷備至，相信後者很快就能繼承。德・吉斯家族對她不以為然，他們照料年輕國王虛弱的生殖能力；洛林的樞機主教、家族之長法蘭索瓦・德・吉斯的弟弟，運用主教的紅袍聖光進一步了解國王的勃起問題，並協助他醫治。

在此期間，濃霧王國的任何進展皆不順利：蘇格蘭遭受洗劫；攝政王瑪麗・吉斯犯下連番蠢事，她最後被擊敗而在絕望之中死去。如今登基為英格蘭女王的伊麗莎白，下定決心朝蘇格蘭伸出魔爪。安妮・博林的這位女兒，相貌酷似父親亨利八世。她易於產生仇恨，瑪麗・斯圖亞特是她的首要目標。瑪麗不是太過美麗嗎？太過性感嗎？伊麗莎白完全不是如此！這種仇恨並不能預示著美好的明天……尤其是在法國瑪麗・斯圖亞特逐漸失去地位的時候。由於不斷對法蘭索瓦二世施加足夠殺死最健壯男子的性愛量，該發生的意外來到：年輕國王感到身體難受，他發燒了；且這些蠢蛋醫生了給他致命的一擊。在某個美好夜晚，他在瑪麗的懷中斷氣。他年僅十七歲，且只統治一年。該如何是好？瑪麗・斯圖亞特不過成為一個少了國王的寡婦。

蘇格蘭王后，由於她瘋狂母親的過失，她成為家族中不受歡迎的人。如果她變成修女

7 瑪麗一世（Mary I，西元一五一六年至一五五八年），都鐸王朝第四位和倒數第二位君主，世稱血腥瑪麗。瑪麗・斯圖亞特於一五五八年四月簽署祕密協議，同年十一月，瑪麗一世在聖詹姆斯宮病逝，死因推為卵巢囊腫或子宮頸癌。

呢？她如是想，當德・吉斯家族策劃讓她和西班牙王子唐・卡洛斯（Don Carlos）——那個可怕的埃斯庫里亞爾（Escurial）僧侶、西班牙菲利普二世（Philippe II d'Espagne）之子——結婚。卡洛斯是鰥夫，一個危險、行為脫序、口結的鰥夫，且自從失敗的顱骨穿孔術之後，他時常陷於致人於死的暴怒之中。聽到此消息，凱薩琳・德・麥第奇近乎暈厥。如此的婚姻，對西班牙、蘇格蘭亦或英格蘭，三個國家聯手對抗法蘭西的威脅。她一點也不在意卡洛斯是個精神異常的人，只要他是世上最強大國家的繼承人，這便足矣。

結果，佛羅倫薩女子被她家人出賣，查理九世，她排行第二且十一歲大的兒子，全然迷戀上美麗的瑪麗。而德・吉斯這貪婪的氏族心滿意足地以為他們的受保護者會再度成為法蘭西王后，畢竟這已有先例……讓我們回憶一下布列塔尼的安妮！忘記麥第奇女士會對她拖著鼻涕的兒子們施加壓力，她悄悄的對查理九世下達指令，這個無賴便言聽計從。天啊！她是法國的指揮官。

對瑪麗來說，這是絕望的時刻，她是如此地孤零零……但這樣的美人不會處於這個狀態太久。一位騎士路過此，其天使般的面孔與那些法國宮廷中不懷好意地打轉的惡煞，形成對比。雷諾克斯的亨利・達恩利（Henry Darnley）伯爵貪婪盯著她，瑪麗感到自己面紅耳赤。但達恩利的時機未到……美人必須趕回蘇格蘭，因為那裡兩軍正在交戰：她蠻橫無禮的同父異母哥哥，那位私生子詹姆斯・斯圖亞特（James Stuart）無法無天。她剛經由一位名為詹姆斯・赫伯恩（James Hepburn）的伯斯維爾伯爵（comte de Bothwell）得知此事。

一五六一年八月十五日，瑪麗離開法國，伴隨著奉獻終生的侍從，以及兩位詩人：一位名叫皮埃爾・德・布爾戴爾（Pierre de Bourdeilles），又稱作布朗托姆（Brantôme），是讓綠光罩頂的丈夫們大肆批評的一個無賴；以及皮埃爾・查斯特拉德（Pierre Chastelard），一個金髮碧眼、空有外表的男子，夢想著扮演閨房裡的遊吟詩人。在大海中，瑪麗差點被她隨行的其中一位吉斯表親強暴。她在自己的船艙裡矇矓入睡，近幾赤裸。那個壞東西欲火焚身，當他準備犯下重罪時，船身的晃動讓他跌個四腳朝天。

在蘇格蘭，瑪麗不僅凍僵了，而且她覺得這裡實在太醜陋了！和香波爾、阿內（Anet）以及羅亞爾河的美景相隔遙遠……而這些蘇格蘭男爵猶如被自然之母激起亢奮的鄉巴佬般，向她拋出輕佻的媚眼。這群爛醉的豬頭中有一個人物，是馬里伯爵詹姆斯・斯圖亞特，她心懷怨恨的同父異母兄弟。他是個無賴，只想著透過女王的居中協調，在英格蘭童貞女王伊麗莎白的支持下稱王。

如果有感知風雨欲來的敏銳力，瑪麗會改信新教來治領這群新教徒，但由於她思慮不周，依舊作為天主教徒，而無法使人信服。她是那種只憑藉自身臉蛋來征服對手的美女之一。瑪麗絕望地保持獨身；老實說，她的舉止足以讓一群愛慕者打退堂鼓，例如約翰・戈登（John Gordon）。

這個年輕的天主教徒瘋狂愛上她。她開始夢想和他熱烈纏綿，但由於她喜歡實踐更甚於想像，一遇到良機她便和他直達雲霄。她不後悔，因為這隻動物如無人可匹敵般，帶領她直上了七重天[8]，這對瑪麗來說是最重要的事情。這個愛打聽的詹姆斯・斯圖亞特預感危險將至，於是他捏造戈登策劃反抗蘇格蘭的陰謀。正是如此，這個愚蠢的瑪麗發現，必須對她前夜熱愛的情人發動戰爭。

在交戰的時候，約翰的父親於馬背上心臟病發而死。一個古老的習俗要求他在愛丁堡議會受審！因此，約翰的父親被防腐處理現身於棺材中，上面覆蓋一條擺著他武器的黑布。我們為他宣讀幾項主要的控罪，由一名律師為他辯護，最終他被判處死刑，儘管他早已是死屍一具了！至於約翰和他的兄弟們，他們將嘗到斧頭的鋒利；而瑪麗在看到自己親密愛人的頭顱掉於木屑中時，才貓哭耗子。

為了遺忘這個不幸，瑪麗在節慶和舞會上喝得酩酊大醉，渴望把蘇格蘭上議院踩在她的腳底下。她用妖惑人心的笑靨投向那些海盜般的面孔，造成比英格蘭弓箭手的箭矢更嚴重的傷害。他們傲慢地來到她的面前，然後像綿羊一樣溫柔地離開。她對自己變得有自信，甚至相信能夠與她童貞的表姐，即英格蘭的伊麗莎白女王打破僵局。可惜她失算了……這位紅髮的都鐸女子，忍受不了這根毒刺一直聲稱擁有她的王位權利。「童貞女王」比蘇格蘭王后更狡猾千百倍，她向後者保證，如果腹中未懷上子嗣，蘇格蘭王后將會繼任王位。但童貞女王心裡一丁點也沒有這麼想，忙著以甜蜜的話語哄騙她。

與此同時，瑪麗繼續陶醉在調情之中，任由自己被深吻所吞噬，而後延緩接續的事情，留下極度痛苦的求歡者。有些人再也忍受不住了，就像這位蘇格蘭船長赫伯恩，差一步就強暴了她。她成功地大聲呼救，而他逃到高地的濃霧中。

皮埃爾．查斯特拉德是偉大的巴亞爾[9]的年輕姪子，也是一個下流的詩人。他接替了領主的位子。他喜愛瑪麗，但並未持續太久。因為卑鄙的凱薩琳．德．麥第奇向她派送一份不懷好意的禮物，一位名叫大衛．里茲奧（David Rizzio）的侍臣，他是黑色皮膚的皮埃蒙特（Piemonte）人、毛髮濃密、畸形，但男性象徵跟驢子一樣的雄偉。瑪麗耽溺其中。這些瘋狂的幻想對可憐的查斯特拉德毫無用處。某個晚上，他藏身在王后的床下，犯下不敬之罪，這位詩人遺落了他的腦袋。

---

8 西方傳說中的善良之地有七重天堂，第七重天是至善之地。

9 巴亞爾領主皮埃爾．泰拉伊（Pierre Terrail, seigneur de Bayard，西元一四七三年至一五二四年），因沙場上的英勇無畏，受到極高讚譽。

時光冉冉，瑪麗突然覺得，她需要一位丈夫，一位真正的丈夫。她召告此事，成群湧入的候選人，究竟是被她的腰窩吸引，亦或是為了向英格蘭報一箭之仇？無論如何，他們蜂擁而上，如海嘯一般，這能讓單身的公主洋洋得意。法蘭西王國的獻媚王后，送上決鬥的戰士——麥第奇排行第三的兒子亨利，讓瑪麗樂意地踩成片。為了使佛羅倫薩的女人氣到中風，蘇格蘭女子宣稱可怕的唐・卡洛斯占於優勢。這幾乎令人難以置信，但是瑪麗做足萬全準備要激怒麥第奇家族以及英格蘭的伊麗莎白。即使，伊麗莎白為人冷酷無情，仍為她提供了心目中的情人達德利（Dudley）。熟料瑪麗卻選中達恩利伯爵——亨利・斯圖亞特（Henry Stuart）來回應，這使得伊麗莎白勃然大怒。達恩利是個天主教徒，更棒的是，他相當俊美。無論他是鰥夫、膽小的蠢才，都不會在第一眼就被看穿。那就這樣吧。

猶如她往常的習慣，跳著舞、一再注視達恩利，在對這位空有臉蛋的男子感到滿意後，她欲望開始升起。期待已久的時刻立即到來。光滑、沒有體毛的身體；一頭金髮散亂在被單弄皺的床上；湛藍的雙眼、如絲般的長睫毛，這些成為瑪麗活著的唯一理由。她不在乎是否可以成為女王，她只有赤裸地在他的懷裡才能感到開心。終於，在一五六五年七月二十九日，她和達恩利在荷里路德宮（Holyrood Palace）結婚，並當場頒令他將擁有蘇格蘭國王的頭銜。整個歐洲都在竊笑。瑪麗・斯圖亞特對這些話充耳不聞，終於成了最幸福的女人。

麻煩的是，達恩利軟弱的性格受不了誘惑。滿腔的自負，一瞬間又重新變回始終如一的那個廢物。溫柔男人展現出暴力，小綿羊變成老虎。他開始像個無底洞般地豪飲，且帶著酒醉的發狂給予瑪麗痛毆和掌摑。瑪麗的眼睛帶著瘀青，肋骨受到損傷，被激情蒙蔽了雙眼，她默默地承受著。過不了多久，唉，夜晚也變得黯淡無光。

在閨房之外，情況也不見得好轉。英格蘭的伊麗莎白以表姪女與一個天主教的婚姻作為藉口，將她排除在英格蘭的王位繼承之外；在蘇格蘭則是一片混亂。詹姆斯．斯圖亞特不滿因為一個軟趴趴男子的利益被打入冷宮；男爵們則是生氣地看到一個小廝取代他們的位子，博得王后的心醉神馳。這讓瑪麗喜悅不已，她喜愛看到男人們在她的床頭相互競爭。然而，一眨眼間，她便苦笑起來，因為男爵發動叛亂。

沒關係！在戰場上，她讓他們遭受了一場難以忘懷的挫敗，使得他們前往英格蘭的伊麗莎白那裡療傷。最糟糕的時刻還沒有到來：她對達恩利的熱情忽然降至冰點。她認清事實。突然之間，達恩利在她眼中，一如他原本的那樣，是個弱者和蠢蛋。他變得如此醜陋，以致她像瘟疫一樣地躲避他。達恩利感到惱火，他向妓女尋求安慰。忽然，里茲奧再度現身。膚色黝黑、兩腳一長一短的里茲奧。他令人害怕、狠毒，極有可能是效力於西班牙的間諜……但是他也是一個如此具有古怪魅力的戀人，因此毫無困難地將一個被遺棄的女王帶至七重天堂，她很快地被他的低沉嗓音迷倒。當酒醒之後，「國王」達恩利察覺自己被妻子背叛，而心懷仇恨。此舉正中蘇格蘭男爵們的下懷，他們只需要促使這兩人自相殘殺，便能徹底將他們從蘇格蘭趕出去。

一五六六年三月九日星期六，正當瑪麗和里茲奧進行性愛直到精疲力盡，享受晚餐時，達恩利突然到來，某個長得如野豬的粗野盧希梵（Ruthven）的男子尾隨在後，瑪麗還來不及發出一聲啊，便有一聲槍響打爛那個矮子一半的頭顱，而盧希梵拔出匕首，當里茲奧是豬一樣的屠宰。

「達恩利會為這個罪行付出代價的！」瑪麗發誓。

等待時機的同時，她虛情假意地愛撫著「國王」的臉頰，向他獻上吻……但是當夜晚到來，她便逃脫加入忠心的軍隊。達恩利的命運已經註定了。

於是瑪麗重新和伯斯維爾相會，一個比起上流菁英，更像個海盜的英國貴族。在他奉獻剩餘的一切之前，他成為她的左右手。他們兩個人的計畫出現了偏差。出現了第三個海盜，這位難以讓人擺脫的詹姆斯．斯圖亞特。不用著急，急急忙忙是沒有助益的。達恩利孤獨一人，變成和馬夫一樣，一個癱瘓、軟弱無能之人，喝光一瓶又一瓶的酒。除了弄臣和妓女，再沒有人跟他交談。在酩酊大醉之間，他酒鬼的第六感是否有提醒他要留心王位的爭奪呢？

他跑到格拉斯哥的倫諾克斯伯爵、他父親的家裡躲藏。如此地急迫是因為和情婦私通感染上梅毒，他想要隱藏自己的膿皰。瑪麗把和伯斯維爾的魚水之歡視為優先的事情，而決定讓達恩利留在那裡腐爛一段時間。

伯斯維爾伯爵詹姆斯不過是個殘暴的粗野之人。他已經和母親瑪麗．德．吉斯乾柴烈火一番，才把這個女孩撲倒。達恩利呢？他將達恩利視為一個平凡的丑角，如果不是因為瑪麗絆住他所有時間的話，他可以當場就送達恩利上西天，連眉頭也不皺一下。伯斯維爾殺人就如呼吸般自然。他長得較為矮小，但肌肉發達；如牛般粗壯的脖子，以及一張帶著傷疤的面容，上頭僅有一隻眼睛看起來靈活。另一隻眼睛，被匕首刺傷，已經失明很久了。他像個野蠻人一樣做愛，不理會溫存話語或是愛撫，但非常持久。瑪麗從這令人滿足的雙人舞蹈中抽身。誰又料想得到，這個怪物會說法文、希臘文和拉丁文，並在閒暇之餘書寫許多優美的詩句呢？

瑪麗前往格拉斯哥尋找達恩利。「為了能更完善地照顧他」，她說道。達恩利滿是膿皰且正在發燒，坐在顛簸搖晃的轎子中跟隨著瑪麗。她在荷里路德宮附近挑選一間適宜他康復的迷人別墅，稱作柯克場（Kirk o'Field）。在那裡，他們將達恩利安置在二樓，附有一間浴室，能照料他的膿皰。瑪麗則睡在一樓，以牌局和私人晚餐來轉移她丈夫的注意力。

二月九日星期日，我們尋獲達恩利和他的僕人，兩人被勒死在花園的深處。此次謀殺顯然是伯斯維爾所為，但瑪麗宣稱陌生的犯人已經逃脫了。法蘭西的凱薩琳和英格蘭的伊麗莎白要求為達恩利報仇。我們不能殺害一個國王，即使是個傀儡……伯斯維爾不再感到喜悅。他想和瑪麗結婚並宣稱自己無罪。瑪麗，瘋狂地愛著他。反覆多變且嫉妒伯斯維爾的蘇格蘭貴族們，開始為達恩利流下鱷魚的眼淚；這對邪惡的戀人們，沉溺在自身的主要活動……伯斯維爾已經把自己看作是國王了。三月十五日，達恩利被暗殺後的一個月，這對夫婦正式結婚，儀式在瀰漫死亡的氣氛中舉行，由某個新教牧師在匕首的威脅之下主持儀式。

很快地迎來王位的爭奪戰……蘇格蘭貴族們在大部分時間裡都發自內心地互相厭惡，這次卻情同手足般地團結一起。感受風向變化的瑪麗，夜裡從愛丁堡溜出，躲避至博思威克（Borthwick）；她扮成男人的模樣從那裡逃走，與伯斯維爾在鄧巴城堡（Dunbar Castle）會合。可惜！我們在曠野中逮住了她。無論是貴族或是臣民，所有的人都在反抗她。她是歷史上的娼婦，而達恩利是一個殉難者。

「燒死這個妓女！」這是將她帶回愛丁堡的路途中聽到的最親切的汙辱。

我們以雙重的鎖將她囚禁在一個坐落於湖中央的偏僻島上，由一位道格拉斯夫人（Lady

Douglas）看管，她正是瑪麗同父異母的弟弟，也就是詹姆斯·斯圖亞特的母親，詹姆斯再一次於幕後策劃一切。

伯斯維爾發生什麼事呢？這隻鳥飛走了，人間蒸發。他逃亡至北方的海岸，乘上一只腐爛的小船逃離；奇蹟似的，他再次躲過風暴。他被一艘丹麥船隻拾獲，重回到哥本哈根，被一位迷人的丹麥女人拖到法庭上。這丹麥女人抱怨他曾經讓她懷上孩子，而後逃脫得無影無蹤。

蘇格蘭大吵大鬧地要求遣返伯斯維爾。丹麥人毫不理會蘇格蘭的威脅，強力拒絕！伯斯維爾在那裡以適當的形式將處斬換成囚禁在潮溼的黑牢裡。我們以為他鬆了一口氣；恰恰相反，這隻野獸並不適合在地牢裡腐爛，他是為了打獵和戰鬥而生的。經過十年的寄生蟲和牢飯的生涯後，這個戶外和荒野運動的上癮者，除了自我了斷之外別無他法。他沒有匕首，也沒有劍。這不重要，他奮不顧身地衝向地牢圍牆。當他一下子死去後，其防腐的屍體將裝飾在附近的教堂四個世紀。

瑪麗會為他哭泣嗎？一點也不。膚淺的歡愛與懷舊一點關係也沒有。她已經遺忘他很久一段時間了。瑪麗·斯圖亞特耐心地待在她的牢裡，隨後，一五六七年七月二十六日，她讓位給她兒子、年幼的詹姆士·斯圖亞特——出自她和達恩利愛的結晶。突然一個奇蹟發生了……人們從厭惡她至極轉變成喜歡她。被俘虜的她現在成功地感動世人，廣大民眾受到左右，並徹底扭轉看法。她成為靜止湖水中的那位公主，以及因為愛得太多而不幸的有情人。

盧希梵勳爵負責確保囚犯的看管，這個人曾經扯出矮人里茲奧的心臟！在美人這誘餌面前，刺客的心狠手辣完全被融化。經過一個星期的瘋狂、筋疲力盡和氣喘吁吁，他拜倒在她腳下，並向她獻上一切：她的釋放、她的劍，她想要的一切。可惜的是，他講話實在太大聲了，以至於旁人無法不聽聞。在這間荒蕪的城堡裡，隔牆有耳。特別是在嫉妒的男人，即領主夫人的長子威廉·道格拉斯（William Douglas）耳裡，他在寂寞的夜裡徒勞地磨劍霍霍。沒有什麼比被背叛的情人的報復更糟糕不過的事情了。盧希梵被免除了監管者一職。

但是威廉·道格拉斯忘記自己有個弟弟喬治，暱稱為小道格拉斯，一個內心敏感和像炭火一樣熱烈的男子。不斷地盯著瑪麗後——正如其他男人一樣，他感到熱血沸騰。在品嘗禁果之前，他從威廉身邊奪走瑪麗。瑪麗既熱情又狡猾，從壯碩的盧希梵轉到年輕紳士的小道格拉斯的懷抱中，後者樂意地讓自己的腦袋再多冒險幾個晚上。對於瑪麗不可思議的魅力，我們還能說什麼呢？她的美貌可能與此有關；也很可能與她談情的技巧有關。大概還有更多其他原因，但這些屬於謎團。

小道格拉斯是極具想像力之人。一五六八年三月二十五日的黎明時分，裝扮成洗衣女工的美麗的斯圖亞特，昏厥在曠野中。在湖的正中央，一個怪傢伙想看她的面容。他揭開她的面紗，完蛋，情人的所有努力毀於一旦。事實上，這只是暫時推遲，五個星期之後，五月二日，他偷走王后房間的一串鑰匙。瑪麗以其他的裝扮消失得無影無蹤，又坐在一艘小船上；同時間，小道格拉斯小心翼翼地摧毀其他所有的船。這一次，野獸再也不是孤身投入冒險中。威廉・道格拉斯重新與小弟會合。今後，瑪麗有兩位道格拉斯要答謝，而不是一位……以她自己的方式，在穀倉的稻草上或是在森林的香氣之中。她是見過大風大浪的人。

聽到這個消息，詹姆斯・斯圖亞特勃然大怒。這個自以為是國王的攝政王眼中再度浮現那個他認為沉睡已久的影子。他火速地召集一支軍隊並追上逃犯。唉，為她嘆息！兩個道格拉斯在戰場中顯得笨手笨腳。詹姆斯・斯圖亞特老早將他們碎屍萬段，他們兩人被斬首。而瑪麗逃得很遠，越走越遠。在這個追逐競賽中，她筋疲力盡，忍受千百種劇痛：寒冷、炎熱、飢餓和疾病。她只不過全靠愛人們的關懷而逃出生天。

抵達蘇格蘭南部後，這位失勢的女王停下腳步，埋頭在雙手間，要往哪裡去呢？朝向法國嗎？只需租一艘船就好。往西班牙嗎？為什麼不……也許瘋狂的唐・卡洛斯仍然想要她？但他是如此醜陋，再說他會毆打女人……往英格蘭？距離太近了，人群正在追捕她。

她猶豫不決，法蘭西對她有所期待，因為德．吉斯家族仍占據首要的地位……但還有那個帶著蟾蜍眼睛的可惡凱薩琳，懷著根深柢固的憎恨。最後，她選擇伊麗莎白而不是凱薩琳，選擇了那位處女而不是那隻蟾蜍。都鐸王朝優先於麥第奇家族。

除了，她忘記向表姑請求進入王國的許可。這是嚴重的疏忽且充滿威脅。這位蛇蠍美人很快地將成為殉難者。但這是另外一段故事了。

馬薩林的姪女

屈從國王與王子

朱爾．馬薩林[1]是曾效力過法蘭西的最傑出的大臣之一，他同樣屬於某個家族，一個女人的家族……這個樞機主教有幾個姐妹，她們擁有女兒。當兩位姐妹的丈夫過世後，她們重回法蘭西，陪同著一群孩子們，以便將她們安置在朱爾舅舅的保護之下。這群「馬薩林的姪女們」長大成人，她們有三位[2]：奧蘭普（Olympe）、侯爾坦絲（Hortense）和瑪麗（Marie）。

在這幾位之中，最受舅舅寵愛的是奧蘭普。她是一個惡魔，貪婪且不擇手段。和他一樣。這個討人厭的妖精還知道展露迷人的一面。此外，她有著一張嬌嫩的臉蛋、深暗膚色、灼熱的黑眼睛、宮廷裡最美麗的臀部。一下子，她瞄準高處並引誘年輕的路易十四。他們開始在一起看星星……他們會成為一對愛侶嗎？樞機主教閣下感到惱火，想把小美人嫁給拉梅勒瑞侯爵（Marquis de La Meilleraye），他是絕佳的結婚對象，而且是王國第一流的劍客之一。但是拉梅勒瑞不滿地撇嘴，他不太想享用國王餐後的殘羹剩菜，並馬上表明他更喜歡奧蘭普的妹妹侯爾坦絲。但因著他拒絕了瑪麗，所以被要求和奧蘭普湊成一對並且停止挑剔。如果他屈服的話，將成為蘇瓦松（Soissons）伯爵。

但路易品嘗過曼奇尼（Mancini）女孩們的魅力，他再也不願意拋棄她們。他選中瑪麗，並眾所周知地成功了。比起她的姐妹們，她的顏值遜色許多，甚至可以說很難看：如李子一般瘦弱、乾扁和黝黑；橄欖色的皮膚、一雙猛禽的眼睛、一頭墨髮，像女巫的一樣。

她毫無取悅他人之處，然而路易十四注意到她。轉眼間，他就唯有瑪麗一人。這個魔女是如何成功地在路易眼裡出西施呢？是個謎團……必須承認，他的西班牙妻子瑪麗．特雷斯（Marie-Thérèse）幾乎沒有吸引力。見到他的妻子虛弱而無精打采，以她蟾蜍般的大眼睛來回張望華麗的宮廷，路易升起一個堅定的想法：出軌。瑪麗．曼奇尼將是適合的人選。

同時間，我們的馬薩林姪女們發生什麼事呢？當年輕的拉梅勒瑞侯爵、黎希留其中一位女人的兒子，向侯爾坦絲拋出充滿欲望的眼光時，她還不滿十歲。確實，淡灰色的眼睛和膽大妄為，使侯爾坦絲極為可愛。朱爾樞機主教不以為然，於是輕率地反駁道：「我寧願把侯爾坦絲給一個笨蛋，也不願意讓你娶她！」事已成定局。侯爵一邊收起自己的欲望，一邊等待更佳的運氣。朱爾舅舅渴望為姪女中最美的侯爾坦絲，找一個貴族締結婚姻，如果沒辦法的話，就找一個王儲。只有她，才必須採取斷然的手段。

在十二歲的時候，這個女孩減去嬰兒肥，成為一位非常誘人的苗條女孩。朱爾舅舅不斷想方設法，突然之間靈機一動，他將讓侯爾坦絲成為他遺留的巨額財富的受饋贈人，前提是她和丈夫必須獲得馬薩林公爵夫人和公爵的頭銜。朱爾於是憶起了一直覬覦侯爾坦絲

1 朱爾．馬薩林（Jules Mazarin，西元一六〇二年至一六六一年），法蘭西外交家、政治家，法蘭西國王路易十四時期的樞密院首席大臣（西元一六四三年至一六六一年）及樞機主教。

2 馬薩林的姪女們（Mazarinettes）其實共有七位，又稱馬薩林七姐妹，但作者只舉其中三位的故事。

纖細胴體的拉梅勒瑞。在一六五八年，交易談定，但是拉梅勒瑞還必須要等漫長的三年時間，才能將動人的侯爾坦絲放在他的床上。真是極大的折磨！更何況，自十三歲起，侯爾坦絲就熱情如火，且有著一副使宮廷所有動歪腦筋的男子皆激動難耐的胴體。從現在開始，直到她選擇先有後婚的這段時間……侯爵因恐懼而顫抖，他有足夠的理由擔心。英格蘭國王查理二世（Charles II）曾聽人提起過她，他可能會讓她成為女王。但是，由於克倫威爾（Cromwell）將他的父親斬首且仍然掌控王國於股掌之間，一個沒有王冠實權的國王又有什麼用處呢？朱爾舅舅因此打發了他。就這一回，他看走眼了，隔年胖子查理凱旋回到英格蘭即位。一切付諸流水！朱爾舅舅並未手足無措，他一直留著拉梅勒瑞這一手。但是時間緊迫，樞機主教閣下只得同意拉梅勒瑞。

一六六一年三月一日，這件事情塵埃落定，侯爾坦絲的婚禮舉辦完成。時機剛剛好，因為舅舅在三月九日，與世長辭。「感謝主！他死了……」這將是心懷感恩的姪女們的唯一墓誌銘。瑪麗・曼奇尼——在馬薩林的指令之下必須被國王拋棄；所幸，在一群俊美男孩的陪伴下，身體重新康復了。深愛著她的路易，亟欲向她重新強調雄性的論據，但是她心如槁木。無論如何必須趁時猶未晚，讓瑪麗同意和他結婚。

被選中的幸運兒是科隆納（Colonna）的王室統帥、羅馬王子，亦是馬薩林的心腹。據說他腐爛到骨子裡，是一堆亂倫產下的墮落後代，充滿暴力、酗酒和嗜血。算了！無論如何他都要找一個自己與他人交談的方式，因為瑪麗容易發怒。在拋棄皇家情婦的一切命運之後，如果她不得不找幾個情人，她向自己立誓，一定要居高臨下地對待他們。

同期間，侯爾坦絲發現自己丈夫的腦子瘋瘋癲癲的。這位十五歲的公爵夫人對馬薩林公爵是因頭銜和財產，才不會被監禁在比塞特爾（Bicêtre）之事深信不疑。可憐的孩子（公爵）越來越疑神疑鬼。必須承認，侯爾坦絲過分濫用舞會場合，在那她可以毫無掩飾地、喜悅地接受一群男子的奉承；國王自己甚至在馬薩林宮轉來轉去。那個蠢蛋對此感到不安，擔心他只是前來捕獵繼奧蘭普和瑪麗之後的第三個馬薩林姪女。他想讓妻子隱居在修道院，使她隔絕在世界和誘惑之外。他想要獨自一人擁有她。極度多疑的他，甚至禁止她與她寵愛的僕人們進行矇眼的捉迷藏遊戲，就如禁止相同的男人二次拜會她一樣。

由於不斷的荒謬行事，他最後終於徹底發瘋了。虔誠到走火入魔的他，被一個固執的念頭折磨：他違背上帝的旨意且享有不義之財。某天，馬薩林宮起火，當僕人們急於撲滅火源時，他對著他們叫喊著不要做任何事，因為他不能反抗上帝的制裁。每天夜裡，他都會被惡魔般的幻象所纏繞，他向妻子傾訴，懇求她參加安息日。他的精神失常隨著年歲不斷增長。由於感到極度羞赧，他突然興之所至的敲掉所有裝飾長廊的大理石維納斯的乳頭，或是切掉懸掛在阿波羅和海克力斯（Hercule）身體前側的陽具。他甚至竭力禁止農場的女孩擠牛奶，辯稱這麼做可能會灌輸她們邪惡的思想。最後，即使在最細微末節之事他也篤信上帝，並發現藉著籌畫抽籤活動重新分配家務事的樂趣，因此聽他告解的神父成為廚師，而馬伕變成聽告解的神父。

侯爾坦絲感到難以負荷，沒多久就在自家屋簷下對這古怪的傢伙不忠。某天，公爵目睹了一個最出乎意料的場景，讓他發出一聲淩厲的叫聲：德．羅昂（de Rohan）騎士在一個隱密的角落衝撞公爵夫人，那個下流女子居然連找尋一個適宜床鋪的耐心都沒有。公爵立即雷霆大怒，並威脅這個忝不知恥的人。侯爾坦絲激烈的反駁：「管什麼閒事？」如果他未收到邀請，請勿前來打擾會面。無論他再說什麼都為時太晚，她已經沉迷於情愛之事，甚至演變成無節制的愛好。唉，和她在上帝面前結了婚，她永遠是他妻子。而她也必須要忍受這個討厭的人，直到上帝結合的一體被拆散[3]為止。

這個遭到背叛的男子簡直無可救藥了，他懷疑所有的事物和所有人。他感覺到自己受四面八方的攻擊，有來自熱情的花花公子們和居所幽暗之處的情人們。巴黎宛若是巴比倫王國。在這個墮落之城中，侯爾坦絲受到長姐奧蘭普的折磨。蘇瓦松伯爵夫人控制著這些蛇蠍女子們，在她的弟弟訥韋爾（Nevers）公爵菲力普．曼奇尼（Philippe Mancini），一個最窮凶極惡的流氓的陪同下，將朱爾舅舅遺留的一半財產揮霍在賭博和狂歡宴會上。

馬薩林公爵突發奇想，為了拯救妻子的靈魂，他必須把她從荒淫之中拯救出來。這位戴綠帽的人將自己變成一個傳教士。從那時起，他用生育之事壓得她喘不過氣，以無止盡的旅行讓她精疲力竭。但她只渴望著風流不羈的情郎們。她時不時地成功逃脫，和哥哥菲力普在相鄰馬薩林宮的公寓會面。唉！公爵居然圍堵了所有對他來說猶如地獄之門的出口。

由於過著極端的生活，這個可憐的公爵終於永遠的精神崩潰了。某天，這個人把自己當作鬱金香，並強迫他人為他澆水，讓他生長。對侯爾坦絲來說，要一起生活已經是不可能的了。一六六七年五月，感到厭倦至極的她，逃到謝勒（Chelles）的修道院，她的阿姨是修道院的院長。公爵在那裡重新逮住她、辱罵她和粗暴地毆打她……侯爾坦絲害怕他會折斷她的骨頭。在修道院裡，她認識一位迷人的十七歲年輕少女，她因為喜愛盧福瓦（Louvois）國務大臣甚於年輕英俊的德・維勒魯瓦（de Villeroy）侯爵，而引起議論紛紛。侯爾坦絲和西多妮（Sidonie，這是對美麗的古爾塞樂侯爵夫人的暱稱）再也形影不離，流言蜚語迅速地傳播開來。她們過著修女姐妹般地獄的生活，然後在夜晚逃逸以便自在嬉鬧。尤其，已成為侯爾坦絲精神嚮導的西多妮，勸告她的共犯要和惡劣的丈夫分開。侯爾坦絲聽從她的話，要求在巴黎的議會上劃分兩人財產，並指責那個喪心病狂的人嚴重損害她的財富。她不知道自己將參與一場歷時二十年的審判……路易十四討厭眾聲喧嘩，尤其是涉及身邊的人的時候。馬薩林的姪女們應當要順從！因此，煉獄重新在馬薩林的宮殿上演。

3 出自《聖經馬太福音》第十九章 6 節：「夫妻不再是兩個人，乃是一體的了。所以神配合的，人不可分開。」

幸運的是，西多妮很快就離開修道院，兩位友人再次相會。西多妮是一位真正的女魔鬼，什麼事情都阻止不了她，但侯爾坦絲心甘情願地跟隨她。兩個女人看上年輕且令人戰慄的德．卡瓦耶侯爵（de Cavoye），好一個三角關係！如今引起眾聲喧嘩……虔誠信徒的一方支持戴綠帽的丈夫；持自由思想的人在公爵夫人身後形成陣營。最後，虔誠的教徒獲得勝利，侯爾坦絲被要求重新恢復共同正常生活。不可能，這件事，永遠辦不到！別的女人可能會屈服，但她不會！她再也不會出賣她的自由。一切都結束了。

一件在她時代中前所未聞的事發生了。她在某個晴朗的早晨逃至義大利，把戴綠帽的丈夫留在家裡，一切重頭開始！她才二十二歲……若是只有她一個人，不可能完成這難以置信的逃亡。侯爾坦絲有同謀，就是她親愛的哥哥菲力普．曼奇尼，以及她死心塌地的效忠者——德．羅昂騎士。這不是出自憐憫。這兩個大膽包天的傢伙對年輕的公爵夫人侯爾坦絲渴望得要命，他們兩人在私密之事上非常了解她。一丁點道德也沒有的侯爾坦絲，不覺得有什麼不妥，她和菲力普上床是因為他讓她品嘗禁果之愛；她和德．羅昂上床是因為他俊美。她樂意和他們兩個一起上床，但尚未實現過。

一六六八年六月十三日黎明時分，侯爾坦絲離開馬薩林宮。她裝扮成男子，如同侍女娜儂（Nanon）一樣，在其中一位名叫納西瑟斯（Narcisse）的僕從陪同下，坐上一台由六匹馬拉動的四輪馬車，揮鞭向著東方前去。當中亦有一名德．羅昂騎士的侍從庫爾維爾

（Courbeville）陪伴他們。這位全法蘭西最富有的女繼承人，在這樣的情況之下要仰賴什麼維生？確實，她小心翼翼地為自己安排好兩箱首飾，一箱裝滿黃金、另一箱擺滿寶石，但相較她從朱爾舅舅那繼承的上百萬箱，這兩箱微不足道的首飾能有多少斤兩？在不到二十四小時內，這位氣得發狂的丈夫已得知美人在不合時宜的時機離去。

困窘不堪和暴怒不已的他，飛奔地向國王告狀。所有的假意啼哭讓逃亡者獲得自由，在同一時間，她以沉重的馬車換取輕快的駿馬，以至短時間內便身處洛林公爵領地。她和德．羅昂保持緊密的合作關係，且他參與了陰謀。她在那裡喘口氣，遠離了被戴綠帽的丈夫所派出的追捕手下們。她恢復活力，但因著在南錫城堡的大片樹林中被迷人的騎士過度追趕，使得她膝蓋受傷，邊跛著腳邊從她的荒唐事績返回。

效忠於德．羅昂的庫爾維爾，不讓自己以外的人來照顧這醜惡的傷口，更不能倚賴有著無可抗拒的魅力和魅惑的黑眼睛魔女。該發生的就是會發生……調皮的她懂得如何去做，也不會有任何的驚訝。她十分地滿意。在他的懷中，她低吟這些優美的詩句：「綠樹成蔭的景色，陽光如金絲般灑落，愛神賽普瑞斯[4]的居所……一座小小的雙峰山，從那湧現無與倫比的歡快……要從哪裡觀察出愛情甜美的價值呢？召喚一個活力充沛的男性象徵並輕輕愛

4 賽普瑞斯（Cypris），維納斯女神的別稱。

撫它。」這個情人彌足珍貴，而侯爾坦絲徜徉狂喜之中。

如今她身在米蘭的姐姐家中，後者嫁給科隆納的王室統帥。她馬上就閉門幽居在套房中，與永不疲倦的庫爾維爾盡情地貪歡，只有在哥哥菲力普到來的時候才抽身。這隻動物從未如此渴望地加入維納斯的饗宴，對於必須共享感到憤怒。他對妹妹發了一頓脾氣。她以獨門的祕訣撫摸使他平靜下來。她美妙地吹奏誘鳥笛，訥韋爾公爵的怒火迅即地轉變為溫柔的低語。他們的姐姐，身作女主人，聲稱有權利享用她的份額。在床笫間，家庭的三人組合相處得再融洽不過了，但是穿上衣服後，兩位姐妹像女巫一樣的相互爭吵。並不是因為菲力普，而是因為庫爾維爾，他擁有的擎天一柱是如此令人驚嘆，以至她們渴望自己能獨占。

就在這個時候，巴黎的馬薩林公爵對菲力普和德．羅昂騎士提起訴訟。馬薩林公爵表示，他們應受協助公爵夫人逃脫的譴責。正當一切看起來陷入膠著在複雜的訴訟程序裡時，命運懷著惡意前來對侯爾坦絲惡作劇。

這個魔女從義大利寫了封信給德．羅昂騎士，感謝他的幫忙，伴隨人們不慣常寫進感謝信的激情話語。不幸的是，那個僕從、該死的納西瑟斯竟然搞丟信柬，讓它落入一個叫做拉盧維耶爾（Louvière）閣下手裡。他是馬薩林公爵的萬能雜工，急忙將此信稟告公爵。

公爵大聲歡呼，手握妻子背棄誓言的證據，親手交給國王。後者知情後，應當再上呈信束給議會，讓伯翕－哈布登（Bussy-Rabutin）這個垂垂老矣的無賴[5]滿心歡喜：「不是傳聞的戴綠帽丈夫，至少他的事績會被記載下來！」得知一切八卦的男子大聲喊叫。這一次法官很快地裁決，下達逮捕侯爾坦絲的命令，無論她身在何方！

侯爾坦絲不在乎，從米蘭奔向威尼斯，再從威尼斯奔向西恩納，享樂至極。今天獻身給庫爾維爾，隔天給菲力普，且絕對不忽略沿途遇見的豔遇。突然間，和樂融融地煙消雲散了，美好的和諧土崩瓦解。菲力普再也不能忍受庫爾維爾了，如雄雞一般的妒意！他以信柬告知他的朋友、他的哥哥、他如孿生的兄弟——德．羅昂騎士。後者當場表現得嫉妒、狂暴和怨恨，以至他必須立即派出一名刺客去義大利解決這個麻煩的製造者。在最後一刻被告知謀殺計劃的侯爾坦絲，幫助庫爾維爾逃離，這讓她心情極度惡劣。難以忍受的她，接二連三地做出蠢事，必須在為時已晚之前採取行動。

菲力普和瑪麗警告他們的叔叔，也就是在羅馬的曼奇尼樞機主教，他馬上將這狂熱份子拘禁在位於永恆之城[6]邊緣地帶的戰神廣場（Campo Marzo）修道院裡。絕望之中，這個

5 指羅傑．德．拉布丁（Roger de Rabutin），俗稱布西．拉布丁（Bussy-Rabutin），是法蘭西傳記作者。曾出版《高盧人之情史》（*Histoire amoureuse des Gaules*），描寫貴族太太的宮廷軼事。
6 指羅馬。因建城歷史悠久並保存大量古蹟而有此暱稱。

迷人的孩子甚至考慮行懺悔禱告，以及回到法蘭西請求丈夫的寬恕。但任憑她哭泣和怒罵，都無濟於事。樞機主教曼奇尼並不心軟，他幾乎不相信這個美麗的懊悔女子的鱷魚眼淚。侯爾坦絲情緒低落，監獄對這個喜愛新鮮空氣的女子來說，有礙身心健康。她打算自我了斷。然而瑪麗已先下手為強，並讓她逃出生天。

一個晴朗的早晨，在散步的時候，正當瑪麗藉由聊天絆住女修道院院長時，侯爾坦絲和她的貼身侍女娜儂裝扮成園丁的模樣，不告而別。樞機主教推斷這是上帝的旨意，便釋放她自由。侯爾坦絲在羅馬瑪麗的家中，悠閒過著淘氣女子的生活。她活潑的性情幾乎未受到這幾個月在修道院中的痛苦。戀人們重新開始，每個人輪流到天堂的門前。由於不斷的歡愛，該來的總是會來：侯爾坦絲懷孕了，但無法確定是出自何人的傑作，她暈頭轉向了。庫爾維爾恰好回來爭取應得的一份，但沒有享受到任何特殊待遇。沒有人能夠判別將要出世的孩子是出自誰的手，不過侯爾坦絲一點也不在意，全身心投入在放蕩的生活中，她從一張床蹦跳至另一張床，可惜啊，她過早的妊娠期剝奪了她更喜愛的舞蹈。

與此同時，德．洛林（de Lorraine）騎士抵達羅馬，他全心效忠國王的弟弟——因無數次的放縱逸樂而被流放的奧爾良菲力普（Philippe d'Orléans），以及自己的弟弟德．馬桑伯爵（Comte de Marsan）。洛林雖令人感到不安，但擁有不良子弟的毒性魅力。侯爾坦絲為他顫慄不已，但是在生產後，為了鍛鍊自己而寧願選擇獻身給德．馬桑伯爵。所有的溺愛都掩蓋不住一個鐵錚錚的事實，她的財富不斷地縮水，再過不了多久她將散盡家產。她必須重回到法蘭西，重新見到那個瘋子，搏得他的寬恕，然後從財庫裡取用金錢，再度展開最美好的……。

恰好菲力普．曼奇尼必須回到宮廷迎娶蒙特斯龐夫人的一個姪女德．蒂昂熱公主（Mademoiselle de Thianges）。這是理想的機會，菲力普沒什麼好抱怨的。恰恰相反……由於他希望結合實用與閒暇，這一對厚顏無恥的情侶拖延了他們的旅行整整六個月之久，以致他抵達巴黎時充滿著愛意和齷齪的想法。馬薩林公爵一點也沒變，他比平時更瘋狂，篤信宗教到極致，他將雕塑去勢，毀壞去世的朱爾舅舅富有盛譽的的裸像收藏——這是後者花費極大耐心偷竊來的。路易十四對於這些褻瀆行為感到驚慌失措，命令柯爾貝[7]制止這些胡鬧行為，並請一個騎兵士官負責日夜監視這個瘋子。剛抵達，侯爾坦絲便要公開謝罪[8]。她碰了壁，公爵太過憤怒以致於聽不進夫人的懺悔之詞。這是一個死胡同。

色眼望著侯爾坦絲的柯爾貝居中調解，並向她承諾將讓她退隱至鄰近巴黎的列斯（Lys）修道院，以換取她丈夫的原諒。這個輕浮女子同意會保持乖順並行禱告。聽知搗亂者到來

7 尚－巴蒂斯特．柯爾貝（Jean-Baptiste Colbert，西元一六一九年至一六八三年），路易十四時代擔任財政和海軍國務大臣。

8 公開謝罪（Amende honorable），法蘭西舊時一種公開汙辱的刑罰。

的消息，擔心最糟糕的情況會發生的修女們感到十分詫異：侯爾坦絲似乎想以最短的路徑到達天堂。縱使公爵嘮嘮叨叨地說著他妻子最可怕的故事，人們卻視他為不識趣的人。

路易十四厭煩了所有的議論，最終召見這位罪人：

「老實地告訴我，夫人，您究竟想要什麼。如果是返回義大利，我將使您得到兩萬四千元的贍養費，但是對我來說，我建議您與丈夫在一起並表現得安分。自然，如果他的愛撫讓您討厭，那麼您就不必承受痛苦了。」

侯爾坦絲一秒也不猶豫地選擇重新獲得她的自由。由於過度領略其中的美好，她自此之後再也無法放棄，寧願以贍養費度日，也不願冒著與瘋子一起的危險……因此，為了繼續做她自己，歐洲最富有的女繼承人從朱爾舅舅那裡獲得兩千五百萬的收入，然後勒緊褲帶過活。這難道不是具有骨氣的崇高人物的證明嗎？

一六七一年二月二十五日，她離開巴黎，在形影不離的菲力普的陪伴之下——他剛辜負非常年輕的妻子，對他來說她太畏畏縮縮。極端之愛對這個無賴來說是不可或缺的需要，猶如他妹妹不吝於獻給他一樣。侯爾坦絲再也未見過她的丈夫。

對這兩個放蕩主義份子來說，歸返義大利就如同他們的第一次旅行一樣。整整六個月拋棄禮教，在馬車和客棧中進行無數次的翻滾。菲力普和侯爾坦絲離不開彼此了。當他們抵達羅馬時，發現瑪麗跟德．洛林騎士早已在一起充分運用時間。德．洛林表面上如神祕一樣俊美，其實骨子裡腐爛至極。這個惡魔深諳如何讓瑪麗變成閨房之事的奴隸，讓她盲目地從隨他。侯爾坦絲突然地到訪，瑪麗同意起身一起投入薩達那帕拉國王的生活：狩獵、舞會、歌劇、在台伯河沐浴和做愛，尤其是做愛。在二十五歲時，侯爾坦絲前所未有的容光煥發，在擺脫那個性情乖戾的人之後，沉迷於她最擅長的事情。她一邊重回德．馬桑伯爵的懷抱，一邊給予過客們甜頭。

一直猛烈獻身給洛林的瑪麗，終於對她的丈夫、科隆納的王室統帥感到某種厭惡。他因為嫉妒而大發雷霆。她向侯爾坦絲吐露此事：「該怎麼辦呢？毒害他嗎？這很危險。逃走嗎？」侯爾坦絲選擇這個曾對她極為有效的解決方法。她將陪同瑪麗一起，但洛林不想插手此事，她們只得憑藉自身設法解套。

眾所周知，侯爾坦絲喜愛裝扮。一六七二年五月二十九日，兩姐妹打扮成男相，在毫不畏懼的侍從——無可取代的娜儂的陪伴之下逃脫。她們打算抵達海岸之後租借一艘船隻。可惜，紙上談兵和付諸實行是兩碼事。

在潮溼的樹林裡待了兩個晚上之後，瑪麗心生氣餒，見識過大風大浪的侯爾坦絲極力鼓勵她。抵達海邊，她們最終發現一艘廢棄但承受得住風浪的船。侯爾坦絲親自掌舵，猶如一個女海盜般，憑著直覺在星空下航行。她們在拉西奧塔[9]下船，在萬分險惡之中，重新北上至巴黎。王室統帥派出刺客追捕她們；聽聞消息的馬薩林公爵則派出自己的人馬，名叫波拉斯特龍（Polastron）。這是一場名副其實獵捕女人的行動……所幸，侯爾坦絲避開了所有的危險。她們到達格勒諾布爾（Grenoble），在那裡與加入她們的菲力普尋歡作樂。她們現在必須分道揚鑣了：瑪麗將前往巴黎；侯爾坦絲則往香貝里（Chambéry），她計劃在那邊休生養息。但願不要發生什麼事情！冒險的生活正等待著她。

一六七二年八月十二日，她在香貝里的公爵城堡，受到薩伏依公爵卡洛・埃馬努埃萊二世（Charles-Emmanuel II）的接待，他是往昔的求愛者，且只對她情有獨鍾。確實他已經結婚了，但又有什麼關係！撲向如此般的獵物，值得冒著妻子會震怒的危險。但侯爾坦絲撇撇嘴，為何要對一個過度殷勤的恩人予以實質的感謝？她老早就培養出對無恥之徒的喜好，因此當一個風流男子表現得很紳士的時候，她不會產生任何欲望。

無論如何，她疲憊不堪，想要從氣喘吁吁的生活之中休息。但沒過多久……謠言盛傳著這個本世紀最偉大的浪女要就此安頓下來了。一眨眼間，各式各樣的邀請……狩獵、舞會和散步如雨後春筍般湧進，但侯爾坦絲很擔心。她那個戴綠帽子的丈夫究竟在打什麼如意算盤呢？國王將支付女逃犯的贍養費責任丟給他，但他卻使出拖延戰術，而且暗示當她重返回某間修道院或馬薩林宮後，才會交付這筆錢。恢復和那個瘋魔的婚姻生活嗎？永遠不可能。她寧願一死了之。

在這段時間裡，瑪麗離開巴黎修道院，與弟弟菲力普一起驅車前往薩伏伊。時間過得越久，越令人擔心的是，菲力普竟覺得瑪麗是他喜歡的類型，他以殷勤的方式讓她感受到愛意。這兩人為了不加思索的激戰，考慮重組曾經的三人行。可惜，在香貝里的鳥兒已經飛走了……侯爾坦絲不想激怒路易十四，他幾乎不欣賞同性間的性愛，尤其這件事讓他的前情婦瑪麗門戶大開。侯爾坦絲覺得肉體的欲望太難抵擋，她寧願逃脫，也不屈服於背叛的衝動。

這對共犯姐妹從此未再相見。瑪麗重新踏上往杜林的路途，科隆納的王室統帥手持一條鞭子，正在那等著她。侯爾坦絲開始和森林裡的動物們殺時間。她真正著迷於打獵，並訓練自己連發射擊。由於她沒辦法克制自己在夜裡某個時分捨棄皺巴巴的被褥床鋪——此刻的情人在那打呼，她抓住一把火槍，朝花瓶和小擺件射擊。

在嘎嘎作響的床鋪和一場場的射擊之間，城堡的夜晚極度地嘈雜。而且讓人驚訝……情人在果園發出尖聲慘叫的情況並不少見。因為他看到一個從頭到腳都沾滿鮮血的女食屍

9 拉西奧塔（La Ciotat）是濱地中海的一個市鎮，鄰近馬賽。

鬼靠近他。侯爾坦絲堅信以小野兔弄汙她的皮膚，能使她保持年輕。幸好，在妥當的沐浴之後，她重新變回一位美人。她從來沒有這麼美麗動人過，但她開始感到無聊。幸運的是，她哥哥菲力普忽然到來，她從不知道怎麼拒他於千里之外，尤其是閨房之事。然而，侯爾坦絲已厭倦投入自己卻換來一無所有或極少的回報，她渴望著偉大的愛情，那種使內心騷亂和身體無法喘息的愛情。

在一個美好的早晨，一位帶著迷人臉孔的年輕男子到來，凱撒．維查德（César Vichard）。當然，他是一位神父，但是，在那時期貞節並不是首要的道德準則。凱撒身為聖－萊雷阿（Saint-Réal）的修道院院長，有著生動的文采並撰寫有趣的小說——關於處女被海盜綁架，又被騎士以靈活的護手刺劍拯救的故事。和侯爾坦絲一起，他們從床上移至書房，再從書房轉戰至床上，因為凱撒全心投入為美人撰寫一部回憶錄，加上她的生活充滿趣味，這不用他花上任何的代價；一出版後，獲得滿堂喝采。侯爾坦絲在書裡被描述得完美無暇，一雙混著藍、灰和黑的貓眼睛，時而炯炯有神、時而帶著笑意，並且如同韃靼人一樣格外地狹長。

唉，是時候逃離了。薩伏依公爵去世，他的遺孀越來越不想要接納家庭生活的破壞者。她的小表妹剛冠上約克公爵夫人的頭銜，這是侯爾坦絲前往英格蘭的機會，她在那裡鮮為人知，可以從零開始。她記得國王查理二世曾經對她求愛……要不是愚蠢的朱爾舅舅，當初沒有因為查理流亡而阻止的話，今日她就是女王了。「算了！要誘惑一個國王，永遠不嫌晚！」她如是想。尤其是這個查理離醜陋有段距離，他在流亡的時候曾相當肥胖，但已經瘦了下來。他長得跟她母親一樣，有些許麥第奇的義大利人魅力，以及如父親亨利四世一樣的深情笑容。

目前，查理國王的床位已滿。一個年輕、活力充沛的布列塔尼女子統御著這裡，他讓她成為一個眼線。她長得很漂亮，帶著優美輪廓，並擁有令他極為滿意的強烈欲火。簡而言之，查理臣服於路易絲・德・克魯阿爾（Louise de Keroualle）的魅力之下，並冊封她為樸次茅斯（Portsmouth）公爵夫人，以獎勵她提供的誘人服務。

侯爾坦絲按往常習慣偽裝成男子，踏上英格蘭的土地，穿著長及大腿的靴子，一位為她服務的年輕摩爾人環側。她二十九歲，從未如此誘人。遠勝過她迷人輪廓的是一張愛笑的孩子臉龐，使所有男人喜愛看她一絲不掛。至於她的獨門本領……其聲譽早已超越國界。一如所料，甫抵達英格蘭宮廷後，掀起兩極化的情緒反應：男人們感到自己的馬褲頂部搔癢難耐；女人則是臉色鐵青。侯爾坦絲克制自己大笑，她喜愛激起極端的情感。她向自己拋出一個新的挑戰：征服國王，她擁有為達此目的所不可或缺的性格、一身的膽量和一對令人按捺不住的屁股。有些許的遲疑嗎？絕不。

她才剛低調地入住她年輕姪女、約克公爵夫人的家，藉口要在她懷孕期間照料她。但有誰會相信呢？事實上，她之所以在那裡，是因為查理二世是公爵夫人的大伯，而他時常去她家。國王看到她時一定會揉起雙眼。「什麼！侯爾坦絲在此，在英格蘭！」她彷彿是透過魔法般地從天而降。一位驚訝的國王，就是個被征服一半的國王。她要做的只是加強她的優勢。

他曾經渴望著她，現在他仍舊渴望著她。她毫無改變，永遠令人神魂顛倒，永遠迷人得令人無法抗拒。但極度地狡猾，她假裝自己是個未諳世事的女子，謙虛和羞怯。他內心為之震動，她向他述說著自己的不幸，胖子查理感覺長出了騎士的羽翼，他要向這個狂暴的瘋子丈夫聲討正義，只因為他毀掉她的生活和她的人。

他感動得熱淚盈眶，寫信給他的堂兄路易十四：

「什麼，陛下？您只讓自己的親戚擁有如此荒謬的撫養費嗎？您難道不能加倍嗎？」

在凡爾賽的眾人為此冷笑。無庸置疑，這個聰明機伶的女人愚弄了胖子查理。「就讓她自生自滅吧！」他們如此友好地回覆他。

查爾斯只好掏出自己所剩無多的財產，但已準備好一切來達成他的目標。當一個國王要追求一位女士時——即便謹言慎行，依舊引起眾聲喧嘩，此事傳至樸次茅斯公爵夫人的耳裡。面臨侵門踏戶的年輕布列塔尼女子，跑去向路易十四嚼舌根。凡爾賽殿下防備侯爾坦絲猶如瘟疫一樣，尤其是樸次茅斯突然向他告知來自倫敦的許多祕密。以侯爾坦絲取代路易絲作為間諜嗎？這是天方夜譚。怎麼有辦法牢牢掌控如此遊戲人間的女子。當前，馬薩林公爵幾乎讓路易十四免於此擔憂。這個莽夫老老實實地懇求讓他的妻子回到法蘭西，安葬於蒙馬特修道院。侯爾坦絲不以為意，寄去一個反對提案給她丈夫。她接受以下的條件：不與這個無賴重新恢復婚姻生活、放棄訴訟、償還她所有的珠寶和每年六萬里弗爾[10]的撫養費！這可是一大筆財富。要嘛接受，不要拉倒。公爵差一點沒有中風，於是放棄。

侯爾坦絲感到安心，她將繼續留在英格蘭。路易十四只好接受戰帖，並期望樸次茅斯女公爵在決鬥場上（床上）的勝利，一般而言她是無懈可擊的。他內行地押注路易斯苗條的身體、靈巧而溫柔的行為舉止，而不是侯爾坦絲豐滿的胴體和粗俗姿態。不是傳言胖子查理是個挑剔的人嗎？唉，謠言不可盡信：查理兩個都喜歡，而這讓雙人決鬥更引人入勝。

身為愛情的專家，侯爾坦絲懂得等待，以及讓人望眼欲穿。當下屈服於國王是最不入流的俗套。對於一個貼身女僕而言很是恰當，卻不適於一個尊貴女士。一個立即獻身的貴

10 里弗爾（Livre），法蘭西舊時貨幣單位名稱之一。

族就像一個蕩婦。等待的同時，侯爾坦絲必須好好地安撫陣陣酥麻欲望，似乎準備大展身手，也是最俊美的雄性品種典範，這位名叫瓦斯康塞洛斯（Vasconcellos），是英格蘭王身側的葡萄牙大使，其黑色眼眸遊走在這輕佻女人的曲線上。

查理國王理所當然地聽聞這些激情之事，他再也無法忍受。他對於她的熱情已達至白熱化的階段。如果他不能擁有她，他幾乎要哭天喊地了。

在一六七六年的這個夏天，這位魔女從未離開臨盆的薩塞克斯公爵夫人的床頭。這位善良女士正是國王的親生女兒，她的套房正位於父親書房的上方。因此，查理總是以寵愛女兒為由進入她的家，為她帶來一些甜食。

實際上，這個惡魔只有一個想法：把侯爾坦絲圍困至一個隱密之處。她還留住他，一邊玩火。在離開房間之後，查理趕到樸次茅斯夫人家，她實在太過開心而幻想激起他的欲望。後者認為自己勝券在握，但事實上，她懷抱的是妄想。侯爾坦絲尚未達成玩弄國王的欲望，她想要帶領他至前所未入之境。正好前來途經於此的摩納哥路易親王，一個無比的玩家和高尚的種馬。主啊，至少他很俊美，這不會有什麼損失。拋出幾個媚眼之後，美人的抵抗便如陽光下的冰雪一樣融化了。她在煙火晚會上獻身給摩納哥，演奏一場真正的交響樂。

即使無法對侯爾坦絲行使任何權利，查理仍覺得自己遭到背叛。心生不滿的他，對她撤銷了撫養金。這個短暫的愛情會將近乎達成的耐心積累毀於一旦嗎？唉，愛情比野心更為強大。她無法拋下摩納哥親王。甚至就連可憐的聖－萊雷阿，當他前來倫敦想和往昔的情婦打滾幾夜時，她二話不說便匆匆告退。但查理二世是固執的。一個英格蘭的國王難道會敗陣於一個摩納哥王子嗎？最初的惱怒時刻消逝而去，他又開始對美人充滿興趣，並知道終有一天能讓她拜倒在他的財富之下。

樸次茅斯公爵夫人、小布列塔尼女子，帶著她女人專有的第六感，預感災難將至。她重新變得極度嫉妒，她沒有看走眼。一六七六年十二月的某個夜裡，她一年前抵達倫敦的同一天，侯爾坦絲躺在國王的床上，後者為她帶來無數的銷魂感受。查理也許不像摩納哥親王那樣英俊，但他以享譽整個英格蘭的技巧，他不可勝數的情婦爭先恐後地稱讚，彌補了這一點。而在法蘭西，當可憐的聖－萊雷阿為了能夠召回他難以忘懷的女子努力奔走時；侯爾坦絲正在倫敦溜達，帶著一個滿足情人的容光煥發的面孔。

自此之後，返回法蘭西？她為什麼還要那麼做呢？既然她已經實現目標：讓國王躺在她的枕邊，且將他留在那裡。確實，她了解她的男人，忠貞並不是他的強項。他愛她們所有人，至少愛那些與他共枕的人。而且他很保守：侯爾坦絲的到來不意味其他人的離去，如樸次茅斯公爵夫人或是女演員奈爾．圭恩（Nell Gwynn），後者最初的職業生涯是橘子小販，而國王愛上她的粗野和毫無道德。私底下，所有「皇室」女子都互相憎恨，但在公共場合上，她們裝作是順從的小女孩的樣子。

要與小布列塔尼女子爭個你死我活嗎？侯爾坦絲一秒都沒考慮過。樸次茅斯夫人想要扮演政治的女謀士嗎？她做得可圈可點。關於此點，侯爾坦絲一點也不在意。她自身的角色，是要將陛下困在她的溫柔鄉裡，使他飄飄然，以那不勒斯搖擺的舞蹈使他入迷，讓他神經緊繃起來，使他上緊了舵。

最後，這兩個對手如膠似漆般地相互擁抱，並如兩位陳年好友一樣的手牽著手。只需要侯爾坦絲消除國王的一個擔憂：向他保證停止和摩納哥的路易享受魚水之歡。路易極度不悅地離開倫敦，再也不回來。剩下在法蘭西跺腳的聖－萊雷阿，準備與她重新會合，侯爾坦絲立誓什麼事也不會做。這個美麗的騙子，她向他保證，她很快地將專屬於他，而那個蠢蛋相信了。麻煩的是，在戀愛方面，侯爾坦絲習慣了那些無法履行的誓言。摩納哥重新牽著她美麗的鼻子走，而她臣服於他；她瘋狂愛著這個壞傢伙。

查理不喜歡違背誓言。樸次茅斯夫人重新提起精神，攻擊四面八方的對手。倫敦只是一片嘲諷之聲，而國王不是最後一位火上加油之人。侯爾坦絲迎接了挑戰，並開始堅定地向皇家床帷使勁划行。她抵達彼岸，並重拾聖蓋伊[11]的舞步。但她心如死灰，對任何人都不感興趣。樸次茅斯夫人察覺此事，認為一個普通的姘婦地位毫無樂趣而言，一位馬薩林公爵夫人可以是極為出色的，或者一點也不是如此。

在這段時間裡，那位丈夫、知名的馬薩林公爵，原本在故事之中的主線，如今變成什麼樣子了呢？一如既往地瘋狂，在他面前有著許多不幸之事。

從他上一段婚姻，他有三位女兒。她們大肆批評他，因為有其母必有其女。第二個女兒，還勉強過得去，她已經成為列斯女修道院院長，且謹言慎行。年紀最大的女兒讓她丈夫戴足綠帽。第三個女兒則讓他困窘不已。原承諾待在夏樂區（Chaillot）修道院，她將父親攆走後，並在她的情人黎希留侯爵的陪同之下逃脫。為答謝他的克盡職守，加上她無法抑制熾烈的情欲（無庸置疑遺傳自她的母親），她背著他無數次的出軌，以致他不得不馬上將她再次關進修道院。只是一報還一報，當一個馬薩林女子表現得不可征服時，我們是掌握不住她的。

那位少女將再次逃脫，從此以後，她會像自己傑出的母親一樣，從一場冒險跳到另一場。況且，這位母親不會隨著時間的流逝而失去任何勇氣，並以富有感染力的幽默感繼續自己的放蕩行為。

11 安德萊赫特的聖蓋伊（Saint Guy of Anderlecht），天主教聖徒，安貧樂道，時常幫助比他更貧窮的人。

她的姪子——一位蘇瓦松年輕且英俊的騎士、她姐姐奧蘭普的兒子，前來倫敦旅行。她向他拋出如此柔情似水的眼神，以致他愛上一個略有成熟韻味的小姨媽，並且毫不後悔地品嘗了禁果。

侯爾坦絲從最後的欲火中，感到愉悅至極，就像她曾經嘗過自己兄長菲力普一樣。麻煩的是，侯爾坦絲的正式情人、瑞典男爵巴尼爾（Banier）難以嚥下這口氣，而向騎士挑起決鬥。後者在決鬥場上的劍術如同他的床上工夫一樣，讓男爵當場斃命。侯爾坦絲因為失去如此難得的情人而傷心欲絕，立即辦起喪事並在她的居所掛上黑紗。但醜聞是如此嚴重，議論是如此熱烈，因此年輕的情人必須趕緊逃離，避免禍事降臨。

這一次，侯爾坦絲在英格蘭的查理二世身旁的角色完全終結了。原姓曼奇尼的美麗侯爾坦絲·馬薩林，多虧性愛關係而加速達成她的目的，她的命運註定是好的，如同詩人所言。

曼特農夫人與她的瘋狂青春

一六七四年，蒙特斯潘侯爵夫人[1]擁有幸福的一切。路易十四讓她生下一堆孩子，對於一個皇室寵妃而言是難得的特權。確實，不過只是一群私生子，但有誰會拒絕產下皇室的孩子們呢？大多數宮廷裡的漂亮女子們都樂意取代她。在爭取國王愛情的可怕競賽中，蒙特斯潘侯爵夫人剛剛把國王極為喜愛的那位路易絲·德·拉瓦耶（Louise de La Vallière）送去隱修。

路易絲不再令人畏懼，她堅信自己犯下罪行，由於獻身給國王，她逃至加羅莫羅（Carmel）修道院，要求上帝寬恕她篡奪王后的鳳床。她想她的一生，都不足以為這錯誤贖罪。路易十四認為這樣的結果有點難以概括全收，因為他原本應該很舒適地同時坐擁兩個情婦。路易絲懇請路易允准她成為加羅莫羅會的修女，路易躑躅不前。路易絲只好使出最後一張王牌，她哀求蒙特斯潘夫人干預她的情人，以應允她的懇求。哪個寵妃會不願意抓住這個從天而降的機會，藉由幫助競爭對手而將其擺脫？這一次，路易順從了。他哭得肝腸寸斷（路易十四哭得可多了！）弗朗索瓦絲·阿泰納伊斯·德·蒙特斯潘也流淚了，不斷被丈夫背叛的瑪麗·泰瑞斯（Marie-Thérèse）王后亦然。一群愛哭鬼的齊鳴聲。

幸福永遠不是孤伶伶地到來，阿泰納伊斯才擺脫討厭的女人，又要再度擺脫討厭的男人：她的丈夫，也就是令人難以忍受的蒙特斯潘侯爵，其被國王要求不準再騷擾他的女人……阿泰納伊斯變成宮廷的女王。路易饋贈她大量的禮物，賞賜她豐厚的珠寶，並在凡爾賽宮旁邊建造一座宮殿，她與私生子打算要住在那裡。既豔光四射又傲慢自大，這就是蒙特斯潘侯爵夫人，一個「尊貴的蘇丹娜[2]」。

然而，這群年幼私生子的處境仍舊是個令人煩心的問題。在宣告分居之前，這個瘋狂的蒙特斯潘侯爵可以再合法不過地將他們從母親身邊奪走。因此，他們的一切被保密到家，不僅他們的出生必須籠罩在謎團之中，日常生活和教育也是如此。因此，必須找到一個能夠讓人安心的家庭教師，阿泰納伊斯就認識這個合適的人選，即是一位名叫弗朗索瓦絲．德．奧比涅（Françoise d'Aubigné）的女子，她是斯卡龍（Scarron）的遺孀，正三十五歲，並符合此職責的所有特質。斯卡龍夫人未有一絲推辭，她以無與倫比的遠見抓住這個稍縱即逝的機會。

這個太陽王未來的祕密情人，出身極為卑微，其祖父擁有一個在宗教戰爭時代遠揚的盛名。他叫做阿格里帕．奧比尼（Agrippa d'Aubigné），閒暇時是位詩人，寫詩文筆流暢，他還展現自己是新教陣營中最殘暴的粗鄙軍人之一。這個阿格里帕育有一個兒子：康斯坦

1 弗朗索瓦絲．阿泰納伊斯．德．蒙特斯潘侯爵夫人（Françoise Athénaïs de Rochechouart de Mortemart, Marquise de Montespan，一六四〇年至一七〇七年），常被稱為蒙特斯潘夫人（Madame de Montespan），是法國國王路易十四最著名的一位情婦。她與路易十四生了七個私生子女。

2 伊斯蘭世界的女性貴族頭銜，相對於「蘇丹」。

（Constant）——就是我們女主人公的父親，但康斯坦完全沒有遺傳到父親的優點。他放蕩不羈、賭性堅強、喜愛拈花惹草，最終成為一位殺人兇手。他殺害自己的首任妻子和她的情人。人們將他關押在波爾多的特倫佩特城堡（Château Trompette）；在那裡，他誘惑一位當地政府官員的女兒——讓娜・德・卡爾代亞克（Jeanne de Cardilhac），並讓她懷上孩子。他堅持不懈地走上如此美好的一條道路，八年後，他最小的孩子弗朗索瓦絲誕生，也就是未來的曼特農夫人。

這位英勇的康斯坦，在監獄中度過黎塞留（Richelieu）任期的最後幾年；然後就在這名偉人去世後，他無比巧妙地策劃了計謀，以致他忽然被任命為小安地列斯（Antilles）群島中瑪麗－加蘭特島（Marie-Galante）的地方長官。然而，甫一抵達，他就發現這個職位早已被占走，他被擺了一道。怒不可遏的他，將自己的妻小們拋下，然後回到法國抗議此一糟糕的詭計。多虧一位雙桅帆船船長的憐憫，這位可憐的讓娜・德・卡爾代亞克以身相許，重新和她的孩子被遣返回國。安全到達後，她找到她的丈夫……在墓園裡。英勇的康斯坦毫無預警地過世，幸虧拉羅謝爾（La Rochelle）耶穌會學院的救濟，讓娜才得以存活。

足以見得，在這樣的童年時期後，年少的弗朗索瓦絲・德・奧比涅渴求著復仇和安穩。常言道，童年經歷可以說明個體在成年後的性格。對弗朗索瓦絲來說，很明顯，如此的困頓讓她學會硬起心腸，使她變得重視個人利益，甚至唯利是圖。更尤其是，在尼奧爾（Niort）

的烏爾蘇拉耶穌會學院受過再基礎不過的漫長初等教育之後，隱居的生活遠遠無法吸引她，最終使她感到厭惡。我們必須把她嫁出去。唉，知易行難——因為毫無丁點的嫁妝，這位女孩在婚姻市場中幾乎無足輕重。期待一位優秀的婚姻對象是徒勞的，因此她嫁給保羅．斯卡龍（Paul Scarron）是再自然不過的事情了，後者是個可怕的侏儒、半殘之人，他唯一有用之處是多虧了在嬰兒籃中時留給他的才智。

無人能比斯卡龍更貼切地描述他自己：「我的小腿和大腿首先是形成一個銳角，然後變成相等的角度，最後成為一個鈍角；我的大腿和身體又夾成另一個角度，我的頭彎向我的肚子，我看上去像極了一個Z字型。我的手臂和我的雙腿縮得一樣短，手指和手臂也正巧等長；簡而言之，我是人間苦難的一個縮影……」斯卡龍並非一直是這般嬌小可愛的男子。甚至更確切地來說，年輕的時候，他頗為俊俏呢。

出身寒微但是才華洋溢，他成為一位神職人員。一位沒有立下貞節誓約的神職人員，這是當時的尋常習俗。他的才智和小巧臉蛋擊中美人們的芳心。在短小的神父面前，她們心醉神迷，並在她們的床上為他取暖；那些上流交際花為他如痴如狂。斯卡龍以愛撫她們的蓓蕾為豪，並從許多名媛，例如：瑪莉昂．德．洛姆（Marion de Lorme）或者妮儂．朗克洛（Ninon de Lenclos）開始下手。唉！但是一場在義大利的旅行，為這矮小的神父帶來致命的後果。眾所周知，威尼斯是一個墮落的淵藪。就是在此，他倒霉地遇上一位叫做貝蒂娜（Bettina）的交際花；而他，這個瘋子竟狂熱地墜入愛河。他直挺挺地到達威尼斯，帶著足痛風返回且半死不殘。一個難以醫治的性病對他造成這個結果。

面對如此的不幸，有兩種可能的態度：大笑或是大哭。斯卡龍選擇付之一笑。而他笑了整整二十二年，直到他去世為止。有這般的精神，沒什麼是不可能的，特別是嘲笑自己和一切事物。斯卡龍成為一個獨特類別的詩人，一位機敏和嘲諷的詩人。他變得知名，奧地利的安妮叫他「不值得的病人」，而瑞典克莉絲汀娜女王稱他為「羅蘭」。

當弗朗索瓦絲嫁給斯卡龍時，她芳齡十七，而殘疾人士四十二歲。但她有選擇權嗎？她被威脅得隱居於修道院中。在盲目信仰和侏儒之間，她寧願選擇侏儒。這奇怪的結婚典禮上，人們必須將詩人抱到祭壇上，對著要求他必須在合約上寫下嫁妝總數的公證人，斯卡龍針鋒相對地回敬道：「兩只桀驁不馴的大眼睛，一件非常漂亮的女短上衣，一雙美麗的柔荑和充滿智慧！至於我帶來的亡夫遺產，您就如此寫下：永垂不朽！」就這件事，他搞錯了……下文將驗證此點。

簡而言之，看到這個標緻的女孩陪同一位以輪椅行動的雙腿殘缺人士，是多麼可憐的景象；後者像製酒桶師說著粗俗的言詞，寧可與老鴇和妓女們頻繁往來，勝過與有教養的人士打交道。斯卡龍愛戀著弗朗索瓦絲，甚至以他自己的方式愛著她。

一個憤世嫉俗的人才有愛人的能力。只有上帝知道他如何辦到，但他成功地和她做愛，甚至徹底地滿足她！由於她年幼，他原以為可奪走她的童貞，卻驚訝地發現生米早已煮成熟飯。在她成為斯卡龍夫人之前，她已被供給六個情人。或許這太超過了……無論如何，弗朗索瓦絲並未等到婚禮後才跳起她的布雷舞曲[3]。但這似乎沒有過度地擾亂丈夫的心神。某天，一個不識趣的人詢問他：「您能夠行房嗎？」侏儒譏諷地回擊道，「這是夫人和我的事情！」然後他補充道：「我不會對她幹出蠢事，但我會教導她怎麼做！」是這個半身男子的自滿還是真實的邪惡？

由於無法確切地指認美麗的斯卡龍夫人婚前的六個情人是誰，我們只能滿足於留名後世的其中一位。這是一位叫法帝歐・拉莫里尼埃（Fadio Lamorinière）的男子，這個畜生年紀二十歲，是南特商人的兒子，為討好他的父親，他自稱學生。事實上，他悠遊在女人之間。某巧合讓他與美麗的奧比涅碰見了。眼下這個獵物的氣息，不同於他平時經常往來的那些業餘妓女。他想要接受挑戰，弗朗索瓦絲當時住在巴黎的姑姑家，這個男孩的膽量大到難以令人置信。他請老婦人租給他一間小閣樓，就在她住的這座樓裡，如此一來，他確信自己會碰上弗朗索瓦絲。這件事理所當然地突然發生了！弗朗索瓦絲無聊透頂，而這個古怪

3 布雷舞曲（Bourrée），一種輕快的二拍子法國舞。在路易十四統治法國的期間，布雷舞曲從鄉村傳入宮廷，成為當時最受歡迎的社交舞蹈之一。

男子頗為俊俏；此外，他撒的謊言極為動聽。兜著談話的圈子，他略帶一提地對她說，他的父親很富有。當我們處於和弗朗索瓦絲一樣的貧困時，若有一個有錢的朋友可以幫忙……她把他當作一個朋友，他視她為被征服者。一個月後，她獻身於他，她已經有好一段時間缺乏歡愛了。

這兩個年輕的戀人呢喃軟語好幾個月。法帝歐表現出是一個有天分和溫柔的情人。就在她感到幸福之際，突然間，他向她坦誠地表明他必須離開她。他的母親病危，在床邊呼喚他。她泣如雨下。他向她大聲喊出愛意，向她保證，他會每一天寫信給她。但是日子一天天過去……一封信也沒有，音訊全無。幾個禮拜過去了，接著是幾個月過去了。什麼也沒有，弗朗索瓦絲現在終於知道她上當了。她心中的愛情被仇恨所取代，如果這個騙子再出現在她面前，她會殺了他。斯卡龍忽然到來向她求婚。她接受了。不然她還能做什麼呢？

某個美好的日子，一位侍從到來。斯卡龍在妻子同意的前提之下雇用他。當弗朗索瓦絲見到他，她差點沒有暈倒，是身著一襲侍從華服的法帝歐！前天，她還想挖出他的一雙眼睛；今日，她融化了。他以全部的愛向她保證，這是為了和她再相見，才偽裝成侍從。一眨眼的時間裡，美人在夫妻同屋下變成通姦犯。不幸的是，法帝歐感到厭倦了，縱使弗朗索瓦絲表現得難以饜足，且有著惡魔般的想像力，他仍再度變回一直以來的樣子：一個騙子。逐漸地，他將她抛在身後，並重新開始與下層妓女廝混。

斯卡龍知情他被戴綠帽了嗎？大概，但是能做什麼呢？他一介殘腿之人，有能力再找到另一個弗朗索瓦絲嗎？這不可能。因此對於她的放蕩行為，他睜一隻眼閉一隻眼。畢竟，有一個饒富智趣的妻子陪在他身邊能令他感到幸福，就算是受騙。

法帝歐離去，這對夫妻開闢了沙龍空間。貴族的菁英份子一湧而至，參雜著高級的交際花們——因為半身癱瘓的斯卡龍，無法捨棄下流的勾當。斯卡龍的家充滿活力、自由不拘、熱情；與那些附庸風雅貴婦們的沙龍相差甚遠，那裡簡直無聊得要死。在這，一切截然不同，我們有信心能找到最中意的人選，因為沙龍充斥美人，而人們饒富機智地向她們獻殷勤，激起她們的欲望。弗朗索瓦絲是這些人中的女王，已算不清她有多少愛慕者了。很快地，我們將半打的情人歸給她，其中包含查理・德・伯夫龍子爵（vicomte Charles de Beuvron），他並不是在斯卡龍家的晚宴中最出類拔萃的一位，在德・蒂雷納（Turenne）、埃斯特雷斯伯爵（comte d'Estrées）和雷斯（Retz）樞機主教的身邊，他秤得上幾份斤兩？但在所有人之中，他是最年輕且最英俊的。弗朗索瓦絲狂熱地迷戀俊美的男子。自此之後，對她來說，學生不再是考慮的對象，而是貴族，以及——如果可能的話——是富裕的貴族。

自從經歷過法帝歐的挫折之後，斯卡龍夫人幾乎不喜歡在夫妻共處的屋簷下放任自己口交。在上流社會之中，如果合乎禮儀的話，一個妻子能夠挑選情人，以便與隨心所欲的丈夫享有平等的地位；相反地，嚴守祕密是必要的。為了確保此點，有的時候需要共犯們。

弗朗索瓦絲完全找到了一位：妮儂．朗克洛。這位嫻熟交際的迷人女子增添年歲，但上流社會的男性皆進到她的沙龍，在那可找到他們喜愛的獵物。

美好的季節中，在高大樹叢和草地上性交肯定是令人愉快的，但是在冬天……現在是不利於田野愛情的季節。因此，妮儂提供了一間位於巴黎圖奈爾街（rue des Tournelles）小府邸裡的庇護所。就是在那個以向日葵的顏色來命名的「黃色房間」，弗朗索瓦絲和伯夫龍將進行私密的對話。於是，這迷人女子在給予殘疾人士照料——後者發出令人痛苦的呻吟，以及與情人跳維納斯舞蹈之間被共同地享用。這位帶有靦腆目光的美人喜歡性愛，且克制不住做愛。

但是眾所周知，通姦的愛情是件不容易的事情。對情人們來說，很難期望丈夫處於一個不知情被出軌的狀態。一件蠢事及弗朗索瓦絲嚴重的疏忽很快地發生：我們不知道為什麼一封她情人署名的情書遺落在一張五斗櫥上，證明了她的罪行。

斯卡龍唯有對她伸出援手。當他的妻子從妮儂的「黃色房間」回來時，斯卡龍向她遞上情書，並以冰冷的幽默作為他的保護殼補充道：「拿去吧，這是屬於您的……但是要注意，您要跟這位不太結交正確拼寫女士的風流男子說：『樂趣（délice），您瞧瞧，只有一個L字母；而愛火（flamme），則有兩個M字母！』我希望他對您來說，在愛情語言的表現比法語來得好！」弗朗索瓦絲面紅耳赤。

這將是斯卡龍最後的妙語之一。一六六〇年十月十四日，這位侏儒去世了，遺留給激動不已的弗朗索瓦絲再婚的許可——他對她施加四旬齋期的處罰，這還不算太壞。她將等待二十六年的時間之後，再度運用眾所周知的巧妙，因為她將成為一個國王的妻子。

除了風趣的言語，這個下身殘疾者什麼都沒有留給她。他在貧困中死去，猶如他出生時一樣。弗朗索瓦絲一如從前的貧窮，但她擁有一個具選擇權的遺產：一個價值千金的胴體、一張羞澀且讓雄性動物瘋狂的漂亮臉蛋。他們為數眾多，自此之後，垂涎於她。在等待釣到一尾肥魚的同時，她接受了幾位情人。

時光荏苒，在宮廷也是。太陽王沒有權力停下他無可避免的圓環舞。在一六六九年一月，阿泰納伊斯・德・蒙特斯潘在凡爾賽宮不遠處租賃一間小屋，以便生下她的第一個私生子，即未來的曼恩公爵（duc du Maine）。當時發生的事情非比尋常。著名的宮廷助產師克萊門（Clément）矇著眼睛到來，當他的矇眼布條拿下後，發現一位承受痛苦的女人，以及在她的身邊，有一位明顯擔憂的男子：孩子的父親。

懂得做人處事的克萊門，知趣地不指認國王。他盡忠職守，而分娩毫無一絲阻礙地進行著。一年之後，在相同的情況之下生下了第二個私生子——未來的圖盧斯公爵，但是在另一間房子裡，以致於知悉內情的奶媽們必須在兩地共同分工。斯卡龍的遺孀隨後擔任這兩位的家庭女教師，以及不久後的第三位，因為蒙特斯潘侯爵夫人生育力旺盛。弗朗索瓦絲必須做出數不勝數的滑稽動作和壯舉，來照顧這幾個地理位置相距甚遠的孩子們。

「我經常，」她在回憶錄中提及，「從一間宅邸前去另一間，以徒步的方式，喬裝扮相，將衣物和肉品抱在脅下，而我偶爾會在其中一個生病孩子的家裡過夜……早上我從一道後門回到家，重新著裝後，再從前門坐上四輪豪華馬車，前往阿爾布雷（Albret）或黎塞留的府邸，以便平常往來的社交圈不會察覺我保守著一個祕密。由於害怕人們識破此事，我曾經為自己放血，以避免臉紅症狀。」

這將無疑是這美麗的寡婦一生中最隱匿的一部分。她在整整五年內完成這項驚人的任務，卻連眉頭也不皺一下，從未讓任何人知情這令人不可置信的伎倆。一六七二年，當第三個私生子出生時，為了更方便起見，於是將三位私生子全部集中於沃日拉爾路（Rue de Vaugirard）一位叫做托美（Thomé）的男子家中，他是蒙特斯潘侯爵夫人一個女僕的丈夫。弗朗索瓦絲徹底奉獻給皇家情婦的小孩們。

在美好的一日，路易十四，隱姓埋名前往探視他們……

「這些是誰的小孩啊？」國王笑笑地問道。

「他們肯定是那位與我們同住的女士生的小孩，如果從我所見到的，她對於他們一丁點病痛就驚慌不安情緒來斷定的話！」女僕回答道。

「那您認為誰會是父親呢？」國王追問道。

「我一無所知，但我猜想應該是某個公爵，或是某個議會主席。」另一個回答道。

國王見到這個祕密得以守住，滿是歡喜地離開了；而蒙特斯潘侯爵夫人，在他報告此事時，甚至笑出了眼淚。在這第一次的探視後，國王開始喜歡拜訪他的孩子們。他喜愛他們的陪伴，將他們抱在膝上。斯卡龍的遺孀謹慎地接待他，並以謙虛的微笑接受他的稱讚。路易認為她有點疏遠，他視她為那些不喜歡性事的附庸風雅女子之一，於是冷淡對待她。然後，他發覺她非常漂亮，即使三十八歲仍未減風姿，對他來說再匹配不過。他幻想弗朗索瓦絲衣裙掩蓋下的美妙胴體。他要如何向她說出他的動心呢？她看起來是如此一本正經，如此樸實，與情愛之事相距甚遠。多麼糟蹋啊，他心想，和這樣的珍寶在一起！他對她膽怯地主動示好，她卻沒有回應。

雖然，「成為國王的情婦」這樣的念頭一閃而過，豈不是一個美好的獎勵嗎？她，那個充滿渴求的外省人、可怕的斯卡龍的遺孀，她享受這個想法帶來的片刻喜悅。但這個機靈的女子克制了自己，且國王一點也沒發現她的慌亂。這會有什麼好處呢？另一個沒有未來的冒險，蒙特斯潘侯爵夫人會知情的，那麼一來她得擔心夫人的嫉妒。她了解夫人，「蘇丹娜」無所不用其極。因此路易對她求愛，但她從未屈服。

幾年之後，路易十四給予孩子們合法的地位。他們一起和家庭教師被引入宮廷，與「蘇丹娜」最初的良好關係逐漸地惡化。尚未成為對手的兩個女人，其性格大相徑庭。弗朗索瓦絲多麼條理分明、理智、井然有序；阿泰納伊斯就多麼任性妄為、易怒。她們不認同彼此對於孩童的教育。阿泰納伊斯抱持著如同那些冷漠母親的態度，給予他們大量的禮物和甜食至可笑的程度；弗朗索瓦絲則對何謂健全教育有其看法。偶爾她會發火，但阿泰納伊斯卻嚴厲地要她安分一點——爭吵一觸即發。不只如此，更加因為阿泰納伊斯並未忽視路易對斯卡龍的遺孀投出的異樣眼神，爭吵越演越烈。

蒙特斯潘侯爵夫人知道那個目光代表什麼意思。她想出唯一的補救方法，於是……把她嫁給某個公爵，然後疏遠她。俗話說：「眼不見，心不念」。侯爵夫人為她找來一個維拉爾·布蘭卡斯（Villars-Brancas）公爵，一個負債累累，像斯卡龍一樣佝僂的老人。嫉妒的女人果然知道如何表現得更惡毒。弗朗索瓦絲拒絕這個婚姻對象，「從前已經窮困不堪並且嫁給過一個駝子」，她妙語如珠地反擊道。路易十四隨之介入。確實他始終帶著熱烈的情感愛著阿泰納伊斯，但他野獸般的性格迫使他留住弗朗索瓦絲，但那是更久以後的事了。如此的寶藏不該是一直未被開採的，國王畢竟只是男人，經常地接觸唯一且相同的女人臀部，儘管它很討人喜歡，但還是會對此感到厭倦。而他還未熟悉弗朗索瓦絲的臀部，因此它含藏許多希望。

一六七四年年底，路易賞賜弗朗索瓦絲十萬里弗爾的年金和土地，以及曼特農的領主權，而未強加於她一位丈夫。她成為曼特農夫人，毋須忍受任何一個男人。吃過蒙特斯潘侯爵荒唐事端的苦頭，路易想要避免重蹈覆轍。理所當然，阿泰納伊斯開始咒罵，如今她的情敵是個侯爵夫人，跟她一樣！一個與她平起平坐的對手。從今以後她要如何才能夠挫挫她的銳氣呢？

弗朗索瓦絲再也無法忍受了，向國王吐露蒙特斯潘侯爵夫人的嫉妒和苛刻。路易試圖向她證明阿泰納伊斯擁有一顆柔軟而敏感的心，但徒勞無功。沒過多久，阿泰納伊斯被遣散，弗朗索瓦絲邁開大步，並體會到何謂一個國王的緊緊相擁。

攝政王腓力二世的仙女們

奧爾良的腓力（Philippe d'Orléans）是太陽王去世後以及路易十五尚未成年時期的法蘭西攝政王，可謂是一位傳奇般的人物。當他八歲的時候，他的母親、粗野的普法爾茨公主（Princess Palatine）懷疑他會變成她的丈夫——國王弟弟殿下[1]，的嬖臣們殷勤追求的對象，她客氣地稱他為「索多瑪[2]殿下」。這些懷疑大概被誇大其詞了，可能是基於小腓力的美貌：他桃色的肌膚，他細緻的輪廓，他烏黑亮麗的秀髮。

為了讓他受教育，普法爾茨公主找來一位紀堯姆．杜布瓦（Guillaume Dubois），他是布里夫（Brive）一位藥劑師的兒子。這個杜布瓦是一個二十七歲的奇怪生物，瘦骨如材，在金色假髮底下有著一張石貂般的臉，像猴子一樣狡猾和令人懷疑的品德。他極為欣喜有一位如此有天賦、擁有極為出色的記憶力和敏銳品味的學生。

在成長的過程，這位年輕的王子很快地表現出另一種才能：他極度地不恭敬，猶如他的母親。十四歲時，這年輕的魔鬼不僅長得俊帥，還討人喜歡，似乎生來就是為了愛人與被愛。不出所料地他被一位貴族女士取走童貞。腓力追求豔遇並讓皇家宮殿（Palais-Royal）門房的女兒莉奧諾（Léonore）成為被選中的獵物，因為這女孩擅長出色地撫弄殿下的長笛。被輕佻女孩壯足了膽且身體被挑起熱情，他目光投向了路易十四的第二個私生女，即由路易絲．德．拉瓦耶所生的波旁公爵夫人（duchesse de Bourbon），但她倨傲地拒絕求歡；永不喪氣的腓力遂轉向推薦他的小鳥兒給格蘭德瓦爾夫人（Mme de Grandval），她是法蘭西喜劇院稍減風姿的其中一位名人。

腓力的愛情事業一飛沖天。年輕正盛的男子非常俊美，儘管遺傳了父親大親王的矮小身材，但高貴的教養、額頭高聳、纖細鼻子、一口皓齒、如絲般滑順的睫毛和溫柔的目光……一切皆讓女人對他如痴如狂。再者，在這艱難時刻，他表現得十分善解人意。腓力是仁慈的，這使得他潑婦般的母親感到不悅。普法爾茨公主將仁慈與軟弱混為一談。

路易十四希望為私生子女們安排，便威迫姪子迎娶自己和蒙特斯潘侯爵夫人所生的布盧瓦公主（Mlle de Blois）。她是一位漂亮的女孩，卻和她母親以往一樣殘忍，像孔雀一樣虛榮，像豬一樣的懶惰。她只記得自己在血親中作為國王女兒的尊貴，私生子的身分對於她而言早已如魔法般地蒸發消失……「她甚至在便桶椅（Chaise percée）上也覺得自己是法蘭西的女兒。」言詞毒辣的聖－西蒙[3]高聲叫嚷道。當她表現得一如大理石雕像般無暇時，腓力正被愛情以及軍事上的征戰壓得喘不過氣來。他的妻子沙特爾公爵夫人（duchesse de Chartres）並不善妒，這對她來說是最下流的低俗。路易十四怒眼瞪著姪子的放蕩行為，但

1 殿下（Monsieur），為法國舊制度時期（十五至十八世紀），對於國王最年長的弟弟的尊稱。
2 索多瑪（Sodome），出自《聖經》裡的墮落之城，其衍生字Sodomie，意指男性彼此之間的性行為。
3 聖－西蒙（Saint-Simon，西元一六七五至一七五五年），法國政治家，曾於一七一五至一七二三年出任攝政委員會成員。著有《回憶錄》（*Mémoires*），記錄著路易十四自西元一六九一至一七一五年的外交內政。

是他沒有資格來教導「忠貞」這門學問，甚至連沙特爾公爵夫人都是他禁忌愛情的結晶。

腓力在斯滕凱爾克（Steinkerque）和內爾溫登（Neerwinden）贏得榮耀，然後當夜晚來臨時，他重新在指揮的營帳中聚集一群年輕女孩，和他嬉戲整夜。當他不在軍隊中時，腓力喜愛在一幫無法無天的酒色之徒的陪伴下享用晚餐。他為他們冠上「受車輪刑[4]之徒」的名字，被「處以輪刑」代表他一個「貪圖享樂之徒」，意即是個好同伴。這些浪蕩子喜歡這個暱稱，就像是聖路易[5]的十字架一樣，將它佩戴於身。這當中的「受車輪刑之王」當然非腓力本人莫屬了。這些人包括當時偉大的旺多姆（Vendôme）修道院院長、格朗西（Grancey）修道院院長、波利尼亞克（Polignac）的子爵、內勒（Nesle）侯爵、德・埃菲阿（d'Effiat）、克萊蒙（Clermont）、孔夫朗（Conflans），當然，少不了優秀的傳記作家豐特奈爾（Fontenelle），以及杜布瓦神父——他不懂得主持彌撒，卻像是無人能勝任一樣的嫻熟傾倒聖水。

這些女孩包含常駐成員們，如夏洛特・黛瑪（Charlotte Desmares），她是一位擁有如藤蔓般柔軟身軀的半專職妓女，亦如卡呂普索（Calypso）[6]女神一般殷勤地接待；以及偶爾賣淫的女子們：舞者、女演員、歌手，她們膽量十足。腓力理所當然位居性愛之事的榜首，可謂是一個啟發者、一位某種程度上的司儀，或是一齣巴洛克歌劇的指揮家；裸身的演員們在那彈奏著樂器，發出高亢的聲音。在中場休息時間，人們咒罵著，談論著宗教的不是；

因為腓力沒有任何信仰，這是他所有缺點中，最為激怒曼特農夫人的一項，他稱夫人為「衰老的娼婦」。如果他不信仰上帝的話，他肯定信奉魔鬼，且樂意與他的爪牙們頻繁往來，絕不鄙視自己試圖從煉金的蒸餾器或曲頸甑之中召喚出別西卜[7]。

某天他的母親普法爾茨公主嘲笑他道：「你的愛情無非就是荒淫罷了！」

「您希望怎麼樣呢？我喜歡按照我的風格……」

「沒錯，你的風格就像在便桶椅上一樣順暢。」普法爾茨公主顯然能說善道。

確實，她的兒子愛著所有的女子，只要她們飲酒、歡笑和以各種姿勢做愛。在他父親去世後——猝於中風的年邁同性戀者——他繼承了奧爾良公爵的頭銜、一筆龐大財富和一大群宮殿，其中包含令人愉悅的皇家宮殿和聖克盧（Saint-Cloud）城堡。腓力似乎冷靜下來一段時間，且回歸正途。在軍隊中，他一如既往地表現出色；在凡爾賽宮裡，路易十四與他賭氣，而這鼓勵著曼特農夫人更加討厭他且打擊他，卑躬屈膝的朝臣們冷淡地對待他。

4 歐洲古代的一種刑罰，受刑人被綁在一個輪子上，被棍棒擊打他們的四肢至骨頭碎裂，被丟在原處直到死亡。
5 聖路易（Saint Louis，西元一二一四年至一二七〇年）為卡佩王朝法蘭西國王，在位時促進法蘭西政治、經濟和藝術復甦，被教宗波尼法爵八世（Bonifacius PP. VIII）尊崇為法蘭西的聖路易。
6 希臘的海之女神。
7 別西卜（Belzébuth），原是腓尼基人的神明，在《新約．聖經》裡被稱為「魔鬼」。

在家裡，妻子總是帶著和蒙特斯潘侯爵夫人一樣的狂妄自大、目中無人；並且「像個打鐘人一樣，每周三至四次醉得不省人事[8]」。按照不能忍受此兒媳婦的普法爾茨公主的話，她將她比喻為「老鼠的糞便」，並且挖苦她的臉蛋「長得與屁股如出一轍」。唉，奧爾良公爵夫人弗朗索瓦絲．瑪麗（Françoise Marie）的確有著臃腫的雙頰。「美麗的公主！其他人的鼻子都長到哪裡去了……為什麼要把屁股放在自己臉上……美麗的公主。」無情的普法爾茨公主低聲哼唱。

公爵夫人為腓力生下了三個女兒和一個兒子，他們長大後性格變得狂暴，尤其是長女瑪麗－路易絲－伊麗莎白（Marie-Louise-Élisabeth），是一個言詞傲慢的美麗女孩；這使得她狂妄自大，縱使她有點肥胖。對腓力來說卻不是如此，他愛著他的女兒。在偉大國王垂暮之年的陰沉歲月裡，在發出薰香和樟腦丸氣味的凡爾賽宮中，人們有什麼不能瞎說的？……他讓妻子腹絞痛，是因為對她下毒……他被這麼多的邪惡包圍，卻仍沉溺於放蕩之中。他的名聲變得令人唾棄，國王蹙起眉頭，而「衰老的娼婦」正興高采烈著。

對這位荒淫的王子來說好像不太妙……大公主、他的長女，被許配給國王的孫子貝理公爵（duc de Berry）。為了減肥，她讓自己遭受嚴峻的節食。然而，奧爾良公爵夫人樂於宣揚流傳著的有關父親和女兒之間亂倫的謠言。人們處於剃刀邊緣，但儘管路易十四覺得家醜不可外揚卻仍視若無睹。一七一〇年七月六日，大公主與貝理公爵結為連理，一個禮拜後她紅杏出牆了。她從父親那遺傳了旺盛的欲火。

時光飛逝，凡爾賽宮成為一片墓園：王儲逝世，其子勃艮第公爵和他的妻子緊隨在後。死亡將太陽王的繼承人摧殘得一乾二淨。人們談論著毒害，不用多說，人們懷疑魔鬼的朋友腓力參與其中。腓力有很多缺點，但他不是殺人犯，他受到了這些懷疑，特別是當「衰老的娼婦」不是最後一位火上加油的人。在同個時間，他的寶貝女兒、貝理公爵夫人將床搞得吱嘎作響，像個無底洞般地豪飲，飽餐一頓。她的節食不過是個象徵。

貝理，他戴過的綠帽如同百歲的雄鹿角一樣高；他只能從宗教中尋求慰藉，這引起惡魔妻子的冷嘲熱諷。教堂座椅的贊助者曼特農夫人對此震驚不已。因無法讓公爵夫人[9]為其女兒的放蕩生活承擔罪名，她指定公爵[10]為唯一的負責人。在此際，可憐的貝理已死於聖潔的氣味[11]中；人們又理所當然地談論起毒害了。令人避而遠之的腓力，過著暴君的生活，以便忘卻這些言論。按照這樣的速度，在某個夜晚，他差一點喪命……「他當時在他女兒家裡，像狼一樣的吞食，且是大口大口地牛飲。」他迷人的母親評論道。

8 來自法國俗諺：睡得像個打鐘人（dormir comme un sonneur），意指熟睡到就連鐘聲也不能將她驚醒。
9 指沙特爾公爵夫人。
10 指腓力。
11 聖潔的氣味（odeur de sainteté），天主教中傳聖人在死亡或臨死時會發出一股芳香的香味。

他的陛下路易十四因壞疽癱瘓多年，而在一七一五年九月一日早上八點十五分，與世長辭[12]。繼任者是年幼的安茹公爵，一個四歲的孩童；腓力成為法蘭西王國的攝政王。除了那些在年邁曼特農夫人的聖水治理下，開始感到無聊的年輕朝臣之外，有兩個女人喜不自勝：貝理以及奧爾良公爵夫人——儘管後者因是蒙特斯潘侯爵夫人的後裔，卻更寧願心愛的兄弟曼恩公爵成為攝政王。只有當兒子腓力敢擺脫全心效忠於他的杜布瓦，普法爾茨公主才能真正欣喜且堅定地支持她的兒子。

在四十一歲的時候，腓力增肥了，過多的貪杯和佳餚留下了痕跡。他持續著地獄的步調：經過幾個放縱的晚會，他每天很晚才上床就寢，清晨時起身，接著工作整個早上；他不吃晚餐，只吞下幾杯巧克力便心滿意足。接近晚上六點或七點時，開始享樂消遣，接待他喜愛的三位女兒作為餐前酒，和她們談天說地，躺臥在長沙發上，在一群白毛的西班牙小獵犬中間，然後進行更嚴肅的一些事。

從現在起，出於身分限制，他拋棄女演員和妓女們，只得再度向上流社會的輕佻女子提出交際的要求。於是，無數的晝日或不如說是夜晚流逝。突然，在例行工作中，他在一個身影前停了下來。薩布朗伯爵夫人（Comtesse de Sabran）是個在任何方面都令人著迷的生物。那雙藍色的大眼最為溫柔，她比任何一個高級娼妓更會擺動腰肢，臉上及胴體的一切，皆是對禁忌的邀請。腓力未克制自己做任何事，而薩布朗伯爵夫人自歡愛起身之後，從此在他身邊神氣活現。低調並不是他們的強項，但這為他們招來了不幸。某一日晚膳後，他們的房間發生了一場火災，為避免被烈火燒身，他們赤裸裸地跳出窗外。巴黎的人民暴笑如雷，並訴說著女孩的恥骨聞起來有股燒焦味，腓力也為此笑了。他的悲劇，同時也是他的魅力之處在於，他笑看一切。

某日，當他前往女兒貝理在盧森堡的家時，他碰見了一位二十二歲的完美女人，他覺得她不害臊的神情猶如一個極度輕佻的保證，因此瑪麗．瑪德琳（Marie-Madeleine）、帕拉貝雷（Parabère）伯爵夫人，進入了攝政王的床笫和生活之間。他繼續和薩布朗伯爵夫人分享他的恩寵，瑪麗一怒之下，獻身給臭名昭彰的花花公子黎塞留公爵[13]，他總是撈著剩餘的甜頭。

一個問題顯然冒了出來：這位被稱作酒鬼、愛吵架的和易妒的帕拉貝雷先生，要怎麼接受這件事呢？這個滑頭女人可是懂得靈機應變呢。「我妝扮自己的大顆鑽石是購買來的。」她對他說道。為什麼這個遭到妻子不貞的丈夫要被她如此愚弄呢？

12 原文為「將武器放置左側」（Passer l'arme à gauche）。源於從前士兵在休息時或在為槍支添加子彈時，會將武器放置在身體的左邊，這時候容易遭敵人突擊而喪命。引申為死亡之意。

13 指的是第三代黎塞留公爵（Louis François Armand du Plessis, duc de Richelieu，西元一六九六至一七八八年）。

自此以後，凡爾賽宮的枷鎖是多麼的遙遠啊！年邁國王的過世似乎打開了享樂的閘門，就讓凡爾賽宮走廊的拘謹禮節下地獄去吧！……確切來說，人們生活缺乏禮教。「法蘭西再也沒有宮廷了！」普法爾茨公主驚呼。然而這並沒有讓她不開心，一切似乎都變得如此宜人、如此輕盈。如同今日無需束上腰帶的婦女衣裙一樣，讓人一眼就可看穿她們下床的心情。髮型隨心所欲地整理，所有的假髮都是捲曲和撲粉的。大家誇張地塗抹胭脂粉，直到呈現一張慘白的臉蛋。人們貼滿假痣，行為舉止全然地忝不知恥。做愛對他們來說猶如吃飯一樣，性愛與飽餐一頓完美地結合在一起。所有的男男女女一同參與了狂歡盛會，王子和公主們在這推銷、宣傳自己。

在這場永恆的盛宴中，與安東尼和克里奧佩特拉在塔斯（Tarse）的狂歡以及他們在亞歷山卓（Alexandrie）「無法複製的生活」十分相似，貝里公爵夫人不給予他人領舞會終曲舞的榮幸。她成為了芭蕾舞的女主人、偉大的鴇母，所有的領主都準備好輪番上陣，有時甚至成群地與她一起品嘗阿拉貝斯克舞步[14]的甜蜜。當歌劇的舞會在巴黎開幕時，路易十四仍屍骨未寒。假面舞會中允許所有的放肆、所有的無恥；他們從午夜開始，在清晨時分結束，狂歡者踉蹌地返回他們的四輪馬車上。貝里公爵夫人和她的父親一樣，在那裡有自己的小間房，和旁鄰作為私人狂歡盛宴的沙龍。在他們的大門前，情人們和無恥之徒排著隊伍，等待登臺亮相。腓力到處蒐集這些人，在宮殿裡、私人宅邸、妓院甚至是修道院裡。而當他缺乏應聲的人時，他便以阻街女郎補齊，只要她們年輕貌美便可。他甚至偶爾會從母親那裡購買女子。

腓力擁有一個罕見的優點：他是最不會嫉妒的男人。此外，戴著號角[15]對他來說很重要，畢竟他豢養的牲口數量龐大。所有人皆有享受歡愉的權利，甚至是有享受歡愉的義務，黎塞留同意並理解他。黎塞留這魔鬼是個獵捕女人的老手，高大、身材健美、相貌堂堂、炯炯的眼睛和貪吃的突出下唇，加上是偉大樞機主教的墮落後代，如此的無賴，接二連三地追逐成功。他不滿足於在私人狩獵中追捕貴族女子，甚至偷獵別人的領地，攝政王還因此分了一杯羹。

被帕拉貝雷伯爵夫人的綠色眼眸和體態優美的臀部征服後，他讓她演唱自己譜寫的歌曲，無論是上帝或處女幾乎沒有可容納的空間。帕拉貝雷伯爵夫人被致謝之前，將會被疼愛整整二十四小時，這是黎塞留習慣提供、給予的時間。她並不責怪他，因她自己也幾乎不喜歡忠貞不渝。被供給攝政王時，她卻不想獻出更多的自己。

突然，這個迷人女子懷有了身孕，這使她不知所措，因為孩子父親是誰根本不重要，

---

14 阿拉貝斯克舞步（Arabesque），古典芭蕾舞步的一種。
15 戴著動物的角（Porter des cornes）意即是戴綠帽，法文的corne也有牧羊人用的號角之意，這裡作者使用雙關意。

不再和妻子行房的帕拉貝雷先生必須吞下這個屈辱。幸好，帕拉貝雷從來就是個不清醒的酒鬼。因此，他們決定在某個晚上將這個爛醉如泥的人放到美人枕邊，並在第二天告訴他，由於酒精的催化，他臣服於她的魅力之下。所幸帕拉貝雷先生有先見之明般地早一步去世了，這將可避免共犯做出更誇張的事情。

由於過著這般縱欲的生活，腓力開始發覺健康下滑；母親為了提防任何意外發生，說服他開始調節飲食。可惜良好的解決方案無法持續太久，因為以這樣健康的方式生活，腓力很可能會死於無聊。帕拉貝雷夫人進入妊娠倒數的休養期，而薩布朗伯爵夫人精力充沛地返回；今日遭到遣散，隔日獲得全大赦。女魔鬼伺機以待，並為她的愛人提供生存所需的新鮮肉體。感嘆的是，腓力對帕拉貝雷夫人一往情深，可能是由於僅有後者才能行使出的祕密本領。即使是黎塞留，他應該是對這首連音符都早已倒背如流而感到厭倦的人，卻也對她驚奇不已。

很快的，她重新自由地參與攝政王之夜。她加入筵席，當中有「史冊留名的受輪刑之徒」和年老的狂歡會同伴，如卡尼拉克（Canillac）、南克賴（Nancré）、德・埃菲阿；以及新鮮的「受輾死之徒」，如諾瓦耶（Noailles）公爵或是拉法爾（La Fare）。黎塞留在無所事事時，會來到這些晚宴當中。至於杜布瓦神父，他從未錯過任何一場……。

在這些夫人之中，我們重新發現了「常駐成員」。她們以薩布朗伯爵夫人和帕拉貝雷夫人為首，如格列夫（Gesvres）、弗拉瓦庫爾（Flavacourt）、布羅賽（Brossay），以及一些「偶爾賣淫的女子」，例如半上流社交圈的蘇里（Souris）姐妹或是樂華（Le Roy）。狂歡宴會的女王王冠裝飾在貝里公爵夫人的前額上；德．穆希夫人（Madame de Mouchy）則是她的陪侍。晚餐設在皇家宮殿一隅，其大門由四十名經許可的強壯男子看守，他們直到深夜才被允許享受剩餘的甜頭。尋歡作樂之徒擁有別名，或叫做高湯（Bouillon）、布拉克馬杜斯（Braquemardus）、淺口鞋[16]（L'Escarpin）、小鶺鴒[17]（Caillette）、牛腰肉（Aloyau）、小胖胖[18]（Joufflote）、羊腿肉[19]（Gigot）……所有人圍爐做飯並自行享用；因為必須低調，所以沒有僕人……香檳大口大口地傾灌。女人穿著輕透的睡衣和極為輕盈的洋裝。吃飯時，人們展現出無比的風趣，他們嘲笑凡爾賽宮——被暱稱為「老古董」，當然還有宗教信仰。最美麗的歌劇男舞者和女舞者參與了盛宴，全部赤身露體，不言而喻。最後，燈光熄滅，開啟下流之事……此時此刻，再也沒有情人、沒有情婦，誰都可以屬於任何一個人。狂歡宴會如火如荼地進行。

16 此種鞋型由於是薄底淺口，可讓女性的足背一覽無遺，因此又稱décollectée，意為袒胸露肩。
17 亦代表輕浮多話的人。
18 貝理公爵夫人的暱稱，描述其豐滿的身形，有胖乎乎之意。
19 原意為羊的後腿肉。

腓力以自己的方式統治著，給人一種他不執政的印象。因他實在是過於聰明，以至公眾生活與私人生活不會混在一起；唯一能跟隨他進行晝間和夜晚活動的人，是無賴的杜布瓦神父。他是死心塌地的效忠者，如一隻石貂般狡猾，再說他長得也挺像的。曼恩公爵和公爵夫人討厭腓力，他們指控腓力奪走他們的攝政權，特別公爵夫人是他妻子的妹妹。這位真正兇惡的婦人在索城（Sceaux）經營一個閃閃發光、能夠大講皇家宮殿壞話的宮廷。腓力保持微笑，很少嚴厲懲罰。偶爾，他會皺起眉頭，將那些令人不悅的人們遣至巴士底監獄，以保持座席開放並接待妓女。像是伏爾泰（Voltaire），就曾經在那裡度過美好的一段暫居時光[20]——因為他把貝理公爵夫人比喻為麥瑟琳娜，即使這個形容很貼切。腓力不斷地享受，忽然他感到疲憊，他的血液濃稠和頭腦暈眩、神智萎靡、嘴巴說話含糊。他下令將不再有晚餐聚會，這是多麼嚴重的挫敗啊！只有他的摯友聖．西蒙（Saint Simon）認為這個決定合宜。他愛腓力。但其他人……盡是些唯利是圖者、貪樂之徒、淫惡之人、懶鬼們？

某天，德．唐森夫人（Madame de Tencin）為他端上一盤自己特製的解藥，一個二十四歲的美麗切爾克西亞女子，人如其悅耳的名字——愛希耶（Aïssié）。當她被要求讓腓力消除充血時，她迴避並離開了，如她來時的一樣，完璧且純淨。德．唐森夫人差點沒昏倒。

同個期間，家族的任何進展都不順利……奧爾良的夫人每兩天暈倒一次，她在清醒的狀態下，生下許多女兒，一共有六位。她姊姊曼恩公爵夫人的仇恨日益加深。「矮小侏儒」——普法爾茨公主如此稱呼她——打算讓攝政王信服此事；曼恩公爵在親愛的妹妹奧爾良夫人耳邊低語：如果腓力意外地死去，她將順理成章的成為攝政王。我們不應該認為她夠明智而能忍下侮辱……但是，要實現目標沒有什麼卑鄙的手段是使不出來的，在這些手段中，毒害是其中之一……。

腓力惱怒了，頭一回嚴厲懲罰，一七一八年曼恩公爵失去他王子血統的資格。其實這不過是公道而已，卻引起了眾聲喧嘩。相反地，如果腓力需要擔心曼恩公爵的嫉妒，那麼他對自己的私生子女們大可放心。幸好，私生子女的數量不太龐大。他只正式承認其中的三位以防財富損失：女演員黛瑪的一位女兒和德．亞爾頓夫人（Madame d'Argenton）的兩個兒子。事實上，我們很難找出他所有的後代。腓力的眾多私生子女們都是一群該死的傢伙：奧爾良的讓．腓力（Jean Philippe d'Orléans）在妓女院染上天花；聖－阿賓（Saint-Albin）神父則是男女通吃。「您必須等到成為主教才能過這樣墮落的生活啊！」父親某天嘲笑他。

至於婚生子女們也好不到哪裡去。在六個姐妹和兄弟之中，貝里公爵夫人表現得最出類拔萃。她居住在盧森堡，堪比擬巴比倫城的豪奢排場：薰香的套房、八百名僕人，和閃

---

20 西元一七一七年，法國哲人伏爾泰因寫諷刺詩影射宮廷的淫亂生活，被扔進巴士底監獄，關押了十一個月。

閃發光的燙金四輪馬車。她在賭桌上豪擲千金，仍不皺一絲眉頭。她的道德與財富成反比，慷慨大方地獻上稍微遮掩的身體，絕非道貌岸然的女人：貴族、神父、奴僕都送上了。在晚餐中，即使父親在席也絲毫沒有困擾她……貝理公爵夫人樂於享受，直到再也承受不住為止；隨後，她猛然地大徹大悟，躲避至修道院中。她偏愛聖傑曼（Saint-Germain）郊區的加爾默羅會修女，並且以無比誠摯的態度投入彌撒中，以至於震懾不已的女修道院長衝口而出一句歷史名言：「我們的城牆內有一位聖人！」不久之後，她重新歸來，嬌豔欲滴，好像洗刷掉了所有的惡習。在數不盡的戀人數量中，她很快加上守衛裡名叫里翁（Rions）的中尉。這個平時折磨全世界的女人，酷愛這個變態讓她承受的凌辱。當然！並不是每天都可以吹、罵、打屁股，鞭打這來自法蘭西的女兒。

腓力拉長了臉，但長女並不是唯一讓他發愁的人：瓦盧瓦伯爵夫人夏洛特．埃德利（Charlotte Aglaë）就如寶石中的火燄般的全然活力充沛。棕髮、勻稱身材帶著瓷白色的膚色，一對深綠的眼眸，夏洛特．埃德利是令人難以抵抗的黎塞留的首席情婦。由於他在皇家宮殿的套房與一間臨近的住所相毗鄰，他買下它，以便鑽一個洞就能通往公主的房間。攝政王唯一的機會放在他三個最年幼的女兒身上，分別是七、三和二歲。至少她們不會給他帶來麻煩。暫時是如此。

最為可怕的傳言莫過於攝政王和他長女的感情。沒有人相信他能接受她的一切，如無禮的對待和反覆無常，除非事有蹊蹺。有什麼祕密比亂倫更生猛刺激的呢？在巴黎，人們正在進行實地考察。一幅景象流傳著：公爵夫人身穿睡衣擁抱情人里翁，而父親正在舔舐她的腳。腓力苦笑著，但是對這個放蕩的時代的謠言卻未加以駁斥，人們甚至感到受寵若驚。畢竟，歷史上充斥著亂倫，不僅在法老王或蒙兀兒帝國中，而且在聖經故事裡——羅得（Loth）甚至沉迷於他的女兒之一。里翁便基於此點，要求得宣傳和公爵夫人的成婚消息。儘管這個人盡皆知的祕密：貝理公爵夫人、公主的血統、法蘭西的女兒，剛和一位守衛隊長結婚！的確太離譜了……但因此大肆宣揚又是另一回事。

在攝政時期，一個公主的確可以嫁給自己的僕從，如果這合她的意，但前提是：不能炫耀此事。只不過公爵夫人什麼都不怕，尤其不怕醜聞，她強制要求父親進行宣揚。腓力盡其所能的抵抗，因為他極度感到滑稽可笑。他的母親普法爾茨公主也寫道：「貝里公爵夫人和癩蛤蟆頭的婚姻，唉，這是千真萬確！」她建議兒子腓力將這個無賴裝進袋中丟到塞納河裡，猶如弗朗索瓦．維永[21]吟唱的一樣。腓力因此抗拒，美人痛苦地在地上打滾，卻徒勞無功。

21 維永（François Villon）是法國中世紀最著名的詩人。此處提到出自維永的作品《古美人歌》（*Ballade des dames du temps jadis*）的其中一句。

於是她精心編造一個狡猾的計謀，並在一個美好早晨拜訪父親，低聲地說道：

「如果您希望讓我感到開心，您就把鐵面人[22]的名字告訴我。」

路易十四從未提及，而腓力是唯一保有這個祕密的人。

「我的寶貝，這件事，我不能……」

他一眼便看穿她的意圖。消息靈通的女兒想藉由敲詐，從父親那裡獲得一切。她呻吟、尖叫、怒火滔天、威脅……突然間，她平靜下來，以細微的聲音對他說：

「如果您告訴我的話，我將會屬於您……整個人！」

腓力覺得被打動了。她是如此的美麗，而且這難道不是一個把謠言化為事實，來杜絕悠悠之口的機會嗎？由於無法忍受，他釋出了國家機密。貝理公爵夫人隨後在罪行之前退縮了，但因著感激，她立即向父親供上阿爾帕容（Arpajon）的貴族小姐；可惜後者不太願意填補腓力的後宮，掙扎的時候，腳跟一記踢到他的眼睛上，害得腓力差一點就失明了。

貝理公爵夫人只好遵守她的誓言，如此一來，腓力再也不能夠拒絕她任何事情了。攝政時期的夜晚持續在溫柔鄉中不疾不徐地前進。自此之後，為了讓樂趣多樣化，他們決定晚餐聚會輪流在彼此的家中舉行。

然而，貝理公爵夫人占居上風。由於無所畏懼，她幾乎總是邀請同一幫人到家裡，有薩布朗伯爵夫人、帕拉貝雷夫人、德．穆希夫人，以及卡尼拉克（Canillac）、諾塞（Nocé）、黎塞留，當然還有滑稽可笑的杜布瓦神父。她喜愛帶著石貂般的臉，縮在赤裸的女孩之間。和杜布瓦神父在一起，至少我們能夠肯定，這是即刻的赦免！他們玩樂、用膳，他們笑得喘不過氣來。葡萄酒和香檳順著喉嚨流到裸露的乳房上。

貝理公爵夫人在這些場合中穩坐女王的寶座，全心將自己投入，重新發起辯論，激勵欲振乏力的人；她永不疲倦，永不滿足。在同一掛人中，我們不是藉由這些貴婦的姓氏認得她們，而是她們將在天堂冠上的聖名：聖．法斯樂[23]、聖．尼圖喜[24]、聖．法朗貢[25]、聖．阿辜比[26]、聖．康莫德[27]、聖．康斯坦斯[28]。她們發明很多可愛的遊戲，並在破曉時分結束。

---

22 鐵面人（Masque de fer），是在法國路易十四當政期間的神祕囚犯，曾先後被關押於不同監獄。據傳為路易十四的兄弟。
23 Facile，意指水性陽花的女人。
24 Nitouche，意指偽善做作的女人。
25 Fringant，指「活潑」、「輕快」之意。
26 Sainte Accroupie，指「蹲下的聖徒」。
27 Commode，指「方便、舒適」。
28 Constance，指「忠貞」。

一七一九年四月十五日，討厭的普法爾茨公主詢問「乾癟的老女人」消息的幾個小時之後，曼特農夫人於聖西爾（Saint-Cyr）與世長辭。貝理公爵夫人約莫在同一時間發現自己懷孕，顯然不能夠確定父親的身分。她決定保持緘默並隱藏自己的狀況，這最終使她病倒了。頃刻之間，她的生命垂危，於是他們趕緊派出一個神父執行聖事。唉！她和德．穆希夫人以及她的情人里翁閉門幽居，神父沒辦法進入。腓力大感不妙，陷入左右為難。他不敢阻止臨終聖事，又擔心驚嚇到他的女兒。神父強制要求德．穆希夫人離開，她強力反抗：「我的情人不會把我獻給一群偽善者！」腓力困窘不堪，在原地打轉，感到手足無措。最後，他鼓足勇氣，隨著神父進入房間。迎面而來的是滿室的淫穢，他們只能調頭折返。腓力請求神父耐心地在門前等候垂死的女子平靜下來。

兩天兩夜後……奇蹟突然發生了，貝理公爵夫人痊癒了！大病初癒後，那個魔女重新提出公開她與里翁成婚的消息，再沒有什麼事情比這個更能讓腓力理智斷裂了。不久，他為這個下流痞子即將啟程從軍而滿心喜悅。宛如一道槍響迅雷不及掩耳地到來……按照習慣，貝理公爵夫人從潑婦罵街轉為甜蜜的微笑。為了與父親重修舊好，在四月底涼爽的某個夜晚，她邀請父親到盧森堡的一個露台上用晚膳。對這樣一位如此袒裎的女孩來說，確實是輕率的行為，但她仍固執己見……夜晚是如此有益於感情的宣洩。她獲得里翁的歸來，但也同時罹患了一個乳房腫塊，更緊接著，她的發燒席捲而來，且整整兩個月未消退。

七月十四日，她命在旦夕。宮醫們——包含著名的席哈克（Chirac）忙進忙出，但他們幾乎都束手無策。一位江湖郎中偷偷讓她服用草藥，她身體稍微好轉。而席哈克對這奇怪的不速之客感到憤怒，只能幫助病人催吐。於是，神父又回到崗位上。腓力悲痛欲絕，熱淚不止，但他不想目睹自己心愛的女兒離去，他回到自己家中。七月二十二日凌晨五點，一切均回天乏術：年輕的貝理公爵夫人剛嚥下最後一口氣，年僅二十四歲。腓力無法成眠，滴酒未沾，食不下嚥。

攝政王的健康狀況不是那麼樂觀，他似乎想要逐漸平靜下來。由於忽視除了床上以外的運動，他發福不少；酒醉引起的昏眩使他心智昏沉，他持續數個小時的反應遲鈍。當前的時刻並不預示著吉兆。確實，奧爾良公爵夫人顯然收斂了脾氣，曼恩公爵和公爵夫人似乎變得安分守己，但他的女兒們繼續不斷地給他增添煩惱。

瓦盧瓦伯爵夫人夏洛特・埃德利必須和摩德納王子（Prince de Modène）結婚，但她再也不能戒掉黎塞留供給她的激情夜晚。腓力必須和這個放蕩女子達成妥協：即黎塞留能夠盡其所需地重新回到她的身邊。腓力恢復驕奢的生活方式以及他的晚餐聚會。但他的心思已完全不在那裡了；少了一位賓客，整個世界淨是荒涼孤寂……情婦們只能在他枕邊來來去去，費煞苦心地令他歡愉。其他輕佻女子，如德・普里夫人（Madame de Prie）和尚未開啟自己社交沙龍的杜・德芳夫人（Madame du Deffand）也加入了這個圈子；薩布朗伯爵夫人總是在那盯梢，並撿起剩餘的甜頭；德．唐森夫人沒有離開這個如鼬鼠般的杜布瓦的枕邊。此外，比往常任何時候都獨占鰲頭的是帕拉貝雷夫人，她奉獻給所有的唯利是圖者，如貞潔女子般安坐在攝政王的床上。他剛剛贈給她酷愛的瓷器，價值兩百萬里弗爾。他經常在豪飲的夜晚中，在她阿涅勒（Asnières）的家裡邀她跳舞；重點是，為了消除傷痛，他需要雙倍的份量並更加墮落。

甚至連杜布瓦也感到不安：

「殿下應當要保重身體！」

「來吧……生命是如此短暫而美好！」腓力不由分說地笑道。

過量的飲酒和感官的精疲力盡令他變得蠻橫無禮。他開始滔滔不絕地口出惡言。某一日，司法大臣德．阿格索（Aguesseau），不堪其辱，想歸還他印璽時……

「和你的印章一起給我滾蛋！」攝政王回道。

這些年的極大樂事之一，便是成功地讓他的兒子、長痘子的沙特爾公爵失去童貞。他曾經猶如「衰老的娼婦」般全心全意地篤信宗教，如今開始追逐風流豔事，他全然將乳香火和長袍丟棄。至於這個無賴杜布瓦，他則進一步發揮自己的優勢。這個鼬鼠頭，其父親是布里夫的一名溫和藥劑師，如今他希望成為樞機主教，就像前幾任的黎塞留和馬薩林一樣。

「我昨晚夢見殿下任命我為康布雷總主教（Archevêque de Cambrai）！」他在某個美麗的早晨說道。

「你說，總主教嗎？但是你甚至連主持彌撒都不會。」

「這有什麼關係，學一學就會！」壞蛋回道。

「但你的女人呢？你的晚餐聚會呢？你可是腐爛到了極點。」

「我是第一位腐爛的主教嗎？您記得波吉亞家族……關於馬薩林……」

在一眨眼的時間內，杜布瓦成為副執事、執事、神父和總主教，並且他學會主持彌撒，因為他有過目不忘的記憶力，即使他有點搞混「主禱文」和「萬福瑪利亞」。醜聞是如此駭人聽聞，以至腓力因為怕被嘲笑，而拒絕出席那隻可憐人的祝聖儀式。更不用說，帕拉貝雷夫人在某幾個晚上為杜布瓦吹簫。因此，在阿涅勒家中歡愛後的某個晚上，她對腓力說道：

「腓力，您必須去杜布瓦的祝聖儀式……」

「我才不去這個揹客的祝聖儀式，整個法國都會嘲笑這件事……包括我在內！但妳為什麼想要我去呢？」

「這還不簡單！如果你不去的話，杜布瓦會以為我是奉勸你不要出席的那個人，而他將對我心生致命的仇恨。這隻石貂很危險，我可不想被他騷擾。」

「好吧！那麼我去，討妳歡心……但即使如此，杜布瓦樞機主教真是太離譜了！」

樞機主教的職位一點也沒讓杜布瓦改變稟性。某個晚上，當腓力大口狂飲酒瓢裡的佳釀，杜布瓦和一位銀行家羅，他也是著名《羅的體系》[29]的作者，前來請他簽署一份緊急的文件。他嘗試著簽字，但因酩酊大醉而無法寫得端正。他轉向正在愛撫主教灑水禮器的帕拉貝雷夫人：

「簽吧，婊子！」

「我沒有任何資格這麼做，腓力！」

於是他轉向杜布瓦。

「簽吧，皮條客！」

「我無能為力，殿下。」

攝政王轉向羅。

「那麼簽吧，黑心商人！」

羅打退堂鼓。

「這是一個多麼美好的王國，」腓力直言……「被一個婊子、一個皮條客、一個黑心商人和一個酒鬼統治著！」

在同個時間，他的女兒夏洛特・埃德利與丈夫摩德納王子遭遇最棘手的困難。令人哀傷至極，王子軟弱且擁有平庸的身材，除此之外，他的那話兒一個星期舉兩次白旗。對於只想策馬奔騰的夏洛特・埃德利來說，實在令她無法忍受；如果摩德納俊美的話……但這座宮殿就如同主人一樣的令人沮喪，也像他的父親一樣窘迫不堪。夏洛特・埃德利決定舉辦宴會，當時她身邊伴隨著一位叫做科里博的神父（Abbé Colybeaux），他為了攝政王的利益監視著她的越軌行為。

29《羅的體系》（*Système de Law*）為蘇格蘭經濟學家約翰・羅（John Law）替法蘭西提出的財政改革計畫，以便解決路易十四遺留的債務問題。

「到底為什麼，」後者抗議道，「還沒有一個繼承人？」

並未撮合私通的神父，沒辦法說出是丈夫不舉亦或妻子不願意，但是，由於無法懷疑妻子的性愛能力，我們只得認可、屈服丈夫的體質虛弱這事實。簡而言之，他無法勃起。夏洛特．埃德利徒然地以身體力行，天曉得她是否嫻熟此事！他們要求神父為他們禱告，但沒有太多進展，於是他們為自己驅邪，卻也沒有成功。疲於頑抗，他們試圖前往羅雷特教堂（Notre Dame de Lorette）朝聖，預期能重新豎起彎下的蘆桿。最後，夏洛特．埃德利興想或許巴黎的環境適宜治療此種痛苦，於是改變了丈夫的想法。當然淫婦只有一個念頭：與黎塞留重逢。腓力早料想到了這一點，這令他非常不愉快，當時他正痛苦地試圖與西班牙禁欲國王的父母，商議兩個女兒的婚姻。他下了一道縱欲的命令，叫這位迷人的女人回到摩德納王子身邊，與不舉的丈夫一起隱居。夏洛特必須耐心等候。

在這女孩等得心焦的時候，腓力繼續他暴君般的生活，這讓擔心他身體的帕拉貝雷夫人感到惱火；但對受車輪刑的朋友和後宮佳麗來說，可是相當開心。一顆嶄新的鑽石從天而降，使他的夜晚星光熠熠。薩布朗夫人一直伺機圖謀不軌打擊帕拉貝雷夫人，她找到一位美人兒，頭髮像麥穗般金黃，眼瞳閃爍著情欲。她叫做瑪麗－泰瑞絲．德．哈勞科特（Marie-Thérèse d’Haraucourt）、法拉里斯公爵夫人（Duchesse de Phalaris），腓力為之傾倒。他擁有宮廷裡的蘇丹娜們、墮落的蘇丹娜們。這些女子都在門口等候著，只需要一個晚上便能將寵妃由旁觀者轉為墮落女子。如果蘇丹娜們令他厭煩，那麼他的閨房就會有小情婦，那些供人們消磨而別無所求的情婦。這是前提……法拉里斯夫人不僅嬌豔欲滴，還懂得講故事，這讓她得以有中場的休息時間。完美的是她不嫉妒，因此帕拉貝雷夫人和薩布朗夫人能繼續在王子的床第之中玩著矇眼猜謎的遊戲。但就算十分滿足，帕拉貝雷夫人仍然維持一貫的惡毒誹謗。

「腓力，法拉里斯夫人在神聖之地被寵壞了。您知道此事嗎？」

「我不擔心。如果她敢得寸進尺，我就要她吃不完兜著走。」

於是，蘇丹娜們夜以繼日地退下王座，最重要的是保持技巧的純熟。法拉里斯公爵一得知他妻子在攝政王的枕邊旗開得勝後，趕緊戴著綠帽跑去撿拾筵席的剩菜，猶如帕拉貝雷公爵，他絕對不是個偽君子，腓力認為確實遭到出軌的男人絕不是個壞蛋。為了保持她在蜂鳥王子身旁的優勢，帕拉貝雷夫人必須展現與眾不同的才華。腓力鍾情於她一頭烏黑亮麗的秀髮，她準備好待在王子枕邊一整個晚上，但若發現腓力氣喘吁吁，她樂意沉浸在其他人身上；如果黎塞留和杜布瓦是他的芭蕾舞大師，那麼沒有一位酒肉朋友，是不踩在他身上通過的。

有天，腓力未敲帕拉貝雷夫人的房門便闖進去，當場抓到她赤身裸體，伴隨四個沒有繫腰帶的年輕人。攝政王追趕這一幫人，在完成如此美好的開場前，先摑掌了蕩婦。這個大膽的女人，被情人安置於皇家宮殿中，自以為可以為所欲為；亂翻奧爾良公爵夫人的衣櫃，取笑她的內衣和夜壺。聞知此事，奧爾良公爵夫人離開與丈夫的居所，避居隱修於蒙馬特（Montmartre）的修道院。這太過分了。

法拉里斯公爵夫人註定不是最後一位。突然到來一位德．阿凡涅夫人（Madame d'Averne）。腓力一眼看見她，就知道是她了。確實，這不是他第一次出現這樣的直覺……這個美人值得我們細細地玩味，猶如普拉克西特列斯[30]的維納斯和拉伯雷[31]之類的淫蕩生物，在腓力整個人徹底翻船之前，她先拒絕他七十二個小時。默不作聲的德．阿凡涅老爺，以良好的禮教得到近衛軍上尉的敕書獎勵，而當攝政王在酒酣耳熱之際，詢問他的共犯諾西，德．阿凡涅老爺是否滿意時，這一位帶著冷面笑匠的姿態回答：

「滿意？這個字眼太薄弱……他可是頭頂著綠帽啊！」

惹人厭惡的淫狎之徒黎塞留，很快地途經此處，在巴士底監獄兩番暫留的時間之中，正足以把德．阿凡涅夫人變成他的情婦，如同他對待薩布朗夫人、帕拉貝雷夫人、法拉里斯夫人一樣。

「我唯一的樂趣是讓攝政王被紅杏出牆！」這討厭的人開玩笑道。

腓力沒把她們放在眼裡，就像對待他的第一個輕佻女孩一樣，他已經不知該把頭轉向何處，也不知道怎麼處置剩餘的人……由於他完全不知道如何拒絕，除了主要情婦外，再加上女舞者杜普雷（Dupré）、女歌手杜克洛（Duclos）、女喜劇演員艾米莉（Émilie）和妓女拉菲永（La Fillon）。必須要滿足五十三位情婦……偶爾當個戴綠帽子的男人多麼幸福啊！腓力思忖，又是多麼地如釋重負！如果孤零一個人，沒有杜布瓦、黎塞留和其他好友們，他怎麼能夠堅持下去？

幾個西班牙的婚禮正在著手準備中。路易十五將與西班牙公主結婚；腓力的第四個女兒蒙龐西耶公主（Mademoiselle de Montpensier）將與西班牙王位繼承人阿斯圖里亞斯親王（Prince des Asturies）結婚。不幸的王子！蒙龐西耶公主有一張標緻的臉蛋和可怕的性格。為了使自己從這些無聊透頂的計劃中分散注意力，腓力不曾冷落過這些晚餐聚會。相反地，狂歡會再也不是尋常消遣，而是成為一種制度，成為一個墮落王國最重要的慣例。

「這裡是索多瑪與蛾摩拉[32]！」帕拉貝雷夫人大叫，她卻不故作正經。當她的兒子要求更頻繁地前來她的宮殿時，她脫口而出這句歷史名言：「我的兒子啊，皇家宮殿散發著讓人

---

30 普拉克西特列斯（Praxiteles），西元前四世紀的希臘著名雕刻家。

31 弗朗索瓦·拉伯雷（François Rabelais），法國文藝復興時期作家，對女性有負面評價。

32 蛾摩拉（Gomorrhe），《聖經》記載的墮落之城。

受不了的尿騷味！」

如果他的母親現在拋棄他，那麼生活的意義何在？他甚至沒有每周拜訪他的女兒之一——徹里斯（Chelles）的女修道院院長，以獲得撫慰。當後者展現得無比荒唐，在幾近赤裸和放肆拱起身子的年輕人面前，提供美味的晚餐時，還是不錯的……但是突然間發生了什麼事？女修道院院長陷入懺悔中，宣告為她臨近的死亡做準備，並且想要建造自己的墳墓。真是一場災難！最瘋狂的女人變得像雨一樣的陰森，真是讓人完全無法理解。

於是腓力沉迷在暴飲暴食之中。不斷地品嘗高脂肪的晚餐和灌下幾瓶酒，他的腦子變得像海綿一樣柔軟。但是他繼續躲避醫生，對於用刺胳針追趕他以減緩血液阻塞的外科醫生，他大喊：「去你媽的！」總而言之，腓力開始覺得一切事物了無新意，葡萄酒、性愛關係，甚至統治都讓他感到心力交瘁，並且欲振乏力。相反地，如果有另一個人感到樂此不疲，便是下流的杜布瓦。年近七旬，貪得無厭的石貂卻只想要更多。才剛當樞機主教不久就想再當上首席大臣。不外乎如此。擺脫他？天方夜譚……這個畜生知道太多祕密，而且腓力已精疲力竭了，乃至於無法抵抗他。因此他將成為首席大臣。

就在此際，加冕路易十五的時刻就要到了，這些美麗的人，即所有受車輪刑的朋友和情婦，甚至一位名叫勒維克小姐（Mlle Levesque）的新人，被載至蘭斯。由於她只在攝政王的枕邊只待兩晚，所以很快就被暱稱為：「加冕禮的勒維克小姐」。路易十五受加冕後，普法爾茨公主終於認為她能夠與世長辭了。利索洛特（Liselotte）——她的別名，年屆七十一；在此之前，她一直抵抗死亡的念頭，並且從未停止向那些如兀鷲一樣原地盤旋的教區神父說：「死亡，是我們能做的最後一件蠢事，延遲越晚越好，才為上策。」從今以後利索洛特接受了，前提是醫生讓她耳根清淨：「你們都是一群江湖郎中……滾出去！」她從被窩向他們大吼道。最終，她像蠟燭一樣平靜地熄滅了，耗盡氣力地傳遞最後的遺言：「我死得心滿意足……我的兒子和他的情婦斷絕關係了！」腓力必須是個說謊成精的騙子，才能使他母親相信這番蠢話。

一七二三年二月十五日，路易十五達到王室成年的年紀，十三歲了。腓力如釋重負，但杜布瓦加倍地躁動不安，這隻石貂是否仍夢想著在攝政王卸職之後，他還能繼續擔任國王的首席大臣呢？很有可能。腓力縱使答應他垂死的母親要安分守己，但他的本性正在恢復中。由撒旦的手下，如薩布朗夫人，這位公認的鴇母和新鮮肉體的供應者，負責伺機以待。恰恰剛好，她才將自己的姪女、胡衛爾（Houel）小姐送給了腓力。胡衛爾小姐是一位十六歲新成員，為此職務離開女修道院。不論是不是修女，這個女孩毫無疑問擁有從阿姨那裡繼承下來的家族禮物，並且發出一道足以讓攝政王為之震動的交際花訊息。

我們原本應該相信，腓力在經歷如此多的高潮後會感到麻木，可是事實不然，他從未真正麻木過，總是新鮮盎然，總是為感情隨時待命。杜布瓦不再做愛，不是因為他是樞機主教，而是他選擇把最後的年邁氣力運用在權力的貪婪之中。在這樣的飲食作息下，令人毫不意外地，他忽然腹瀉，這不會令他在不一會兒的光景便危在旦夕。他開始說些褻瀆上帝的話語，馬馬虎虎地告解，在未獲得專留給樞機主教的臨終傅油禮（l'extrême-onction）時，就嚥下最後一口氣。無論如何，這些預防措施都是沒有用的，以至杜布瓦必須先穿越地獄，才能期待找到煉獄[33]的大門。

年輕的胡衛爾小姐竭盡全部的才華，為了延長她躺在攝政王枕邊的時間，無奈白費力氣。一個美麗的早晨，腓力感到大為惱火，他以高亢的聲音驅走小妓女和她的鴇母：「下地獄去吧！」

奧爾良的腓力剛年滿四十九歲，他覺得自己年邁衰老，臉龐漲紅充血，步伐踉蹌。他氣喘如牛，且呼吸短促。第一位席哈克醫生想不惜一切代價讓他排血，但腓力像瘟疫一樣迴避他，寧願用豪飲來照料自己。他有中風的危險，但他蠻不在乎，這樣更好，對他來說似乎是個好兆頭。就這樣一了百了的死去，不必剝奪自己的任何東西，對他來說似乎是最令人嚮往的死亡了。

甚至，如果他可以透過額外的放縱使事情變得容易，何樂而不為呢？況且，在生命的盡頭，他什麼事情也無法逃開：他剛得知他十三歲的女兒，即蒙龐西耶公主，沒有像一個妻子應當的那樣愛上阿斯圖里亞斯親王，並拒絕他的身體，以她只愛著女人……作為藉口。他大多數的女兒都對男人性愛成癮，眼下卻有一位女同性戀！可憐的腓力……

一七二三年十二月二日，他覺得自己步履艱難，這是享用豐盛且高油脂晚餐的好藉口，而不是僅吃下慣常的兩杯巧克力。他顯然未有太大改善，為了分散自己心神，他邀請法拉里斯公爵夫人加入他，以便減輕他的血液阻塞。

「妳認為有地獄和天堂嗎？」

「是啊，肯定的！」下流女子回答。

「所以妳不以自己做的事情為恥嗎？」他頹傾在扶手椅上，她盡其所能讓他活躍起來，人們總是說她可以喚醒一個死人，然而她意識到事實非然。可憐的女人！她重新整裝自己，邊尖叫地跑出去。

「快啊！一位醫生……一位醫治殿下的醫生！」

---

33 煉獄（Purgatoire）是天主教認為死後靈魂需要反省的地方。

薩布朗夫人顯然地在門口伺機以待。她走進去，以一隻堅定的手阻止準備疏通主人血管的僕從。

「我的老天！什麼都不要做。他剛和一個妓女完事，你會害死他的！」

誠如我們所見，蘇丹娜們繼續相互給予尊重和敬意。奧爾良的腓力沒有恢復意識地與世長辭。時間是晚上七點半。

法蘭西帝國的寵兒——寶琳娜・波拿巴[1]

1 寶琳娜・波拿巴（Pauline Bonaparte）。

這就是偉大拿破崙姐妹之中最具魅力、最令人著迷的一位。他帝國的那顆珍珠……最自由不羈、最生活放縱，也最和靄可親的一位。寶琳娜欺騙了她生命中的所有男人，除了她哥哥以外。我們承認至少他並未和她同床共枕。雖然對於此點，有一個巨大的謎團仍籠罩著……

當她於一七八〇年十月二十日星期五[2]維納斯之日，出生在這個世界時，她的名字還不是寶琳娜，而是寶拉・瑪麗亞（Paola Maria）。她以天秤的星座降生，對她來說再適合不過。一棟波拿巴家族的簡樸房子，坐落在阿雅克肖（Ajaccio）的馬勒巴大街（Via Malerba）上。比起母親，她長得更像父親。這個父親——夏爾・波拿巴（Charles Bonaparte），已經讓萊蒂西亞・拉莫利諾（Létizia Ramolino）生下五個孩子。寶拉・瑪麗亞是第六位孩子。夏爾是一個非常英俊的男人，一個誘惑者和貪圖享樂之徒。他隨處撒錢，並且盡其所能地經常欺騙萊蒂西亞。萊蒂西亞和她的丈夫恰恰相反，她是一位腳踏實地的賢妻良母，扛起波拿巴一家的責任，且對丈夫的放蕩行為睜一隻眼閉一隻眼。再說，她能做什麼呢？在這個風流的十八世紀，以及更為放縱的科西嘉島！科西嘉女人知道如何忍受，卻不會忘記任何事情，即使這意味著在遭受侮辱的情況下被迫害者留下強烈的反感。人們經常強調萊蒂西亞的一毛不拔，事實上是她不得不勒緊揮霍無度的丈夫的褲腰帶，並為一屋子的人貼補家用。

確實，萊蒂西亞極為嚴厲，她牢牢地控管孩子們。似乎沒有什麼事情，能使這位有著精緻美麗臉蛋和黑眼珠的嬌小女子精疲力盡。她的兩位長子不久再也不需要她的擔心了：約瑟夫（Joseph）就讀歐丹（Autun）的中學，而拿破崙在布里埃納（Brienne）的中學就讀。到寶拉出生時，家中只剩下三個孩子：呂西安（Lucien）、埃莉莎（Élisa）和路易（Louis）。而在父親於一七八五年去世之前，又生出了卡洛琳娜（Caroline）和熱羅姆（Jérôme）。萊蒂西亞在三十六歲變成寡婦，身伴六位嗷嗷待哺的孩子，和一個乾扁的荷包。

天曉得她必須完成什麼樣的壯舉才能使他們全部生存下去，這些孩子簡樸地長大，在野外奔跑著，穿得猶如波希米亞人一樣。寶莉塔（Paoletta）——我們如此叫喚寶拉．瑪麗亞，她現年八歲。我們對她的幼年和青年時期有什麼了解？所知甚少，儘管我們能輕易地想像著她赤身裸體在阿雅克肖浪潮之中轉圈；在孩子們的陪伴下，男孩和女孩全部跟她一樣地調皮搗蛋，她毫不在意身穿手肘破洞的衣服。相反地，她很早就注意到一件事情，那就是男孩們的注目。在還未滿十歲時，玩伴們的眼光便停留在她柔美的外表和裸體上，她自然而優雅地具備著。她被調情了嗎？或許。然而，她並沒有在島上失去自己的童貞，那是不應該發生的事情；而且科西嘉的榮譽處於戒備狀態，如果需要的話還會以刀威脅……人們對某些事情是開不得玩笑的，未婚女孩的童貞即是一例。即使如此！寶莉塔實在太美了，她的臉蛋太純淨，曲線也過於完美，以至無法不燃起男性的欲望，她自己也意識到了這一點。

2 法國星期五（vendredi）源自拉丁文 dies Veneris，代表維納斯日。

拿破崙——她第一次見到他是一七八六年，她六歲的時候。他來科西嘉島探望母親，身著國王軍隊陸軍少尉氣宇非凡的大衣，其肩章在陽光下熠熠生輝。她覺得長兄予人不可抹滅的印象。至於他，他認為她非常迷人可愛，擁有最美麗動人的眼眸。他不會改變看法。在此期間，由於必須將野蠻人變得開明，在為時未晚並且犯下無可彌補的罪行之前，萊蒂西亞將女兒送往修女院。可惜這些修女並不能完全馴服年輕的雌馬，她繼續興高采烈地活蹦亂跳，在鄉村廣場上跳舞、在森林和灌木叢裡奔跑、調情。

幾年之後，好景不常，法國大革命山雨欲來。島上永遠的叛亂份子帕斯夸萊・保利（Pascal Paoli）被英格蘭人收買了，收回他曾經對法蘭西國王所承諾的安分守己的諾言，暴動引燃了科西嘉島的戰火。夏爾・波拿巴曾經出賣過保利，如今只好考慮全家流亡。在萊蒂西亞和她的弟弟費榭神父（Abbé Fesch）的帶領下，一群吵鬧孩子在一艘危險的小船上，從科西角（Cap Corse）橫渡，最終到達土倫（Toulon）。這是場災難，猶如在馬賽及其他地方一樣，不久後他們被困在那裡。他們做零星的針線活、縫補衣物，並存活下來。寶莉特（Paulette）——我們開始以法國的方式稱呼她；她一如既往地朝氣蓬勃，持續地吸引男人的目光。現在她芳齡十五，身材開始發育，修長纖細的優雅並未走樣。她擁有完美的臉龐、潔淨的額頭、誘人的鼻子、描繪得無比美妙的唇瓣和金光閃爍的棕色眼睛。可想而知，沒有哪一個男人不願意為她遭受天譴。

才見到她第一眼便向她求婚的第一個人，叫做畢永（Billon），是一名馬賽的肥皂製造商，奇醜無比，四十來歲，在萊蒂西亞捉襟見肘的時候暴富，讓她瞥見一抹幸福的光景。朱諾（Junot）——波拿巴將軍（在土倫港之役表現出色的拿破崙加官晉爵！）的侍從官，很快地簇擁而上。這個可憐的男孩不幸地在馬賽的海灘上瞥見了寶莉特，他瘋狂地愛上她，想和她結為連理。拿破崙立刻澆熄他的熱情：「除了你中尉的肩章之外，你一無所有。寶莉特也一無所有。加總起來就是泡影。堅持是沒用的！」現在輪到家族之長拿破崙了，接替科西嘉的媽媽把寶莉特嫁出去。

當我們擁有這樣一個如珍寶般的女兒時，建議你在追求者中進行嚴格的選擇。但是這一位旋即突然地現身，讓拿破崙始料未及。現在是一七九五年十一月，這次是寶莉特先下手為強。一位訪客來拜訪波拿巴一家人，他們連忙迎了上去，他名叫斯坦尼斯·弗雷翁（Stanislas Fréron）。寶莉特未將視線從他身上移開，並不是因為他很俊美，而是他激起了她的好奇心。那他呢？如果說他是「望著」埃莉莎和卡洛琳娜的話，那麼他就是貪婪地「盯著」寶莉特了。十六歲的她處於美麗的顛峰，且打扮體面——因為波拿巴已於葡月十三日鎮壓保皇派的暴動，所以巴拉斯[3]饋贈他大量財富作為獎勵，避免需要拿更加優渥的東西來賞賜他，而且他畏懼波拿巴。這位弗雷翁是巴拉斯的朋友。四十歲時，他累積了豐富的閱歷，

3 保羅·巴拉斯（Paul Barras），法國大革命時期的著名督政官。

做出許多無恥的勾當。兩年前，國民議會將他派至馬賽，他表現得無比殘忍，而且砍下無數的腦袋。他完全毫無道德觀念，在追求寶莉特時，他正在巴黎和一位女演員勾搭著，且和她育有兩個孩子，並等待著第三位的出生。但是，因著這個畜生很有魅力，他攻占了寶莉特的堡壘——我們承認吧，這並不是牢不可破的。他們沒有等到論及婚嫁就玩起合體野獸[4]的遊戲。

寶莉特法語說得不流利，她的學養比起一個乞丐的衣服更加地坑坑洞洞。無所謂！如此的臀部、這般的眼眸、潔白的胸脯難道不等於集結了世界所有的知識嗎？一七九六年三月九日，波拿巴與約瑟芬（Joséphine）結婚了。不久，弗雷翁提出了結婚的請求，拿破崙頷首。只不過，幾天之後，弗雷翁被國民議會撤銷在馬賽的職務。他再也什麼都不是了，而拿破崙討厭毫無價值的人，尤其是對於寶莉特來說，於是他拒絕了婚禮。寶莉特慌亂不已。一個戀愛中的女人無法快刀斬亂麻地忘記初戀情人，那位為她帶來歡愉的人。她抵制、大叫、抗議……卻於事無補。拿破崙，當然還有萊蒂西亞，表現得不可退讓。就此完結十六歲少女對一個下流但充滿魅力的男子的瘋狂愛戀。輪下一位……

必須在為時未晚之前，把寶莉特嫁出去，拿破崙思索著，腦海浮現出一個想法：艾曼紐爾・勒克萊爾（Emmanuel Leclerc），二十五歲，他是義大利軍隊的副參謀長，只比他高出一丁點，一・六八公尺，但帶著一張充滿熱情的漂亮臉蛋。一七九七年四月二十日，事情水到渠成，這個女孩成為公民勒克萊爾；她的配偶在結婚禮物中收到了準將的佩劍。不論是否成為公民，寶莉特都保持著自己的滿腔熱情，完全不矯揉造作，對於那些引起她嘲弄的男人或女人帶著挑釁。必須瞧瞧她在義大利軍隊之中，像純種的雌馬一樣開懷大笑，並且在她不喜歡的約瑟芬身後作出蔑視的手勢。

躺過一大群情人的懷抱之後，約瑟芬扮演起一位貴婦人，並在巴黎有條不紊地組織起時尚圈，鄙視那淘氣的野女孩。寶莉特不以為意。她永遠都不會喜歡這位年滿三十歲的波拿巴將軍夫人，即使她塗脂抹粉和佩戴珠寶。寶莉特確實出自波拿巴家族，儘管他們永遠視她為篡位者，且從不會錯失提醒她此事的機會。與此同時，公民勒克萊爾從未感覺如此自在。丈夫送她滿滿的禮物，什麼都不拒絕她，正符合她對男人的期望……那個在馬賽貧民窟以蘋果填飽肚子的可憐小女孩，是多麼久遠的事情啊！波拿巴一家人的星辰開始閃閃發光了，而且遠未終結。

當時流傳著一件軼事，顯示出寶莉特性格中的一個缺陷：這個女孩反覆無常。當她想要某樣東西時，她無法忍受得不到它，尤其是當她的嫂嫂約瑟芬奪走她渴望的對象時。在

4 合體野獸，又譯雙背野獸（Bête à deux dos）：指一對男女以傳教士的姿勢性交之委婉比喻。

一場一場的接待之中，這些美妙的女人不可避免地與男性的目光交會。巴黎在督政府時期不過是一場永不停歇的饗宴，一場所有人——男男女女無論結婚與否——彼此較勁著大膽、誘惑、極度渴求歡愉的盛會。在法國大革命即將到來的時刻，人們是如此的害怕，唯一有效的口號就是愛情。各種形式的愛情、無縫接軌、沒有道德的愛情；丈夫出軌妻子、女人對丈夫不貞……處於最完美的平等，女人前所未有地感受到如此自由自在。除了可能在攝政時期之外……寶莉特感到幸福地和勒克萊爾在一起，但她禁不住誘惑，在舞會上，她被一位英俊的輕騎兵伊波利特．夏爾（Hippolyte Charles）吸引，棕髮黑眼睛，他串的門子比他跳的舞還多。她很憤怒，因為這可是第一次在她青春生活裡，有個男孩瞧都不瞧她一眼！當寶莉特更加仔細地審視時，她察覺出了原因，且感受到一股真正的不安：夏爾愛上了約瑟芬，他們是情人。又多一個討厭「老女人」的理由……寶莉特的反應就像是一個嫉妒的女人，而且做出的事情並不合宜：她警告了拿破崙！夏爾被軍隊驅逐……但沒持續多久，約瑟芬和他沒有完結，不過這又是另一段故事了。

為了安慰自己，寶莉特在一七九八年四月二十日產下一名男孩，以戴米德（Dermid）這古怪的教名受洗。這奇怪的名字是當時的流行，它直接源自於奧西安（Ossian）的一首詩，一位人們熱愛的三世紀的傳奇吟遊詩人。拿破崙是他的教父。勒克萊爾喜歡他的年輕妻子，但令他有點頭痛的是，她缺乏教養；在巴黎的沙龍聚會中，如果缺乏修飾門面用的一點文化的話，空有美貌是不足夠的。儘管寶莉特擁有一切，卻唯獨欠缺此點。希望她臻於完美的勒克萊爾，在她十七歲時將她送到學校——康龐夫人（Madame Campan）的居所，她是瑪麗・安東內瓦特（Marie-Antoinette）的前任首席貼身女官。她為那些出身低微的女子們開設禮儀課程，並在法國大革命時名氣攀至顛峰。寶莉特興高采烈地聽課，但令她真正開心的，是穿著督政府風格的潮流服裝。更確切地來說，是使女性褪下而不是穿戴上衣物的潮流，以層層疊輕透的薄紗，讓胸部和身體的其餘部分幾乎裸露在外；沒有什麼比偷偷地抓住其他女性嫉妒的目光，更讓在場的寶莉特喜孜孜的了。提及容貌，絕對是無與倫比的，她是一個令人垂涎的、真正的女王。

勒克萊爾前腳剛走，她便趁機與那些對她調情的人一起嬉鬧。他們共有三位，表現得十分殷勤。三位都是將領，分別是伯農維爾（Beurnonville）、莫羅（Moreau）和麥克唐納（Macdonald），這三位男子都是成熟且俊美的人，富有吸引力，光芒閃耀。寶莉特喜愛那些出眾之人。和她在一起，求愛、奉承的時間不需要持續太久，因她擁有膚淺的情感。以麥克唐納德為例，這是三人之中最精力旺盛的，他們連日躺在床上，只有在人們為免打攪他們歡愛，而將餐籃從外面吊至房間時，才中斷卿卿我我。她並未就此遺忘約瑟芬，且自從

5 督政府（Directoire exécutif，西元一七九五年十一月二日至一七九九年十月二十五日），法國大革命期間掌握法國最高政權的政府。

約瑟芬從她身邊「偷走」伊波利特．夏爾後，便對她憤恨難平。拿破崙自埃及回來，她便在他耳邊訴說妻子的不檢點。寶莉特扮演起「貞潔婦女」的角色；但另一方面，拿破崙根本不需要她的告密，因為他全然知情約瑟芬的放蕩行徑。

霧月政變[6]爆發，這是波拿巴第一執政（Premier Consul）。巴拉斯和他的同夥退場，波拿巴派系開始晉升高位。當戰爭一觸即發，勒克萊爾重披戰袍時，難以饜足的年輕將軍夫人和具有舊制度（Ancien Régime）禮教的年輕貴族——奧古斯特．德．蒙泰居正沉浸在欲仙欲死當中，寶莉特的儀態舉止儘管令他驚訝，卻符合他的口味。不幸，她對他感到厭倦了。換下一位……來的是一名如神祈般俊美的演員，他很有品味，將自己的姓氏從哈帕努伊[7]更改為拉封（Lafon），可以聽起來更順耳些。作為情人的角色，他表現得無可匹敵，也教導寶莉特許多她尚未駕輕就熟的戲碼。哎呀，這次翻雲覆雨的時日結束了，勒克萊爾被派往聖多明哥[8]鎮壓杜桑．盧維杜爾（Toussaint Louverture）的叛亂。身為他的妻子，寶莉特必須跟隨他。第一幕完結，落下帷幕。

她可不服從，我們是科西嘉的野蠻女子！什麼？要前往安的列斯群島，在陽光下受火烤，且為此離開巴黎的美麗沙龍？要反方向地走上某個約瑟芬曾經完成的路途[9]？她可沒興趣……她跺腳、哭泣、懇求哥哥……不，她忍受不了那裡的天氣，太熱了！渡海，太久了！可是難以讓拿破崙妥協。他過於了解自己的妹妹，以至於擔心醜聞發生，他很明白寶莉特無所不為。在辯論的尾聲，她宣布自己懷孕了，這顯然不是事實。她必須帶著小戴米德一同前去。

在布雷斯特（Brest），她差點碰見前一位遭受求婚拒絕的弗雷翁，她的第一任情人、她的啟發者。預感到自己將成為遠征的一員，當得知她在此地時，弗雷翁躲起來了，他不想見到她，感到無地自容。然而他將不得不稍後再贏回聖多明哥，因他幾乎立即死於當地猖獗並造成嚴重破壞的黃熱病。寶莉特無所畏懼，她扮演著將軍夫人的角色，總是雍容華貴、笑容滿面、不加思索，開心地點燃黑人們眼中的欲火，對他們來說，從未見過穿著如此暴露的白人女性。當她丈夫設下陷阱，陰險地俘虜杜桑．盧維杜爾，並將他關押至汝拉山區（Jura）的茹城堡（Fort de Joux），讓他在那裡死去時，寶莉特正舉行舞會和音樂會，順帶和兩三個勒克萊爾的中尉上床。一個男人難以滿足她，永遠地難以滿足她。除了她的放蕩行徑之外，這得多麼有勇氣啊！被黃熱病肆虐的黑人起而反抗，圍攻法國的陣地，大家懇求她帶著戴米德登船離島，以免為時太晚。沒用！那個原本不願意來的人不想離開了，她不

6 霧月政變（Coup d'État du 18 Brumaire）。由於法國大革命的督政府腐敗無能，拿破崙協同政治盟友謀畫一場奪權計畫。
7 哈帕努伊（Rapenouille），法文諧音近似「削麵器」（râpe nouille）。
8 聖多明哥（Saint-Domingue），法國在加勒比海地區的殖民地。
9 約瑟芬生於加勒比海的法屬殖民地馬丁尼克（Martinique）。

想拋下丈夫離開。要就接受，不要就罷。可憐的是，她勢必要獨自離去，因為勒克萊爾被發燒擊垮，輪到他撒手人寰。以勒克萊爾的名義，她將他的棺柩運回巴黎；她還從聖多明哥，帶回某種在手上無法癒合的傷疤，她試圖隱藏著，這極有可能是弗雷翁曾經留給她作為遺產的梅毒傷疤。

寶莉特不適合沉浸於長期的哀悼中。她是寡婦，沒錯，但她是個喜悅的寡婦。自從一八〇三年她歸返後，就充斥著舞會、派對和勾引。當時被稱作巴黎三女神的，很顯然地，有約瑟芬、朱莉耶特．雷加米埃夫人（Juliette Récamier）和寶莉特．波拿巴。寶莉特是這三個人中最小的，但並非是最缺乏熱情的。相反的，當約瑟芬因為第一執政官的存在小心行事，而美麗的朱莉耶特因「冷若冰霜」落居席次時，寶莉特顯然很難平息一股拒絕熄滅且要求增添新柴的欲火。男人們源源不絕。一直等到一位二十八歲英俊且身材偉岸的單身男子出現，一個如同克羅伊斯[10]般富有的義大利王子，也是當時代最偉大的贊助人之一：卡米洛．博爾蓋塞（Camillo Borghese）。他顯然地讓寶莉特及整個波拿巴家族十分中意：總算有一位與寶莉特相配，意即是與家族相配的結婚對象了！卡米洛無比可愛，帶著黑色的捲髮、一雙絲絨般的媚眼，以及兼具優雅和男性氣概的臉龐。寶莉特欲火焚燒：這樣一個俊美的男孩一定是個無與倫比的情人。一八〇三年十一月舉行了婚禮，但是婚禮之夜……真是一場慘敗！這匹種馬幾乎和一個十二歲的男孩一樣的軟弱無力和笨拙！悲劇啊。更尤其是，寶莉特必須跟隨卡米洛到義大利羅馬著名的博爾蓋塞宮（Borghese Palace），且夜夜未獲得改善。

卡米洛不舉嗎？一切似乎都在不幸地暗示此點。成為一位宦官的妻子？她沒辦法維持太久的時間。離婚？那顯然是不可能的。她只能從婚姻的枕邊之外尋求情趣，僅此而已！在她和卡米洛·博爾蓋塞剛成婚時，寶莉特便邀請當時代最著名的雕塑家安東尼奧·卡諾瓦（Antonio Canova）以大理石刻劃她的樣貌。當然是以維納斯的形象啊！除此之外呢？她一絲不掛地擺出姿勢……這不言自明，因為她希望卡諾瓦能夠如實呈現她本來的模樣：「這不會為您帶來困擾嗎？」有一天人們詢問她。「不會啊，為什麼會呢？這裡面有一股熾烈的情感。」她回道。

自從她與博爾蓋塞結婚之後，她不希望再被稱為寶莉特而是寶琳娜，這使她變得更加時尚和富有古風。可嘆的是，宴會、歡笑和禁忌的愛情並不能阻止死亡的逼近。一八〇四年，她的獨子戴米德去世了，她為此撼動不已。幸運的是，兄長的加冕禮那時占據了所有人的心思，並提出了檯面上無法逾越的禮節問題：不只寶琳娜，也包括她所有的姐妹們，都不

10 克羅伊斯（Crésus，前五九五年至前五四六年），是呂底亞（Lydia）帝國的末代君王。在古代文明中，其名成為有錢人的象徵。

願意「提」起約瑟芬皇袍的後襬，甚至連拿破崙也束手無策。他必須宣令，而公主們「撐起」它的條件，是她們每一個人的身後都有一位為她們提裙擺的內侍！真是笑死人了。如果她們，這些波拿巴女子們老早知道約瑟芬的命運已被註定，因為她無法為拿破崙產下子嗣，他已經決定與她離婚……她們會欣喜若狂的，但她們並不知情。某些好事之徒甚至訴說著，寶琳娜在典禮上，將會拉扯後擺讓她的敵人栽跟頭。想像一下，缺乏涵養的寶琳娜，會在她如其他家族成員般，在成為殿下的那一刻前，運用明智的判斷力而遭到兄長訓斥嗎？

這個在阿雅克肖浪潮中赤身裸體玩耍的可憐野蠻姑娘，藉由拿破崙的幫助，如同其他姐妹一樣成為了殿下。她正值二十四歲，是全家族中最小的一位。所有人都喜不自勝，除了萊蒂西亞之外，她永遠都不會習慣被稱作「波拿巴之母」(Madame Mère)！自此，寶琳娜．博爾蓋塞擁有一間在聖奧諾雷市郊路（rue du Faubourg-Saint-Honoré）上的夏羅斯特府邸（Hotel de Charost）大房子：成群的僕從、內侍和女僕，包括一位黑人——「黑奴保羅」，是安的列斯群島的一個紀念品。當她在洗澡時，會請托他人在自己身上倒水！寶琳娜就是如此，美妙地不知羞。「這個保羅看見妳裸體了嗎？」她一位朋友問她。「那又如何？一個黑鬼難道不是男人嗎？」她回答道。此外，寶琳娜對待保羅猶如對待所有僕人一樣地友善。唯一能讓她發脾氣的人，就是她的丈夫卡米洛。對於她來說，一個男人——即便是丈夫——無法勝任床笫之事，都不值得被尊重。

自從不舉以來，他們一直分房睡，她思考著擺脫這種困境的解方。因為拿破崙容忍不了女人離婚，當然也容忍不了通姦，自從他被稱作「陛下」以來，就更甚如此。既然她離不開卡米洛，就只好欺騙他了，因為感官對她的召喚總是這樣的苛求。但是要謹慎地對他不忠……拿破崙一直在監視著，藉由他的警察探員得知姐妹們每日的事蹟和行徑；特別是寶琳娜本身的……確實，拿破崙偏愛她。如果他明白她的放浪，那麼他也明白她的善良。當寶琳娜向他懇求，兩眼直望進他眼底，懇求將她的丈夫送往別處時，這意味著要離她遠遠的，以便讓她清靜。拿破崙沒有堅持，他不知道該如何拒絕她。第二天，卡米洛．博爾蓋塞獲得指令，急忙啟程。

來到一八〇五年，奧斯特里茲（Austerlitz）戰役的榮耀之年、執政的顛峰。波拿巴家族從未想到可晉升到如此的高位：兄弟和姐妹，甚至無能之徒，將成為國王和王后。所有人……除了她，寶琳娜、博爾蓋塞公主，她沒有任何治理的餘地。拿破崙在一八〇六年賜予她可憐的瓜斯塔拉伯國（principauté de Guastalla）——一個義大利北部的偏遠地帶，根本不足以使她滿意。瓜斯塔拉？沒有人知道它位處何方，甚至連皇帝也不知道。寶琳娜聳了聳肩，前去休養生息。她一直鍾情於許多療法和溫泉區，在雙重需求的驅使下：對於戀人及健康的追求，眾所周知，溫泉療養一直是豔遇的好時機。這裡比起巴黎可以不那麼引人注意！假使對於一個殿下來說，還存在低調行事的話。這會兒，寶琳娜來到了普隆比耶爾

（Plombières），在巴黎的夏羅斯特府邸中，她的私情總是偷偷摸摸進行著。但是，在此她遇見一位她波瀾壯闊的生命中最重要的男人。奥古斯特，德．福賓伯爵（comte de Forbin）時年二十九歲，衣著優雅，一雙柔和的眼睛，帶著溫文儒雅的舉止而且害羞；這矇騙不了觀察者，這隻年輕的母豹具有第六感：她嗅出難得一遇的情人氣息。福賓不是來此療癒的，少有人能像他一樣幾乎無病無痛，他只是來誘惑，並進行溫泉治療。他無所事事，符合某個舊制度貴族的成員身分。總之，他繪畫且寫了幾首文情並茂的詩。寶琳娜沒有如此高的要求，她日以繼夜地做愛，她永不感到滿足；這樣恰好，因為他也是如此。當他們分離時，她請求他來巴黎會面，而他照做了，扮成內侍官。得知消息的拿破崙，裝作視若無睹。於是開啟瘋狂的時日、宴會和歡愛的旋風。寶琳娜高調地對待福賓，贈予他豐厚的禮物，並清償他的債務。而後，突然之間，毫無預警地，她癱瘓不起。高燒、小腹疼痛，臨床症狀如此令人不安，以至我們趕緊傳喚當時最偉大的婦科醫生——哈雷（Hallé）醫生到她的床頭。他非常肯定，要麼寶琳娜改變她的生活方式，要麼她的疾病惡化。寶琳娜非常年輕時就初嘗人事，而她的第一任情人弗雷翁患有梅毒。繼他之後，她全力投入督政府時期的放蕩之中，像所有波拿巴家族的人一樣熱切、像她的父親、兄弟們一樣，蒐集許多情人。

寶琳娜性愛成癮，而且需要不斷地保持歡愉狀態。也許跟她的梅毒有關……當時沒有任何補救措施，除了透過道德的教化來減緩她的衝動。被婦科醫生警告的波拿巴之母，要求寶琳娜與必須負起部分責任的福賓分開。她只能把他攆走，她非常清楚萊蒂西亞毫不在意自己的健康問題，她只是害怕旁人閒言閒語。感到六神無主的波拿巴之母，派出她的弟弟來救援——舅舅費榭受到主宰者的恩賜而從修道院院長成為樞機主教，輪到他為寶琳娜講道了。後者平靜下來，在艾克斯萊班（Aix-les-Bains）調養的這段時間中，接著，她又喚回了福賓。現在每個人或幾乎，都得知寶琳娜的通姦，包括她的丈夫。卡米洛．博爾蓋塞縱使自知在床上「力不從心」，但作為古老羅馬貴族的驕傲，他並不服從：「如果她不是皇帝的妹妹，我的妻子活該受到一頓教訓！」卡米洛安心吧！在經過十四個月的瘋狂性愛，寶琳娜已經厭倦了福賓，他讓她覺得無趣，即便是在床上！厭煩永遠不會停留寶琳娜身邊太久。福賓退場。

到了費里克斯．布朗吉尼（Félix Blangini），這一位既不是將軍，也非貴族。布朗吉尼是一名來自都靈的二十六歲職業歌手。寶琳娜從一個療養奔去另一個，一個得以日以繼夜重回床上的藉口，以致她的健康到了惡化的地步。她的長兄約瑟夫看見她的情況惡劣，在一八〇七年寫信給拿破崙：「我認為寶琳娜健康狀態極度糟糕……。」拿破崙斥責她了嗎？無論如何，兩個月後我們發現她身在艾克斯萊班，恢復健康且沒有情人！布朗吉尼去到何方？這位歌手腳底抹油並逃至熱羅姆．波拿巴，威斯伐倫的國王（roi de Westphalie）聘請他擔任樂隊長。至於寶琳娜，她又回到巴黎的夏羅斯特府邸和聖奧諾雷市郊路上。

哎，最殘酷和出乎意料的重大打擊正等著她，那些比最嚴重的背叛更痛的話語，是由她從未愛過的人，但她從未對其造成過任何傷害的人說出來的，那就是皇后約瑟芬！據說在前年的某個晚上，約瑟芬曾跑到沃爾內（Volney）身旁——那個著名的學者，也是她的好友之一——對他說道：「我實在太悲慘了……皇帝他……我抓到他躺在寶琳娜的懷中！」這是真的嗎？還是在宮殿裡滋生的惡毒謠言？不管怎麼樣，我們都無法大掌一揮地消滅這些流言蜚語。這一年以來，約瑟芬已經知道拿破崙想要離婚，以便擁有她不能供予他的孩子。他告知她離婚這件事，卻沒有明確說出日期。自此後，約瑟芬的嫉妒無盡無窮，她知道拿破崙是不忠貞的，猶如她曾經那樣，但是約瑟芬卻感到被人們拋棄了，因此變得張牙舞爪、存心報復、脾氣惡劣。她對所有的男人女人都抱持著懷疑的態度。為什麼懷疑寶琳娜？我們容易將錯誤歸咎於慣犯身上，寶琳娜是巴黎最美麗的女人，所有的人都向她求愛，所有人都想要她爬上自己的床。拿破崙，怎麼會不想呢？亂倫嚇不倒他，道德也從未壓垮他，他是主宰者。論及寶琳娜，她崇拜她的兄長。我們當心勿對亂倫這個主題驟下評論。除了約瑟芬之外，似乎沒有人提及過此事……皇后的證詞站不住腳。確實，拿破崙滿足了寶琳娜。在一八〇七年，他剛將納伊城堡（Château de Neuilly）贈予她，這個至高無上的府邸，其房產每年帶來了一百萬以上的收入，但它並沒有蓋過整個家族的財富；當兄弟姐妹是國王和王后的時候，我們是否忘記寶琳娜僅擁有瓜斯塔拉公爵夫人的頭銜？

在一八〇八年，對於「科西嘉的食人魔[11]」來說，任何進展都不順利。西班牙起而反抗，戰火看起來無法遏止，剛晉升為西班牙國王的約瑟夫似乎不知所措。一年後，輪到沙皇成為威脅並逼近奧地利。拿破崙三十九歲，寶琳娜芳齡二十九；她時而身體強健，時而疾病纏身，繼續地趕赴療養，政治和戰爭從未使她真正感興趣。拿破崙奮力擊敗瓦格拉姆（Wagram）的沙皇，而在西班牙，鮮血尚未流完。

要保障只有一個繼承人，不再出現篡位者……這是他長時間以來一直思考的事情，如今成為必要的迫不得已。寶琳娜和家族的人因著約瑟芬被趕得遠遠的而熱烈鼓掌，這些人目光短淺，只看得見眼前的利益。他們占據的家族分支開始腐化，然而他們卻反覆琢磨著自己微不足道的怨恨；而寶琳娜，從此點來看，確實很適合她的家族。但是，與其他人不同的是，她真誠地愛著拿破崙，竭盡所能地安慰他。愛情是盲目的，她對此十分清楚。她希望瑪麗．瓦列斯卡（Marie Walewska）當上新任女皇，但這無法實現。拿破崙需要王朝的婚姻，而不是由愛締結的婚姻。如何才能撫平他的傷痛呢？寶琳娜只知道一種方式：性愛的喜悅。這個親愛的妹妹成為一位媒人婆……她知道她的兄弟喜歡金髮且身材豐滿的女人；考量到他的身高，嬌小一點的更加適合他（他身高一．六四公尺！）。她為他挑選了一位宮廷侍女克莉絲蒂娜．德．馬蒂斯（Christine de Mathis）。可惜啊，後者要嫁給她所愛的一位

11 科西嘉島的食人魔（L'ogre corse），保皇派為拿破崙取的綽號。

皮埃蒙特（Piémont）地區的男子，她想為他守身，就好像忠貞還不是個過時的美德一樣！

然而，拿破崙一見到她之後，便對她產生好感並且想要得到她。主宰者的渴望等同於一道命令：克莉絲蒂娜裹足不前。她一點都不情願，並告訴寶琳娜這件事，後者回覆她最好不要拒絕：「拒絕皇帝表達的意願是不可能的事情。喏……就連我是他的妹妹，如果他跟我說：『我想要！』我會回答他：『陛下，我聽令您的旨意！』」無疑地，寶琳娜想得真如她所說的一樣：拿破崙令人感到壓迫，如何抵抗得了那隻老鷹的凝視呢？在隨後的三十四封信柬和經歷多次的相遇，克莉絲蒂娜屈服了。總算……寶琳娜如釋重負。兩個情人在寶琳娜家中享受魚水之歡。儘管約瑟芬被離棄，但在杜樂麗宮（les Tuileries）庇護他們的歡愛仍是不合宜的；克莉絲蒂娜會是緩解拿破崙悲傷的那個美好插曲……在等待瑪麗．路易絲（Marie-Louise）到來之前。

一八一〇年一月，完結。克莉絲蒂娜終於可以與她的丈夫重逢，因為瑪麗．路易絲乘著大馬車從維也納抵達，拿破崙準備好要迎娶這個他稱作——用他粗野軍人的無禮口吻——「一個肚皮」的女人，一個他最後將會愛上的「肚皮」。與此同時，您可別以為寶琳娜對肉欲的激情就此平靜下來，她仍然需要年輕並且可煥發出健康神采的男人。瞧吧！接下來就是一位年輕的德國中尉康拉德．弗里德里希（Conrad Friedrich），他前來談判給予法國軍隊的裝備。她帶著他在自己納伊城堡的花園中轉了一圈，發現自己對他很感興趣，就把他帶到一個以岩石布置成洞穴的隱密角落。「她向我伸出手索吻，請求我坐在她旁邊，躺在柔軟的休憩床上……我不是誘惑者，而是被誘惑者，因為在半明半暗的光線下，更加強了寶琳娜施展的所有魅力，使我的熱血沸騰；很快地，天鵝絨的坐墊成為我們感情噴發的見證，寶琳娜所做的事情，表現出她是一位經驗豐富的啟蒙導師，因為她比我了解得多……。」哪個男人會拒絕這般的禮物？寶琳娜是捕食者，她的身體命令她做愛。從這個角度來看，一八一〇年對她來說是豐收的一年。當她蒐集戀人時，她享有極好的健康狀態。每天下午，她與弗里德里希一同躺在床上。

夜以繼日，她和奧地利外交官、傑出的梅特涅（Metternich），以及俄羅斯駐巴黎的大使顧問特切爾尼切夫（Tchernicheff）同床共枕。這是一位出色的哥薩克軍官、火熱的雙眼、天鵝絨般柔軟的手感，和蒙古騎兵一樣的孜孜不倦。自一八一〇年至一八一二年，當烏雲籠罩整個法蘭西帝國時，這一群收藏令人印象深刻。弗里德里希仍然忠於職守，沒多久便與波尼亞托夫斯基（Poniatowski）、卡努維爾（Canouville）、塞普特伊（Septeuil）、蒙特朗（Montrond）、卡布羅克夫（Kabloukoff）競爭……只差一點，她的個人征服就可與兄長的軍事競逐相媲美了。這是屬於她自己的巴約[12]（Bayeux）掛毯：那件瑪蒂爾德（Mathilde）王后曾經為征服者威廉一世（Guillaume le Conquérant）所編織的掛毯，那件她背著卡米洛·

12 法國諾曼第大區卡爾瓦多斯省的一個市鎮，中世紀以製造掛毯聞名。

博爾蓋塞所編織的掛毯。然而，後者徹底地知情。他怎麼可能不知道呢？有著什麼樣的名聲，就會獲得什麼樣的尊重[13]。

寶琳娜因此與波尼亞托夫斯基展開一段戀愛，一位波蘭人或是奧地利人？我們搞不清楚，因為，他是出生於奧地利的波蘭裔。一八一〇年，他代表歐洲貴族的菁英再度來到拿破崙的第二個婚禮；主宰者堅持所有的社會名流都要出席，以便見證這一次他的王朝婚姻是良緣。波尼亞托夫斯基不再是位少年，他年屆五十，但是他堅如磐石，並且早已表現得英勇無畏，因為經歷過瓦格拉姆一戰，他和他的波蘭槍騎兵將奧地利人打得潰不成軍。他帶領寶琳娜至七重天，然後提前消失在戰場上。下一位。

朱爾斯．德．卡努維爾（Jules de Canouville）的軍階排名不高，僅擔任上尉而已，但在攻破女人的堡壘方面，他沒有足以匹敵的對手。人們統計他有二十多個情婦，都是從帝國宮廷得來的。選中的戰利品……他不是很英俊，不如說是粗魯，但是他擁有獅子般的生命力，結合一股可能吸引某些女性的野蠻行徑。然而以這般作息，不令人意外地，寶琳娜身體不舒服。她只知道一種治癒方法：溫泉療養；一個月的禁欲，而後重新跳起華爾茲，比平時更加瘋狂。

卡努維爾永不懈怠。作為情人來說，是多麼地令人無法抗拒，只可惜不夠低調！讓皇帝的妹妹感到歡愉，使這個上尉沖昏了頭，他隨心所欲，甚至在某個舞會上明目張膽地穿上拿破崙送給妹妹的禮物——華麗的黑貂皮大衣。如此的膽大妄為令主宰者無法忍受，隔天，由於一道任務的指令，卡努維爾登上了馬鞍：帶一封信柬，將它親手交給在葡萄牙的埃斯林親王馬塞納（Masséna prince d'Essling）！無論如何，要澆熄卡努維爾的熱情還必須加把勁。他獨自晝夜騎行，不顧西班牙土地上不可勝數的危險，躲過伏擊；如果拿破崙以為能送他上西天，那他可是打錯如意算盤了。然而，道路被截斷，卡努維爾只得放棄並返回巴黎，不願意再讓寶琳娜孤單太久。和她在一起，我們永遠料不到會發生什麼事。他重新現身於杜樂麗宮，以致立即地遭到遣送回葡萄牙，他的任務還沒有完成……。

命運的作弄——在薩拉曼卡，他的旅程與塞普特伊男爵擦身而過，後者是上校兼寶琳娜的情人，由於太過高調，也被遣送遠方。同樣的錯誤，同樣的懲罰。正如卡努維爾所擔心的，寶琳娜毫不浪費時間：一當他轉過身，她就讓塞普特伊上她的床；這次她遭遇了某些瓶頸……塞普特伊已經變成德．巴拉爾夫人（Madame de Barral）的戀人，而他拒絕離開喜愛的情婦枕邊。這對寶琳娜可是不敬之罪……大為惱火的嫉妒女子跑去向丈夫、德．巴拉爾老爺告密，告知其妻子的情人名字。德．巴拉爾老爺在皇宮頗具有影響力，足以將塞普特伊送到西班牙，在那裡他與卡努維爾會合。這兩個情夫在屈辱中——否則的話，就是

13 此句出自俗諺：A tout seigneur, tout honneur，意指依據個人身分、位階和功績，給予讚揚和獎勵。

友誼——團結在一起，最後在葡萄牙加入馬塞納王子的軍隊。其中一人比另一位更幸福：塞普特伊在一次戰爭中被砲彈炸傷腿，他的事業生涯粉碎了；卡努維爾也受了傷，但較為輕微，他重返法國。所幸，塞普特伊因著腿得到了安慰，因為變成寡婦的德．巴拉爾夫人，最終與他結婚並給予他幸福。

一八一一年三月二十日早晨，瑪麗．路易絲誕下羅馬的國王；筋疲力盡的寶琳娜，啟程（又一次！）去艾克斯萊班。兩個月後，她如施過魔法般重生。在那裡肯定有位情人……如今，拿破崙獲得一位具有奧地利女大公身分的妻子，以及一個男性繼承人。他得以在對他不屑一顧的強權眼中，重振自己的形象，而且他比以往更加關注身邊人的行為。特別是寶琳娜的，顯然地……她的兩個戀人，蒙特朗伯爵和卡布羅克夫上校，令他擔憂到了極點。蒙特朗活脫脫是出自拉克洛[14]小說裡的爛人，一個五十多歲容貌受損的男子、老饕、酒徒、賭鬼，尤其他是個憤世嫉俗的唐璜。這沒什麼大不了——畢竟他必須要迎合所有人的口味——如果他沒有同時被警察探員列為雙重間諜的話：一個效力於塔列朗[15]的間諜，同時為其他強權提供情報。然而，沒有什麼事情比枕邊話更為糟糕了，寶琳娜有時候會表現得愛搬弄是非，出賣家族的祕密，即使只是出於對情人純粹的慷慨？幸運的是，蒙特朗未能在床上堅持到底，就被卡布羅克夫取代了。這樣並沒有較理想——這個卡布羅克夫同樣被列作間諜，當然是為沙皇服務——確切地來說，和他打得不可開交。當然，俄羅斯人對於撤退抱持謹慎的態度。

但是，寶琳娜冥頑不靈，與她的哥哥路易積極地通信——前荷蘭國王，家族中的一個跛腳鴨，拿破崙對他毫不信任。必須承認事出有因……一八〇六年，路易拒絕實行大陸封鎖，以免激怒荷蘭商人，這是叛國罪。路易立即被廢黜，以聖列伊伯爵（Saint-Leu）之名避難於奧地利的格拉茨（Gratz）。深愛路易的寶琳娜打定主意對抗拿破崙，對於家族的人亦是如此。突然，她厭倦了這所有的爭執，匆匆回到巴黎，重回卡努維爾的懷抱。嗯，是的，那位勇敢的上尉從傷勢痊癒中，恢復他所有的光采以及——唉，可惜了——他的傲慢。上路吧！轉瞬之間，卡努維爾被重新派去執行任務，這次是去格但斯克（Dantzig）！

寶琳娜難過了一會兒，開始望向他方。她似乎在維利爾斯（Villiers）這裡隱居。放心吧，她並不孤單！一整個月以來，她在那裡純粹只是囚禁著出眾的悲劇演員塔爾瑪（Talma），一位對於拿破崙來說的劇院名人，經常讓他前來晉見。這位像凱撒的新任帝王顯然喜歡宏大的主題。寶琳娜亦然[16]……。

14 拉克洛（Pierre Ambroise Francois Choderlos de Laclos，西元一七四一至一八〇三年），最著名的作品為《危險關係》（*Les Liaisons dangereuses*），講述法國大革命前貴族階段間的晦暗男女關係。

15 塔列朗（Charles Maurice de Talleyrand-Périgord，西元一七五四至一八三八年），拿破崙時期的首席外交官。

16 作者於此使用雙關，前提的宏大主題（Grand sujet）指的是拿破崙喜愛讚揚帝王豐功偉業的主題，後者隱喻男性的雄偉性癥（Grand sujet）。

塔爾瑪當時年屆四十九，算不上年輕，然而，眾所周知，演員老化的步調與凡夫俗子不一致，藉由不斷活靈活現地塑造出英雄的典範，他懂得如何保持高貴和俊美。他和兩個美麗的女演員結過兩次婚姻。失敗的婚姻……一個情婦取而代之，與他生活在一起。寶琳娜撒網在他身上，他任由被擄獲，但是寶琳娜大失所望。那位英雄在床笫之間是個普通人。她原本想像他是個征服者，猶如亞歷山大或是成吉思汗，他表現出資產階級的情趣，確實很溫柔，但是悲劇地俗套。她沉痛懷念卡努維爾的緊擁，在等待他希望渺茫的回歸時，她把目光投向一個替身人選、年輕三十歲的上尉，一個名叫杜尚（Duchamp）的人，他以勇於帶著槍炮迎向敵人並近距離地射擊而聞名。在寶琳娜眼中，這是一個充滿希望的勇氣。塔爾瑪胖得像隻孔雀，甚至沒有意識到他剛剛接受了——在沒有任何排演之下——一個新角色：一個遭到出軌的角色。話說回來，他表演得非常出色……他在寶琳娜的耳邊低喃著甜蜜的話語，而她再也聽而不聞。

一八一二年九月七日，在艾克斯萊班溫泉療養的小窩裡，寶琳娜．波拿巴、博爾蓋塞公主和杜尚上尉完美地相戀了，他感到雙倍的幸福：首先，成為帝國最美一顆珍珠的情人；接著，是作為士兵，因為在九月七日這一天，在鄰近俄羅斯邊境一個原本默默無名、卻在一夕之間聲名遠播的小村落——博羅金諾（Borodino），他作戰的同袍蒙受巨大損傷。這個地方因著是歷史上最血腥屠殺之一的防守據點而聞名：單日死亡人數高達六萬人！

第二天黎明時分，我們在屍橫遍野之中發現卡努維爾上校的屍體，他死於榮譽的戰場上，胸前掛著一張畫有寶琳娜的肖像。消息傳到了艾克斯萊班，寶琳娜徹底受到打擊。在接下來的幾個星期，她臥床不起，拒絕進食，她的健康狀況十分惡劣，極度消瘦，嚇壞了所有的朋友。她知道在俄羅斯發生什麼事嗎？棄守的莫斯科、大火、撤退、渡過別列津納河（Bérézina）的慘烈，大軍團（Grande Armée）幾乎被徹底摧毀了嗎？她可能不甚清楚全部情勢，但足以意識到事情進展不妙，極為不妙。

拿破崙離開軍隊，並於十二月十八日抵達巴黎——接獲某位馬雷將軍的陰謀[17]預警，後者差一點得逞。一八一三年二月，寶琳娜獨自一人身處尼斯，杜尚不得不加入拿破崙的軍團，情勢每況愈下。在當時是寶琳娜，這位不屈不撓的女子，向所有人展示她對哥哥的慷慨。家族中唯一的一位……拿破崙仍在德國作戰，她從自己的珠寶盒中取出積蓄並寄給他三十萬法郎。他曾贈予她大量的黃金，現在輪到她援助他……她關心著法國的戰役，一顆心跳動不已——拿破崙在那似乎重振了他所有的軍事天賦。唉，但很快地迎來尾聲，巴黎在一八一四年三月三十日投降，拿破崙於楓丹白露退位。世界的主宰者不過是一座微型島嶼——厄爾巴島（Île d›Elbe）的小國王。

17 克洛德．弗朗索瓦．德．馬雷（Claude François de Malet）於西元一八一二年偽造信件指稱拿破崙戰亡並發動政變，而後失敗遭到槍決。

寶琳娜寫道：「如果他願意讓我跟隨他，我將永遠不會離開他。我並不是將皇帝視為統治者般敬愛他，我是將他當作兄弟般愛他，我將忠於他至死。」這些話是高尚且真誠的。家族中沒有其他人辦得到，其他兄弟姐妹也做不到——儘管他曾經冊封他們為國王和王后；連波拿巴之母也無法，她的平庸讓她縛手縛腳。在瓦爾省（Var）的勒呂克（Le Luc），拿破崙正迎接寶琳娜；她撲上去摟住他，熱情地親吻他。她已經隔了一段時間沒見到他了，她答應，一旦她解決完某些事情之後，就會和他在厄爾巴島重聚，這些事情稱為「杜尚」。她知道絕不可能把他納入自己的行囊之中，杜尚沒有絲毫打算退隱至厄爾巴島這個遺落的偏遠地方。他喜歡和寶琳娜做愛，僅此而已，再無其他。他獻給她兩個星期的浩大車馬隊伍，而後離去。杜尚退場！

寶琳娜在一八一四年六月一日登陸厄爾巴島。極短暫的時間……流亡者（拿破崙）雖然心領妹妹的好意，但仍然擔心她恐會有過火的行徑。最終，她在島上只短暫停留兩天，便朝向那不勒斯，在那裡穆拉國王（roi Murat）和他的妻子卡洛琳娜正在等著她。她在那裡提起筆桿：這是關乎提醒所有家族的離散成員，使他們對自己兄弟的困境感同身受，使他們在考量情勢之下，何不在此地——在那不勒斯，為了一次必要的家庭團聚而聚首。即使寶琳娜辯護著卻徒勞無功。這些波拿巴家族的人直到最後一刻仍表現得自私自利，只惦記著要討好外國強權，以挽救他們的財富和優勢。呂西安在羅馬閒蕩，他從未真正與他哥哥和睦相處。萊蒂西亞同樣在羅馬，與她的弟弟——費樹樞機主教在一起。熱羅姆在德國，埃莉莎在巴黎，卡洛琳娜在那不勒斯，路易也在羅馬，而約瑟夫在瑞士。寶琳娜要他們面對自己的責任，他們卻一點行動也沒有嗎？如果他們在恥辱之中和失勢的皇帝重新會合，他們將為世界和強權樹立一個多麼好的榜樣！只有波拿巴之母同意去一趟厄爾巴島，然後再次拖拖拉拉、推三阻四地使她的停留時間越短越好！波拿巴家族的膽怯並未阻擋路易十八（Louis XVIII）剝奪他們所有的財產……很顯然地，只包含法國的財產。家族的某些成員將在死後遺留大筆財富，例如萊蒂西亞，這個守財奴將留下三億呢。

不久後，認為履行完職責的老太太急著重新回到羅馬。寶琳娜於是決定獨自一人前去，和拿破崙共同分擔流亡之苦。一八一四年十月三十一日，她在費拉約港（Portoferraio）下船；拿破崙堅持稱作「宮殿」的簡陋住宅中的氣氛，並不如後來籠罩在聖赫勒拿島（Sainte-Hélène）上的那般死寂。恰恰相反，她感到喜悅。皇帝的同伴們，男男女女——貝特朗（Bertrand）、德魯奧（Drouot）、康布羅納（Cambronne）和他們的妻子仍然年輕正盛；英國的獄卒當然跟之後的哈德森．羅威（Hudson Lowe）同樣一板一眼，但表現得沒那麼愚蠢。失勢征服者的新王國是個矮小王國：長二十九公里、寬十九公里，但他們展開討論、開懷大笑、策劃陰謀；而年僅四十五歲的拿破崙，雖然疲勞累積，身體狀況仍舊良好。寶琳娜在厄爾巴島上，與她在巴黎的時候完全一樣：一種循環性的情感症狀[18]。時好，時壞。當情感匱乏的時候，她覺得自己生病了，精神官能症改善的希望渺茫，甚至連拿破崙忠實的護衛馬穆魯克人[19]阿里（Ali），對於寶琳娜這種想要更頻繁地表現出微恙的傾向，也震驚不已。當她從疲乏不振痊癒時，立即變得叛逆而活力旺盛，並且以她的方式照顧著拿破崙，意即是為他安排和漂亮女人們的激情會面。這似乎是拿破崙最喜歡的撫慰方式之一，他讚賞妹妹選擇的對象，她一直是這方面的行家：哥隆巴妮夫人（Mme Colombani）、蒂奧洛格夫人（Mme Théologo）、萬提妮夫人（Mlle Vantini）、美豔的德・莫洛伯爵夫人（comtesse de Molo），毫不欣羨在杜樂麗宮夜夜笙歌的其他女子。

而寶琳娜，她仍然沒有情人嗎？若是以對她性格的了解，這是不太可能的，帝國衛隊的年輕軍官必定以有榮幸地被主宰者的妹妹挑選上，並且渡過一晚，甚至更久……即使拿破崙提防和阻撓醜聞的發生。在厄爾巴島，他不斷對自己的命運抱有信念，這就是為什麼即使被女人圍繞，他也只期待某個人的探訪：瑪麗・路易絲。他很高興瑪麗・瓦列斯卡來見他，但論及宣傳，沒有什麼事情可比擬前任女皇的來訪更重要的了。他所不知道的是，他的年輕妻子、兒子的母親，重新變成了奧地利女大公。如今還有其他更重要的事情要操心，特別是在她的新歡奈佩格（Neipperg）的陪伴之下。瑪麗・路易絲不會到來的。

拿破崙與妹妹分享了許多親密的事情，但他為自己保留了一件事，即是他內心深處決定重新贏回法國的決定。然而，寶琳娜將會向其他人一樣柔化他的流亡生活，甚至比他的情婦們做得更完美。當時沒人料想到喪失地位的老鷹仍舊希望重新振翅高飛，在他的親戚之中，有人認為他想流亡美國；這是他們為他歸結出最極致的大膽想法了。如果他早將計劃告知寶琳娜，她的態度會是如何？她會不會和德魯奧的看法一致——他唯一信任的一位，卻試圖勸阻他冒這充滿變數的旅途風險？不太可能。她過於相信哥哥的天賦，以致無法預想他可能會失敗。當拿破崙告知她要離去時，她只是哭著擁抱他。她剛把一條價值五十萬的鑽石項鍊托付給德魯奧，對他說：「收著，皇帝會需要它。好好照顧他。」

在二月二十六日的這個星期日，當時天色已暗，立身在雙桅橫帆船無常號（L'Inconstant）的船首，拿破崙航向他的命運。二十七日凌晨，坎貝爾（Campbell）衝進寶琳娜家裡，大聲叫喊：「您的兄弟失守諾言。」她覺得受到威脅，三月三日晚上，輪到她乘著三桅小船從島上逃離，抵達至義大利海岸的維亞雷焦（Viareggio）；她姐姐埃麗莎的一間府邸僅在咫尺之遙，她認為自己安全了。幾乎一轉眼的時間！她得知埃麗莎和丈夫被逮捕，並監禁在奧地利。該如何是好？剩下在羅馬對教宗有影響力的呂西安．波拿巴，他一

---

18 循環性情感症（Cyclothymia），一種慢性的情緒障礙，時而異常的憂鬱，時而異常的興奮。

19 馬穆魯克人（Mamelouk），原是中東地區奴隸出身的士兵。在中世紀末期，他們成為了馬穆魯克蘇丹國的統治者，一個從埃及地區延伸到沙烏地阿拉伯和黎凡特的大帝國。

定能夠保護她。太遲了！換她在卡爾米尼亞諾（Campignano）被捕。因為擔心被驅逐到奧地利——誰曉得呢！——她宣稱自己生病了，那個從未擺脫的老毛病。就在那時傳來了巴黎的消息：拿破崙率領一支部隊，正在前往北部的路途中。熟料，同盟國不接受他的回歸，沒過多久，即是最後的致命一擊：那隻老鷹在滑鐵盧一敗塗地，他登上了開往聖赫勒拿島的英國船隻。

寶琳娜昏厥過去，持續好幾天沒有和任何人交談。從萎靡不振痊癒後，她腦海只有一個念頭：和她哥哥重聚。但是必須有來自倫敦的許可……也許她的舊愛梅特涅能夠擺平這件事情吧？按照慣例，寶琳娜對於那些愛她的人抱有不切實際的感激。更糟的是，在那些對她瞭若指掌的男人之中，沒有一個男人願意承認自己是波拿巴將軍妹妹的情人！一個也沒有，除了杜尚之外！他從滑鐵盧奇蹟般脫險，受了傷但已康復，他寫一封甜蜜的信給寶琳娜，她為此感動得流下眼淚。在眾多將她抱在懷裡的情人之中，只有一位對她真情告白！她終於離開了卡爾米尼亞諾，並於十月十五日抵達羅馬，那天正是拿破崙登陸聖赫勒拿港口的日子。命運的捉弄！費榭樞機主教在他的法爾科尼瑞（Falconieri）宮接待寶琳娜。這裡一樓住著波拿巴之母，寶琳娜進駐二樓。她試圖讓杜尚過來，但毫無可能；後者剛被當作波拿巴黨派之人而遭到逮捕。

突然間，似乎忘記自己身分的寶琳娜，憶起了自己是博爾蓋塞公主，而且已婚。她難道不能重回丈夫的身邊，然後度過一段即使不算開心，但至少平靜的日子嗎？多麼的天真啊！有人告知她卡米洛．博爾蓋塞現今在佛羅倫薩生活，並與他美麗的表親蘭特．德拉．羅維公爵夫人（duchess Lante della Rovere），大名是瑪格麗塔（Margarita）的女人享受著魚水之歡，王子深陷熱戀之中。期待任何事情是沒有用的！不過，寶琳娜沒有失去挑戰的習慣。在一個情敵面前，波拿巴的女人從未退縮過。她的麻煩在於，卡米洛不這樣理解：在拿破崙執政期間，被迫與他的妹妹——她使他成為法蘭西帝國最為知名的戴綠帽丈夫——維持禮數，博爾蓋塞王子勃然大怒，攆走他的妻子，並下令再也不準她踏進博爾蓋塞宮一步。

幸運的是，教宗庇護七世（Pape Pie VII）——由於皇帝加冕時受到了侮辱性的待遇，本該懷有世上最好的理由痛恨波拿巴的敗類——施以基督徒的慈善並開始竭力捍衛波拿巴一族。在梵蒂岡教廷的呂西安，為他妹妹的案件進行辯護，並得到庫內奧大人（Mgr Cunéo）的支持——一個無足輕重的小科西嘉人，但像猴子般的機靈。簡而言之，教皇命令卡米洛將妻子帶回自己身邊；卡米洛躊躇不前，但是，（帶著）至高無上的優雅絲毫未暗示他綠光罩頂，也許是為了不讓人們影射他近乎缺乏的雄風……寶琳娜贏了這一局，重新享有博爾蓋塞的所有財產，伴隨一筆可觀的補償，再加上一棟位於羅馬的華美別墅，命名為寶琳娜別墅。

寶琳娜重新變回她的原貌，觥籌交錯，接待永恆之城裡的無數貴族，更不用說英國人了，他們並不是最後一批蜂擁至她身邊的。自從那隻老鷹在偏遠島嶼緩慢地老死以來，波拿巴這個名字從未在英國擁有如此高的評價。英國貴族中最出類拔萃的人物群湧至寶琳娜的別墅：荷蘭（Holland）、德文郡（Devonshire）、澤西（Jersey）、道格拉斯（Douglas）和其他某些名望較低的貴族。某些人，例如道格拉斯，比其他人更猛撲而上；年過三十五歲，即使歲月不饒人，寶琳娜仍然是最引人愛憐和最令人渴望的女人之一。道格拉斯是她的情人嗎？寶琳娜對此保持緘默，因為他是迫害她摯愛兄長的英格蘭代表。歲月流逝，伴隨重回單調的節奏：暫留羅馬、暫留溫泉地，寶琳娜時而身體強健，時而生病。她不斷地想起自己的哥哥，如束縛在岩石上的普羅米修斯[20]（Prometheus）；她的母親萊蒂西亞令她厭惡，不提供給兒子所請求的醫療援助，反而派送兩個無能至極的醫生和一個愚蠢的修道院院長前去。當寶琳娜為此責備她時，波拿巴之母給了一個令人驚訝的答覆：聖母瑪利亞顯靈告訴她，拿破崙已經不在聖赫勒拿島上了。但顯靈並沒有說出新的拘留地點，無論如何，派遣神父和醫生到該島根本無濟於事。波拿巴之母一直以來都有些瘋狂，但是這超出了理解範圍。

當布博納維塔（Buonavita）修道院院長被拿破崙從聖赫勒拿島驅逐後，於一八二一年七月回到羅馬，並宣稱他在那見過皇帝；戴著滿滿護身符的萊蒂西亞，攆走了他。神父最後見到寶琳娜，並遞給她貝特朗將軍的信柬：拿破崙生命垂危，且要求轉移至更益於健康的氣候環境。寶琳娜用盡一切方法，但只有她的母親和舅舅費榭被強權視為正式的談判對象，必須透過他們，面對他們的消極。感到氣惱的寶琳娜懇求利物浦勳爵（Lord Liverpool）——她的仰慕者之一，向英國當局求情：允許她與兄長會合，並分擔他的流放生活！寶琳娜的信件日期是一八二一年七月十一日。十五日，可怕的消息傳至歐洲：拿破崙已於五月五日去世。寶琳娜心灰意冷，如今只能懇求波拿巴之母提出要求，收回拿破崙的骨灰。這位老婦人抵制了三個星期才照做。大概她一直堅信這個消息是錯的。另一個顯靈，也許吧。

寶琳娜避難於呂西安府邸，她在那並不孤單。在她正值意志消沉的狀態之下，一個情人試圖讓她重新享受生活。他的名字叫做喬瓦尼・帕西尼（Giovanni Pacini），這是一位音樂界的名人。他擁有所有的才能：歌手、作曲家、鋼琴家。更棒的是，他俊美如神祈，並展現出自己是個傑出的情人。關於此點，寶琳娜年屆四十二，風姿絲毫未減。她能夠使一個太監欲火焚身，而帕西尼不是……但是，在床笫之外，她承受煎熬。她神祕的疼痛再次侵襲她，沒人知道它到底是什麼病，或許她的歇斯底里一直存在，再加上那該死的輸卵管

20 在希臘神話中，泰坦神族的神明之一，因幫助人類偷取了火，被宙斯懲罰鎖在高加索山上，讓他每日被鷹啄食肝臟後重新長出，周而復始。而後被海克力斯拯救，代價是必須永遠戴著一只鐵環，上面鑲著一顆高加索山的石頭。

炎；她縱欲留下的疤痕，她從未將其擺脫。

一八二三年八月，寶琳娜繼佛羅倫薩之後，重新回到羅馬。保衛家族直至最後一刻的教皇庇護七世，就此與世長辭。顯然在她周圍的一切都煙消雲散了，但是她繼續戰鬥，希望能徹徹底底地恢復妻子的權利。小科西嘉主教庫尼奧大人是此事的不二人選，他將寶琳娜的要求上呈聖輪法院[21]。這是寶琳娜和她丈夫之間的公開對立，家族勸阻她不要循此途徑，因為她有可能賠上一切。她打退了堂鼓，而後，在給卡米洛的一封信中，她提議雙方和解。如今她能夠看著生活中所剩無幾的光明面，但是情感豐富的女子註定必須受苦到最後：她仍然愛著喬瓦尼·帕西尼，儘管她幾乎再也見不到他。然而，帕西尼早已厭倦自己不復雙十芳華的情婦，在美女的簇擁之下，你追我趕的嬉鬧，毫無顧忌。熱羅姆得知背叛一事，寫信給他的妹妹。一個精神上的嚴重打擊，寶琳娜卻仍帶著笑容接受，作為一位波拿巴女子可非浪得虛名。

在一八二四年的夏天，寶琳娜來到佛羅倫薩與丈夫同住。她臥病不起，始終一樣愚蠢的醫生持續問她哪裡不適。冬天就這樣過去了。在一八二五年的春天，她寫下遺囑，並讓她喜愛的兄弟路易和熱羅姆成為繼承人；她什麼也沒留給約瑟夫和呂西安。而後神父來到，寶琳娜意識清醒，並與他們討論著平淡的瑣事。她在一個美麗的夏日下午去世。

今日，參觀者可以在羅馬聖母大殿凝望寶琳娜的靈柩，它介於兩個羅馬教皇：保祿五世（Paul V）和克萊門特八世（Clément VIII）的靈柩間，這兩人都出自博爾蓋塞家族。就此安息永垂不朽的寶琳娜，正是那位在阿雅克肖浪潮中赤著腳的野蠻小女孩、拿破崙疼愛至極的妹妹。

21 羅馬聖輪法院（Roman Rota），羅馬的上訴法院。它負責審理對違反教會法規的行政法規所進行的上訴，也處理各聖部之間的爭端。

瘸腿魔鬼的女騎士們

他生來尊貴又跛腿……這將一路伴隨他直至臨終。他遺傳自母親的漂亮臉龐，有對淡藍色的眼睛、淘氣的小鼻子和性感的嘴型。他優雅地一瘸一拐，一開始沒有使用拐杖，然後隨著時間的推移，他倚靠在拐杖上。他是個迷人的惡魔，被稱作「瘸腿魔鬼」（diable boiteux），這個人有一天會成為拿破崙幾乎不可動搖的得力助手，無疑是法國最著名的偉大外交官。他還是個說謊成癖的騙子，他振振有詞地堅稱他的先天性畸形足歸咎於某個女僕的笨拙，害他在四歲時從五斗櫥上摔下來。這是假的，因為他生來就是如此……。總之，不管怎樣，這就是個錯誤！特別是因為他以夏爾・莫里斯・德・塔列朗－佩里哥（Charles Maurice de Talleyrand-Périgord）之名出生，意即生在顯貴家族，在這個只看重貴族稱號的時代，拖著腳步前行算是非常值得的……。

縱然如此！由於當時拔劍交戰才是榮耀，所以他必須為自己學會舉起聖餐餅[1]。他的身體殘疾使他不適合從事軍旅生涯，而是被推向擔任教會職務。就像家族裡所有年幼的弟弟們必須以聖職換取從軍的時候一樣。他是家族的長子，因此，他不會是渾身泥濘的主任司鐸，而是主教，如果可能的話，他還會是一個宮廷主教。老實說，這不算糟糕：這些主教很少服從，而且一點也不貧窮，甚至毫不守貞節。話說回來，貞節在十八世紀末並不流行；相反，人們在閒暇時嬉戲放浪。而主教，他在美麗女子面前卸下他的外袍，就跟屈膝下跪般一樣迅速。他們全部如出一轍，在路易十六統治時期，撲著粉、精心打扮的主教以及夏爾・

莫里斯都沒有違背傳統。他像極了瑪麗・安托瓦內特女王（Marie-Antoinette）的樞機主教及情人路易斯・德・羅漢（Louis de Rohan），除了他的愚蠢之外……。

噢，夏爾・莫里斯不惡毒，只不過是放蕩不羈罷了！是只有在布雪[2]和福拉哥納[3]的世紀才能找到的美女收藏家。與普遍的看法相反，唐璜沒有單一的類型，至少分成兩類：一類是猛攻者，另一類是誘惑者！即伐木工人和高級細木工匠的分別。塔列朗是第二類型，他沒有黎希留的持久力——令人不可置信的好色之徒，出身低微的矮小男子但在床上永不疲憊！不，如果塔列朗累積眾多情婦，他在人們的記憶中不會猶如一個性愛狂徒，而是一個擅於愛撫的老手。其中人們不知道的一點是，他怎麼把女子帶上床的，以至於性愛過程猶在夢裡發生的一樣。和夏爾・莫里斯在一起，女人被關懷備至。他是一個出色的男子，性愛是多麼地讓他感到歡愉，以至於在大革命的前夕，在同個時間裡，他共有不下十多位情婦。簡言之，他耽溺於此。他遭遇過背叛和戴過綠帽嗎？或許吧，但這不重要，除非那個背叛者不是他人，而是他自己的妻子……。一位情人可以對您不忠，這是順理成章的事情；但一位妻子，永遠不可以。

1 指主持天主教的聖餐禮儀式。
2 法蘭索瓦・布雪（François Boucher，西元一七〇三年至一七七〇年），法國洛可可時期的重要畫家。
3 尚－歐諾黑・福拉哥納（Jean-Honoré Fragonard，西元一七三二年至一八〇六年），法國洛可可時期最後一位代表畫家。

這是資產階級時代的開端，時光逝去，大革命亦然。塔列朗是自己最初的信徒之一。作為主教，他在著名的聯盟節（Fête de la Fédération）裡主持彌撒，在革命變得兇猛之前結束了和平時期。然而，暴行和無數的腦袋落地……對於塔列朗來說，他家族的人——尤其當他們是貴族——幾乎沒有逃過一劫。他流亡至英國，隨後被無禮地驅逐出去。如今他到了美國，一如往常地優雅、永遠迷人以及是個收藏家；之後，他懷念起故鄉，一七九六年回到法國。當時是督政府時期，一個人們不再屠殺、尋歡作樂的政治體制，於是我們決定舉行一場盛宴，這正合塔列朗心意，他喜愛時下極為暴露的女性服飾。這樣的男人只能將自己的事業歸功於一位女子，他變成督政府的外交部長，正多虧傑曼·德·斯戴爾（Germaine de Staël）與她共枕之後——床上還加入了強壯的巴拉斯。

一個瘦小、乾扁，且名字難以發音的將軍，當時從義大利回來，他在那裡創造了奇蹟。具有敏銳眼光的塔列朗，從他破舊的軍服可猜出了其偉大的命運。積習難改，他決定去引誘這個丈夫，去討好這個妻子，結果就是我們的夏爾·莫里斯殷勤恩寵了某位約瑟芬。好吧，相信是誠心誠意的。雖然……一如既往地和約瑟芬在一起，我們必須小心地勿驟下結論，特別是一八〇〇年前的約瑟芬！然而，約瑟芬和塔列朗的相遇可追溯至一七九八年。那時期，波拿巴夫人懷有炙熱的欲火，她的內心熱切地為一大群情人跳動著，包含最近期的巴拉斯。確實，當波拿巴與馬穆魯克人激烈對戰時，她愛上一個矮胖，但是笑容滿面，以及無人能像他懂得討女性歡心的中尉，名叫伊波利特・夏爾。但是夏爾並非總是在身邊，約瑟芬卻激渴著愛情。夏爾・莫里斯為她解囊相助——因為她瘋狂砸錢——以他舊制度的貴族舉止、冰藍色的眼睛和頭戴冠冕的主教風範，迷倒了她。

一般而言，一個坐擁無數女人的男人不會感受到結婚的需要。究竟發生了什麼事，促使這個「瘸腿魔鬼」成婚，讓他自己成為一個還俗的主教？是貨真價實的愛情嗎？或者是其他事情？他的「詛咒」名叫凱瑟琳・韋爾（Catherine Verlée）。她出生於一七六二年十二月二十一日，在一個有著怪異名字的偏遠角落——特蘭奎巴[4]位於丹屬印度。她長大後，像約瑟芬一樣，帶著克里奧爾人的慵懶和難以形容的魅力。在歷史上的男人，那些真正的男人，都夢想著遙遠的世界。因此，比起生在法國外省某個偏僻的地方，女孩生在特蘭奎巴要好多了。這位克里奧爾女子，實際上是由一個普通的布列塔尼女子所生；沒關係！最重要的是，她是如此美麗，她比漁夫抓到魚還能吸引住男性的目光。

重點是她大膽無畏，凱瑟琳……在她十五歲，某位名叫喬治・弗朗索瓦・格朗（Georges François Grand）的軍官，外表英俊、富有，途經本地治里市（Pondichéry），然後，噢！我

4 特蘭奎巴（Tranquebar）是西元一六二〇年至一八四五年間丹麥在印度的殖民地，也是丹麥東印度公司在亞洲的根據地。

們這位小姐像海盜一樣襲擊了他。婚禮隨之在加爾各答（Calcutta）舉行，隨它去吧……凱瑟琳在各方面慶祝著婚禮。她不是一個冷若冰霜的美女，他們結婚還未滿一年，凱瑟琳便以某種幹勁開啟她火辣的翻雲覆雨。首先，是一位菲利普．弗朗西斯爵士，綽號是「加爾各答的唐璜」（沒錯，這個物種遍地開花！）。格朗是一位死板和毫無幽默的戴綠帽新教徒，聞知此事他要求離婚，但未獲准，一大筆錢封住他的嘴。不然您要凱瑟琳怎麼辦，她是「情婦」的類型，因此她必須留住她的丈夫。重要的是他要逃走了！但沒過多久，她似乎覺得印度的天空好陰沉，身體的欲望顯得千篇一律。一七八〇年，她啟程前往倫敦，她相信在那裡能撈到一些好處。在經歷兩年、十個戀人後，她抵達巴黎。從此，一個接著一個的男性掉入陷阱裡：銀行家、三級會議（États généraux）未來的眾議員，或者只是俊美的男子。

凱瑟琳．格朗並不是野心勃勃的女子，她迷戀男人，希望他們真實、熱情。出名與否，她不在乎，她感興趣的，只是他們在床上的持久度。親愛的凱瑟琳，她是個致命的美女，一個真正的金髮美女，深邃的藍眼睛、宛若雕刻的雙峰、仙女般的身材、纖細大腿。簡而言之，一個誠實的男人渴望擁有的一切她都有。法國大革命即將發生，她懷疑事態有些不對勁。她返回倫敦，耽溺於性愛之中，直到一七九七年回到巴黎，陪同在側的是她的最新情人，即義大利侯爵克里斯托福羅．德．斯皮諾拉（Cristoforo de Spinola）。沒過多久，克里斯托福羅便被懷疑是間諜，被督政府要求去其他地方，這般的美人並沒有逃過塔列朗德鋒利的眼睛，他必須擺脫現在的情人。

對於凱瑟琳，幾乎無需使出讓人喘不過氣的攻勢。一個眼神、一個手勢，噢，她就欲火焚燒了。因此，當有一個像夏爾．莫里斯這樣的男人火上加油時，她被滿足了需要……她稱他作「短腳」，這不是很好聽，但她是那種女人，知道如何在其他方面得到彌補。塔列朗墜入愛河，她並沒有，但他讓她獲得歡愉，已足矣。他是世界上最聰明的男人，而她相當愚蠢，且無論如何，是缺乏教養的。但是，愛情有讓理性忽略的諸多理由。他為此瘋狂，「他想結婚」，整個巴黎震驚不已。什麼？塔列朗要結婚了？怎麼可能？而且，事實並非如此，因為即使是要「卸去主教職位」，他也需要教宗世俗化的敕書才能達成，而他卻沒有；那個教宗是一個固執的人，拖沓著腳步。

塔列朗懇求巴拉斯介入，卻無濟於事。夏爾．莫里斯搶先一步在一八〇二年與凱瑟琳以民事註冊且按宗教儀式結婚，在沒有詢問任何人以及煩人的庇護七世之下。但到底誰惹到他？凱瑟琳．格朗成為——她從未真正期望過——塔列朗－佩里哥公主，這對一個出身微薄的小克里奧爾女子來說已經相當不錯了。在婚禮前幾週，她的幸福差點被一個令人不快的來訪打亂：格朗先生被金錢的味道引誘，從倫敦一路抵達巴黎，決心再次把他老婆的不忠兌換成現金。只不過，這一次……可能會讓塔列朗付出極大的代價，因為這涉及買下格朗的離婚。一樁離婚比一對綠帽昂貴得多！塔列朗沒有考慮太久，便說服駐荷蘭的外交部門同事將他的「僑胞」派遣到一個好崗位，不過……非常遙遠。一經查問，立即辦成，這就是駐好望角（Cap de Bonne-Espérance）的戴綠帽顧問！顯而易見，唐璜．塔列朗懂得如何擺脫競爭者們，並對於遙遠的地理擁有非常精闢的見解。

確實，這位輕佻女子已經實踐各種性愛的變換，她有著天賦，很少女人能夠如此。但是這足夠引起放縱不羈和猶豫不定的塔列朗－佩里哥對婚姻的需要嗎？此外，還和一個引起紛紛議論、相當笨的妻子，以至膽敢對一個急切想知道她來歷的交談對象，脫口說出一番愚蠢話語：「我來自印度」；當拿破崙聞知時，他一陣狂笑。不……一個更加迫切的原因促使塔列朗下定決心：她偷偷地為他生下了一個孩子，一個叫夏洛特（Charlotte）的女孩，這對夫婦在她滿四歲的時候將帶她回家！

成為公主和母親後，「前－格朗」凱瑟琳會變得安分嗎？一點也不……一八〇八年，這對夫婦應拿破崙的命令接待西班牙王子們——這位皇帝在西班牙動亂之際綁架人質。然而，這些西班牙王子們有一位王室總管顧問：米格爾．德．卡瓦哈爾（Miguel de Carvajal）。他是聖卡洛斯公爵（duc de San Carlos）暨西班牙元勛（grand d'Espagne），一個三十七歲的極品男人，第一眼便融化了塔利朗公主的欲望。凱瑟琳不是一位苦苦等待他表白的女子，她撲到他的身上；而這位西班牙征服者發現，四十六歲的美麗奴隸幾乎保留了她的風姿。此時恰值歐洲戰爭，塔列朗必須經常離去，這正合戀人之意，他們把夫妻閨房變成一間妓院。

在性感的克里奧爾女子和熱情的西班牙下級貴族之間，這是一股激情，一股干擾人的激情，但最終被人聽見了。

生平第一次，塔列朗——那位犯下如此多禁忌性愛的登徒子——遭到出軌。戴綠帽的塔列朗……簡直太離譜了！受騙的丈夫得知消息，不動聲色，他總是冷酷地看著這些不令人抱希望的崇高貴族們。拿破崙理所當然地得知此事——多虧他朋友、他的警政部長富歇（Fouché）——放聲大笑說：「您沒有跟我說，聖卡洛斯公爵是您妻子的情人。」這不太得體，但這未讓塔列朗驚訝……拿破崙曾經某天毫不客氣對他說道：「塔列朗，您是絲襪裡的屎[5]！」因此，他未克制自己，離開時回道：「真遺憾，如此偉大的人卻這麼沒有教養！」對於皇帝失禮的言詞，這次他冷冷回應道：「事實上，陛下，我本來不知道這段關係會損害您的榮耀，以及我自己的榮耀！」完結。

塔列朗不是一個願意戴綠帽的男人類型，更像是倨傲型的戴綠帽男人……他妻子的翻雲覆雨很快地令他無動於衷，即使當她喬裝成男人去和情人相會也無妨。當拿破崙把聖卡洛斯送到一個受監視的居所時，他依舊表現得無動於衷。但是，他知道箇中原因，且不需

5「塔列朗，您是絲襪裡的屎！」（Talleyrand, vous êtes de la merde dans un bas de soie!）背景出自一八〇八年底，巴黎盛傳塔列朗與富歇陰謀廢黜拿破崙，在西班牙征戰的拿破崙返回巴黎而痛斥塔列朗的一段話。

要旁人告訴他：拿破崙想擁有這位凱瑟琳，他對她的讚美一次又一次，欲罷不能，這喚醒他驃騎兵的直覺。畢竟，他已經和四、五位部長級的妻子上過床了。那麼，再多一個……超乎常理的是，凱瑟琳拒絕了。他開始討厭她，難道她一定要成為拒絕歐洲的主宰者最瘋狂的女人之一嗎？這是歸因於凱瑟琳的榮耀，她深愛著自己的聖卡洛斯。

時光流轉。拿破崙前往聖赫勒拿島上度日。塔列朗殷勤討好路易十八（Louis XVIII），且他再也不想看到他的妻子了，這時候的他已愛上自己的姪女德．佩里哥夫人（Madame de Périgord）。他要求與她離婚，沒有放聲大喊，她接受了。不然還能做什麼呢？她接受任何事情，只要聖卡洛斯待在她身邊。聖卡洛斯這男子忠於他的愛人，直到一八二八年龍蝦的消化不良讓他斃命為止。公主在他死後多活了七年，最終在一八三五年十二月十日，永遠沉睡。

塔列朗拋出冷酷的話語作為悼詞：「這樣使我的處境變得簡單許多。」而後，朝向他叫嚷的狗說道：「卡洛斯！到外面去玩……。」

《遠離非洲》
為愛而生的情人——
凱倫・白烈森

如何忘得了這個聲音呢？在《遠離非洲》的最前幾幕影像裡，我們從旁白聽見一個蒼老的女聲。一位老太太顫抖的嗓聲，向我們訴說：「我在非洲曾有座農場，在恩貢山（Ngong）腳下。」梅莉．史翠普隨即現身。對於全世界的影迷而言，她是凱倫．白烈森。

對於親密的友人，她名字叫做「妲妮」（Tanne），生於一八八五年四月十七日，她將成為兩次世界大戰期間最著名的女性之一，並且是一位重要的作家。在一個女性仍身處束縛於羞恥之中的時代，——受到用樟腦味[1]掩蓋情感的維多利亞時代影響——凱倫．白烈森以千百種方法擺脫支配激情的虛偽。她將從心所欲，離開那個時代資產階級婦女被安排的道路，過著一個冒險的生活。非洲是當時有著一切可能的建造之地。她將耕耘自己的土地；在那裡，她將按照自由的理想過生活，任意表達自己的熱情；她將失去所有，為了從灰燼中重生，而後成為作家。凱倫．白烈森不蒐集情人，她不是位交際花，甚至恰恰相反。但是對一位男子和一塊土地情感的濃烈，使她變成一個迷人的生物，與當時代控制女人的偏見和傳統相去甚遠。

在二十世紀初的一個丹麥家庭中，一位女性為資產階級婚姻所代表的順從生活做準備，是合乎禮節的事情。這不是妲妮的年少時代。她天生企圖心旺盛且自由自在，如同她相當喜愛的非洲母獅之一。她是個愛做夢的孩子，相較於她的母親英格堡（Ingeborg），她與父親威廉（Wilhelm）更為相像。至少在表面上如此，因為我們會在她母親身上發現，她自己後來顯現出的那股頑強。於是，英格堡違背家人的一致意願，嫁給威廉・狄尼森（Wilhelm Dinesen），他是詩人和難以捉摸的冒險家，在年輕氣盛的時期失去了他的第一任妻子，他相信唯一值得的愛情是難以實現的愛。

有股絕望的浪漫主義在他身上，一個賀德林[2]的靈魂。一八七〇年，他加入法國軍隊的行列，戰敗之後搭船至美國，——一切可能和放縱的地方——他成為一名鋌而走險的捕獵人，能夠勇於面對所有危險，像是和印第安部落一同經歷獨一無二的感動。三十五歲時回到丹麥，他總算停靠下來了，安置自己的農場，並與英格堡結婚。這是一場愛的婚姻。同他一起，英格堡肯定能間接過著冒險的生活。因為，威廉懷有源源不絕的瘋狂，但是威廉是為遼闊的空間而生。肯定不是為狹小的丹麥，亦非為了跟一個教育程度低落的女人結婚。他開始感到無聊。幸運的是，他在其中一位孩子身上看到自己的影子，一個與眾不同且魯莽的小女孩。

妲妮崇拜這位無與倫比的父親。他以印第安的故事、槍響聲和崇高的情感哄著她。和他在一起，她感覺距離自己小女孩的平淡生活有光年之遙。威廉著實待不住：一日在巴黎、

1 在維多莉亞時代使用常以天然樟腦（Camphor）來清潔牙齒、製成配飾等。
2 腓特烈・賀德林（Hölderlin），著名德國浪漫派詩人。

一日在奧地利、一日在義大利……當他返回家鄉時，會帶著一個有許多奇妙故事的巨型背囊，這些故事讓妲妮激動不已。隨後驀地，突然出現一陣寂靜。威廉・狄尼森上尉去世了！他上吊自殺。彷彿想逃避某個難以消除的詛咒，或是逃離曾經並且不再是的那個陰影。一片死寂和巨大的哀痛，坦妮將永遠無法真正從傷痛中復原；而愛情永遠像是握在掌心的泡沫，眨眼即逝。威廉去世，這個家對她來說只是一個無味的繭，令人窒息，甚至更糟，任由它散發死亡的氣味。坦妮的青春期就在懷念死去的父親之中度過。

一九〇三年，當時她年僅十六歲，就展現出獨創和冒險的精神。她註冊入學哥本哈根的皇家美術學院，對藝術和文學充滿熱情，並開始調情。在那個時代，對一個十六歲的女孩來說，這是極度大膽的事情，但坦妮毫不在乎。艾蒂安（Etienne）、維杜爾（Vidur）、塞西爾（Cecil）和其他男孩塑造出一個早熟少女的色欲。當然，我們不做愛，這是不容侵犯的越軌行為。但其實現實並沒有什麼兩樣，一個敢做出和坦妮一樣事情的年輕女孩，幾乎被認為是淫亂的女孩。阻止坦妮付諸實行的原因，大概是基於她調情的激烈程度，可能免除她尋找在夢中已經尋獲的事物。

幾年之後，當坦妮離開學院後，她結交一群尋歡作樂和看破一切的年輕貴族朋友，包括她自己的瑞典堂兄弟漢斯和伯爾・白烈森。白烈森男孩是一對雙胞胎。他們被培養成最高尚的男孩，意即是，對道德沒有絲毫讓步。白烈森男孩放縱不羈、風流、嗜酒且具有魅力的。兩者皆極具吸引力，但坦妮一下便為漢斯傾倒。無論如何，他們都散發出一股磁力，似乎對任何事物都不畏懼，並且釋出一股獸性。他們不讀書、不學習，只專心於狩獵，各種類型的狩獵，如巨型猛獸或是女孩。

漢斯雖然沒有受過良好的教育，卻很聰明。伯爾天生威猛，有著方形和狂野的面孔，有時會突然地閃現出乎意料的微笑，且比漢斯個子矮小但更為壯碩。毫無疑問，伯爾的野蠻使得坦妮感到恐懼。不久，她瘋狂地愛上漢斯，但後者卻迴避了。她極具魅力，但或許他覺得她過於有教養、太賣弄學問。坦妮並未放棄心中被他愛的渴望，她固執地排拒所有擺在眼前的事實，像驢子一樣倔強，只要未將腦海中引誘漢斯的想法驅逐，她就排斥任何冒險征服她的人。坦妮愛得毫無保留；愛情之於她，不是打發時間，而是絕對的追求。在對於漢斯的這種熱情中，她準備好要燃燒自己，且自己亦燃燒殆盡。沮喪威脅著她，她的一生將會如此：滿懷激奮，而後沮喪……這段愛情讓她染上重病，以致她別無選擇，只得離開丹麥前往巴黎。在那裡，她沉醉在誘人男孩們的調情中，但他們沒辦法讓她忘記漢斯．白烈森。

坦妮現今二十五歲。她美得可以入畫，穿著飄逸的衣服、寬邊帽，濃妝豔抹。她極為纖細的身材使人聯想到女舞者，吸引住眾人的目光。她的聲音是騷動人心的，低沉、些微單調緩慢，和一絲絲的扭捏。人們往往以為她是勢利眼，但她不是；相反地，她既單純又活潑，但她同樣奢華；無論如何，她會毫不猶豫地打腫臉充胖子。她希望自己是那個唯一、獨一無二、所有視線的聚焦之處——無論是男人的或女人的：對於前者是要擾亂他們心神，對於後者是想使她們嫉妒。男人們，她喜歡他們具男子氣概、粗魯、原始，她在力量面前戰慄不已。從很年輕的時候，便只喜歡冒險家，猶如她曾經深愛的父親一樣。

渴望與漢斯．白烈森做愛而始終未能如願以償。兩年後，一九一二年，她決定與伯爾結婚，這一位正在照顧一座瑞典的酪農場，這是白烈森家族的財產之一。但是冒險激起了這個喜愛廣袤空間的獵人的欲望，他感到有些無聊；至於坦妮，她感到自己準備好迎接任何挑戰了。她吸引漢斯．白烈森失敗顯然也是原因之一。當她母親英格堡得知坦妮決定與伯爾結婚時，她不可置信。後者在家庭中臭名昭彰，一點也不是因為他喜愛冒險，而是因為他肆無忌憚和過度的尋歡作樂，致使他的開銷大於收入。這對他不公平，雖然伯爾放蕩不羈，但他有好心腸和幽默感。伯爾有位富有的叔叔，在非洲擁有許多利益，所以他決定前去肯亞的奈洛比（Nairobi）地區管理一個農場。非洲！在二十世紀初，少有大陸能像這個天堂一樣，令偉大的冒險家們懷抱夢想。

事情談妥了：伯爾和坦妮訂婚並啟程前往肯亞，懷著從事咖啡種植的想法，這是當時最有前景的一項。他們一抵達蒙巴薩（Mombasa）便立即結婚。新婚之夜將在奈洛比火車上一間沒有臥鋪的車廂內度過。但是伯爾見過不少大風大浪，而餘下的是因非洲引起的激動之情；坦妮在那裡拋開了所有的恐懼，以及她顯然的童貞。

在奈洛比的鄰近處，傲人的恩貢山丘格外引人注目。白烈森的種植園在山腳下延展，那裡是種植咖啡的廣袤地區。住所雖然小巧卻迷人，且僕人眾多。最重要的是，來自非洲這種陌生的、令人陶醉的、野生的感官享受立即吸引住坦妮。她一下子就喜歡上和伯爾一起狩獵，在美麗星空下一起度過的夜晚，探索野生動物的方式。某一天她將會說，她從來未曾像在那些夜晚裡一樣激烈地做愛。她欣賞伯爾的力量，他的無懼、活力和野蠻。她也立即愛上了這些非洲人，他們對她而言並不是原始和未教化的生物。坦妮與英國殖民者不同，後者帶著可笑的優越感看待黑人，如同是要被馴服的動物一樣；坦妮則是愛他們，這使得她招致殖民者的敵視，他們討厭她一副予人訓戒的神氣、她的自命不凡，以及她傲視他們的方式。坦妮不在意，至少到目前為止……她全心投入探索非洲的神祕。

瘧疾、發燒、疲勞……沒有什麼能阻止坦妮與伯爾一起全副武裝的出發，他們如魚得水。一下子，她便感受到他冒險家的天性在召喚著她；而他偏愛狩獵旅行，遠甚過咖啡園莊主的帳目。當他狩獵時，沒什麼使他恐懼，沒什麼能擊退他，沒有一絲病痛、毫無發燒。伯爾像是鐵打的一樣，似乎堅不可摧。在他們抵達非洲領地不久後，歐洲戰爭就趕上了他們：英國殖民者和德國殖民者相互爭戰。伯爾選擇了英國人，並且是站在他們陣列中發出射擊。突然之間，在和他的某個漫長別離中，坦妮第一次意識到自己染上重病，她感到發燒、沮喪、無精打采，且喪失胃口，不吃不喝。當伯爾不在時，她諮詢了一位奈洛比的醫生。

毫無寬容的判決落下：梅毒。當時，梅毒不是一種可以輕易治癒的疾病，抗生素尚未問世，加上藥物仍在反覆試驗中。聽到這個宣布，坦妮內心一陣騷亂。特別是因為，她對伯爾忠貞，很明顯感染來源只有他。她從未嫉妒過，因為這是一種她認為與她不相稱的情緒。此外，她從未瘋狂地愛過伯爾。相比伯爾的兄弟，他較無法吸引她，但是，他是特別的那一位，多虧他，坦妮才實現夢想中另一種生活的人，就這樣而已。但是，這涉及另一件事……梅毒是造成許多後果的一種疾病，如精疲力盡、自然防禦力降低、提高各種疾病的風險，以及，或許對一個年輕女孩來說最為嚴重的是，可能無法生育。她很快得知，事實上伯爾從第一天開始便對她出軌，由於他性欲過強、出於遊戲、出於需求，或更糟的，出於習慣，他累積許多白人情婦。這些情婦是他從年輕的美國女性中找來的，還有在狩獵中找到的史瓦希利人和馬賽人黑人情婦。

坦妮對他特別惱火的是，他完全沒有告知她，他自己顯然已遭受疾病之苦。她所不知道的是，其實伯爾絲毫未覺；這個疾病對他完全不起作用。我們可能預期，以坦妮的性格會對他大發雷霆，提出離婚的要求，並公開醜聞。一點也不……她的確為此責備他，卻像斥責一個孩子惡作劇般，僅僅如此。她希望維持著婚姻，看來還沒有耗盡伯爾的魅力。但是反過來，她將以完全自由的方式獨自生活，而且不會拒絕那些因為習俗規範而失去的愛情機會。白烈森男爵夫人終於變回她自己了。坦妮不信任奈洛比的醫生，決定回到歐洲治療疾病。幸虧好事降於她身上，因為她歸返後，口袋裡裝著一種藥物——灑爾佛散（Salvarsan），並恢復她的活力。同樣地又再充滿喜悅，因為在一九一五年至一九一六年間，他們的生意蓬勃發展，而且伯爾沒有她想像的那麼無能。唉，無奈，最糟的事情總是緊接著最好的而來。一九一七年，一場水旱災的循環破壞了收成，坦妮還得知一個令她晴天霹靂的消息：她的摯愛，漢斯．白烈森，在駕駛小飛機中喪生了。她的悲傷是沉痛的，同時也是謹慎的，禮俗迫使。

迄今為止，凱倫使自己遠離奈洛比的貴族小圈子和尋歡作樂者。而今，她改變想法，並勤奮地經常前往英國和美國殖民地，那裡除了由不頻繁往來的人組合而成，在他們同個圈子中還有許多優秀的人物，如勞里．科爾（Galbraith Cole）和他的兄弟柏克萊（Berkeley）、德拉米爾勳爵（Lord Delamere）和丹尼斯．芬奇．海頓（Denys Finch Hatton）。當然，他們都擁有屬於自己的世代，並傾向在女性身上看見生活的點綴和對於戰士所必要的休憩。但是他們也懂得表現出迷人風采，他們對非洲瞭若指掌，並以自身的方式熱愛非洲；至於她，她似乎再也無法離開它了。就在那時，一九一八年，當戰爭結束時，她認識了年輕的瑞典男爵埃里克．馮．奧特（Erik von Otter）。他未滿三十歲，俊美且非常風度翩翩，他是一位經驗老道的獵人，是整個肯亞最優秀的射擊手之一。而她極為可愛、苗條、有著端正的容貌和不害臊的注視。他並不為女人瘋狂，但是，對於她，他偏離了軌道並墜入愛河。他帶她去遊獵旅行、獵捕犀牛，他們在月光下做愛，這將是凱倫一生中最快樂的時刻之一。她無拘無束地愛上了埃里克，以至她為了嫁給他，第一次考慮與伯爾離婚。但是，在內心深處，她並不想再婚，尤其是因為伯爾從美好的角度、帶著微笑看待她的那些愛情。確實，他特別沒有資格對於妻子灌木叢裡的歡愛感到嫉妒。

忽然間，一九一八年四月五日，在奈洛比的一個晚餐會上，她遇見丹尼斯．芬奇．海頓，並和他天南地北地聊了許久。她對他懷有的愛意，是對馮．奧特的十倍之多。丹尼斯．芬奇．海頓當時三十二歲，他光彩奪目、儀表堂堂，有著令人聯想到貓科動物的修長四肢。他富有涵養，並擁有讓人不可抗拒的英式幽默。此外，他和所有高尚的英國貴族一樣豪奢，是一個徹頭徹尾的冒險家，無所不為。此刻他從埃及回來。她毫無預警地、徹徹底底地愛上了他，顯然她沒有意識到他有多麼難以捉摸。

他從一九一一年起就一直在非洲，是一個精明的交易商、無可媲美的獵人，且從年幼的時候就受到人們的讚揚甚至寵愛。他過於精明，沒有因此變得愛慕虛榮；正相反，關於這些讓他無動於衷的同儕讚揚，他很清楚該如何應對。丹尼斯擁有一切：他是那種似乎生來就只為向別人展示自己優越感的存在，論及魅力和優雅，他也是出類拔萃的。她未對他承認，她覺得他與自己的父親威廉．狄尼森相像。如同威廉一樣，是熱愛自由的野獸，因此無法引領他、占有他。就是這樣，愛上丹尼斯．芬奇．海頓意味著要有永不滿足的準備，要有忍耐忽視和分離的準備，是一段非常漫長的分離。要就接受，不要就罷了……坦妮陷入情網，以至於她不得不接受。作為回報，與他相愛的時光是無與倫比的。

丹尼斯有位要好的朋友——柏克萊．柯爾（Berkeley Cole）。在戰爭期間，後者控制一間非洲的公司來散布恐懼。柏克萊其貌不揚，有著幾乎乾癟的枯瘦身材和變形發炎的關節，但當他講話和微笑時，卻變成截然不同的男人，使人難以抗拒且和他的朋友丹尼斯一樣風趣，具有獨特而高雅的文化素養。柏克萊．柯爾有自己的祕密花園：一個美得不可方物的索馬利亞情婦，社會風俗迫使他祕密地與她往來。他心煩意亂，在叢林裡邊豪飲香檳，邊聽著莫札特。柏克萊．柯爾是獨一無二的，很顯然，他只能和丹尼斯變成莫逆之交：他們想法處事如出一轍。至於伯爾，當他知道坦妮和丹尼斯是對戀人時，他毫不改變自己的作風，繼續讚賞丹尼斯這個無可匹敵的獵人。在兩次的遊獵之間，他不斷前來占據妻子的枕邊，即使知道丹尼斯早先來過；這便是當我們身為貴族的時候，應該有的處世方式……而且，從這個角度來看，一個瑞典男人絕對不會遜於一個英國男人。

在一九一九年間，坦妮和丹尼斯幾乎很少碰面。丹尼斯在英國陪伴他的家人，並藉此機會與一位名叫艾瑞斯（Iris）的卓越詩人譜出完美的愛情；坦妮則和伯爾在巴黎一起逛遍商店，且在很短時間內，花光咖啡生意賺來的積蓄。接著，她前去丹麥，但在那裡她感到無聊透頂。這也是她向母親坦承，她隱藏至今、關於她疾病真相的機會。已經不太受家人愛戴的伯爾，發現自己處於受人唾棄的境地；非洲農場的主要股東——艾格（Aage）舅舅另覓接任他的管理人。所幸，這只稍稍破壞伯爾天生的好心情。從很久以來，比起咖啡事業，伯爾更喜歡在馬賽人保護區狩獵，在那裡他圍捕不少獅子以及部落的美麗生物。至於坦妮，在弟弟托馬斯（Thomas）的陪同和幫助下，回到非洲管理種植園。

丹尼斯仍然缺席，英國和他的愛人們將他留在那裡；坦妮則多虧了托馬斯的存在和帶有默契的活力使她高興。她仍舊不願意與伯爾離婚，儘管這是他們現在不得不承認的一個事實。這位冒險家因為害怕被他的債主們追捕，而不願再度踏上奈洛比。他負債累累，多虧坦妮的慷慨才得以存活。她如此堅持直到一九二一年，她決定離婚了，儘管他們沒有孩子，但是這個過程將持續數年的時間。

一九二二年的五月，丹尼斯．芬奇．海頓返回非洲。我們不知道他當時是否耗盡英國式的愛情歡樂，亦或從他身上感受到了對於非洲的思念，一個名為坦妮的思念。無論如何，他回去了，隨之而來的是美好的幾個禮拜，他和情婦一起待在農場，時間猶如靜止般。他和坦妮享受每一分、每一秒，聆聽舒伯特（Schubert）、捕獵獅子並且做愛。時間過得越久，她越愛他，同時尊重他的來去自由。無論如何，凱倫亦覺得自己是個自由的女人，不願意依靠任何人。有時候他會未預先告知地離開她，這讓她感到難過，但她告訴自己，與這樣的男人共度的每一分鐘，可是比起與另一個人共度一生更具有分量。她很快地深信，永恆與愛情無法攜手同行。

她最深切的悲痛，就是流產並失去丹尼斯的孩子，可能是梅毒導致的。禍不單行，農場的經營狀況不佳，儘管托馬斯付出了很多努力，也有很多才華，但還是無法扭轉局面。惡劣的氣候是壓倒駱駝的最後一根稻草，它預告著破產的危險。此外，歐洲的醫生縱使做出努力，但是梅毒的治療仍未試驗完成，坦妮承受著病毒發作的痛苦，加上免疫防禦能力下降，導致嚴重的關節疼痛和發燒。丹尼斯持續不在，並忙於他自從在英國長居以來就一直瀕臨破產的生意。在此之前，他住在奈洛比附近的一個小莊園裡，忽然間，憑著他性格中的這股倉促，他帶著武器和行李突然來到坦妮的家，安頓在她家中。對於坦妮而言，這絕對是嶄新的幸福；沒有想到的是，什麼都沒有改變，無論是安頓在他家裡還是在坦妮家中，他繼續自己全然自由的生活，來去自如。這讓她心灰意冷，卻不動聲色，也許這就是要留住他所須付出的代價，而她對此心知肚明。但是也有很多美好的時刻，當他回來時，他們在一起聆聽史特拉汶斯基（Stravinsky）或孟德爾頌（Mendelssohn），在柴火堆前彈奏吉他、朗誦詩歌並做愛。

當丹尼斯離開後，有時他最好的朋友柏克萊．柯爾會抵達恩貢山腳下的農場。他的幽默和活潑不過是表象，坦妮知道他是個受傷的男人。不幸的童年和疾病是原因，然而沒有什麼人事物可以使柏克萊・柯爾的生活之樂蒙上陰霾，他的歡快是如此富有感染力，以至某天他以半嚴肅、半諷刺的口吻說著，考慮和坦妮結婚。無論如何，毫無疑問地他們互相喜愛；這不像是和丹尼斯在一起的激情，而是一股感到心安的生活和甜蜜。坦妮有時候會想再婚，但不可能是與丹尼斯，他們熱烈的愛情並不適合婚姻以及那些習俗。

凱倫如今三十九歲，不再是一位年輕女人。然而，在所有圍繞她打轉的男人眼中，她仍然讓人著迷。聰明、難以忍受，反覆無常、引人注目、永遠美麗，且穿著專屬於她的新穎裝扮、富有魅力的服裝，就如身著狩獵褲及夾克一樣好看。一九二三年，丹尼斯回到英國臨終的母親身邊，坦妮返回丹麥與農場的合夥人評估情況。沒過多久，她得知柏克萊剛剛去世，心臟病發而死；丹尼斯已回到非洲，卻在坦干伊加（Tanganyika）狩獵。她回到恩貢山，接下來是陰鬱的兩年，交替著丹尼斯的回歸，以及他總是離開她時的沮喪。再次懷孕，二度流產。不管怎麼樣，丹尼斯不希望有孩子，不論是由她還是任何人所生。丹尼斯在蒙巴薩稍微偏北的地方，建有一座朝向印度洋的房子。這是一座頗為奢華的純阿拉伯風格的小宅邸，有許多裝飾迴廊的列柱。坦妮在主人少有露面的時間中，度過無比美妙的浪漫時光；隨後，丹尼斯開始長途旅行，坦妮重回孤獨。

農場每況愈下。她的工頭發現苗頭不對，拋下了她，股東拒絕提供新的資金，坦妮只得向丹尼斯借款。她已婚的兄弟托馬斯回到英國生活，她徹底地孤身一人。看起來視而不見的丹尼斯，知悉坦妮的絕望，儘管她勉強地試圖隱藏；他擔心當他離去時，她會做出一些無可挽回的事情。所以他設想了一個計策：他們的一位朋友，據說是偶然碰到，會被安頓在農場一段時間。丹尼斯可以安心地離去了。

到來的一九二七年，無可避免地是栽種急劇下滑的一年，坦妮無法再支薪給工人們了。但是很快地，丹尼斯從億萬富翁的遊獵之旅中回來，這就是幸福，一個完滿的幸福。黃昏時他們在迴廊上抽菸、狩獵獅子或做愛——重覆的單調生活。一九二八年無庸置疑將成為坦妮在非洲最美好的一年，她當時就像在伊甸園品嘗禁果一樣。

坦妮當時是多麼幸福，以至於忘記她內心深處的悲傷。丹尼斯終於拋開他傳奇般的矜持，頭一次向她展現真正的溫柔，她觸動不已，除了這些時刻以外，其餘的都無關緊要。她終於感受到被愛，瀕於破產的農場、伯爾和第二任白烈森男爵夫人的再婚，皆不重要。她很樂意獻出所有男爵夫人的頭銜，只想被稱作為芬奇・海頓夫人。再說，整個奈洛比都是這樣看待她的。

一九二九年，她與丹尼斯一起前往他英國的家。在那裡，她受到丹尼斯的長兄托比（Toby）的冷淡接應，托比在父親去世後成為溫奇爾西勳爵（Lord Winchelsea），在他的想法中，沒有任何人，尤其是沒有任何一個女人，能夠把丹尼斯從他的家人中搶走。丹尼斯是他們家族的偶像，他們認為他只屬於家族。

丹尼斯和坦妮回到肯亞他們的家。自此後，一股嶄新的熱情盤據在丹尼斯．芬奇．海頓心中：飛行。他剛發現飛行帶來的樂趣，並考過了飛行員執照。當他不在遊獵旅行的時候，他就在穹蒼之中。在此期間，現實追趕上了凱倫．白烈森。農場在破產邊緣，她必須下定決心，該是時候放棄它了。她最大的痛苦，是必須失去她所愛的非洲的想法，她愛得幾乎與丹尼斯一樣深；丹尼斯剛剛買了新飛機，一架黃色的雙引擎飛機，他命名為Nzige，在史瓦希利語中意為「蚱蜢」。他載著凱倫進行第一次飛行，然後有了第二次、第三次的飛行……他從來沒有顯得那麼幸福過。他們將一起飛過非洲的角落，攀至雲端上、降落直至飛掠山丘，以欣賞揚起的草和跳躍的成群羚羊。

在某次航行的一個晚上，一位老基庫尤人（Kikuyu）用一首僅屬於非洲賢哲的美妙詩歌詢問她：「您見過上帝嗎，凱倫夫人？」這令她發噱。「當然沒有，」她答道。老基庫尤人下了結語：「那麼，是因為您飛得不夠高！」

農場如今拋售，坦妮的所有願望都朝向一個目標邁進，即尋找一個可以使她留在非洲的安排。她一秒鐘都無法想像要離開它。種植園在拍賣會上售出，落入一位奈洛比的年輕女商人手中，她展現出貴族的氣派，且允許凱倫留在那裡，直到足以把土地賣給開發商。

無論如何，她都必須待在那邊，直到最後一次的咖啡收成為止。唯有與丹尼斯的飛行才能夠消除她的痛苦，丹尼斯開玩笑地說道。她露出了微笑。事實上，她感覺到絕望，她口口聲聲說要與狗馬同歸於盡，接著她立刻笑了出來，但丹尼斯知道她可能是認真的，現在他帶著沉重的心情、心慌意亂地離開她去遊獵旅行。

他們最後一次是如何分手的？我們並不知道。有些人說丹尼斯拒絕帶她去遊獵，因為這太冒險了。還有人聲稱他們爭吵過。最後，有人說兩位戀人分手了。急躁不安的凱倫表現出太強的占有欲和喜愛爭吵。這已遠遠超過丹尼斯的忍耐程度，當有人觸及到他的自由的時候，他一丁點耐性也沒有。或許還有一段女人的故事，一個比凱倫年輕的女人。丹尼斯確實向許多漂亮女人提供首航的飛行體驗……根據她弟弟托馬斯的證詞，凱倫原本打算自殺，打算劃開自己的靜脈，所幸人們在為時已晚前撞見她。丹尼斯獨自一人飛往他的遊獵基地，他剛降落在肯亞海岸旁的維平戈（Vipingo），螺旋槳損壞了，人們修理好後，它再度起飛。就在那時發生悲劇：飛機起火並立即墜毀。

在奈洛比，大家聞知這個消息，卻未傳至凱倫居住的恩貢山。就在她抵達奈洛比時，一位朋友、麥美倫夫人（Lady Macmillan）將她帶至一旁並向揭露這件悲劇。她將寫下：「我一聽到丹尼斯的名字後，我就懂得了一切。」丹尼斯消逝了，永永遠遠。從很久以前，她便預感終有一天必須如此結束。丹尼斯・芬奇・海頓埋在恩貢山的其中一座山丘上，正是他們兩個曾經選擇作為其墳墓的那個地方。

一九三〇年七月，凱倫．白烈森啟程去了蒙巴薩，她永遠也不會回到非洲了。她返回丹麥，寫作成為她新的冒險。一位偉大的作家誕生了。

穿著貂皮披肩、多情的「莉莉瑪蓮」——瑪蓮娜・迪特里希

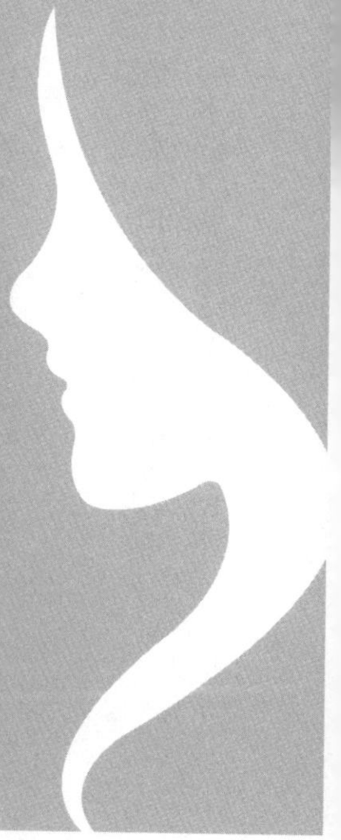

她生來名叫瑪麗亞・瑪德蓮娜・迪特里希（Maria Magdalena Dietrich），但是將被稱作瑪蓮娜（Marlène），這對於習慣粉飾真相以便創造傳奇的她來說，更為悅耳。她永遠不會對捏造故事有絲毫的顧慮，特別是關於她個人的。她從來不提父親，她的父親不過是德意志帝國（Allemagne impériale）的一個低階警官；至於母親，她談論得更多，因為這位手工業的繼承人——一個具有魄力和責任感的女人——對她而言，更值得關心。瑪蓮娜有一個姐姐莉賽兒（Liesel），她過著無所事事的人生，還有一個對電影充滿熱情的舅舅威利（Willi），當時才剛剛入行。

我們正處於二十世紀初期，因為瑪蓮娜出生於一九〇一年。年幼的她已經相當標緻了，但是在這段時期的照片中，我們從她的眼底看見一抹悲傷的影子，而這將永遠跟隨她。她也是極敏感的，自十二歲起便忠實記錄的筆記本說明了一切。瑪蓮娜的童年和青春期飄揚著樂音，她學習唱歌、彈奏小提琴和粗略的鋼琴。後來，當她將回憶起一九一四年的那場戰爭，就是她成為孤兒的時刻：路易・迪特里希（Louis Dietrich）死於前線，不久約瑟芬的枕邊就被一位愛德華（Eduard）、她父親最要好的朋友所取代。爾後，愛德華也同樣地撒手人寰，這就是最醜惡的戰爭之中所付出的代價。

約瑟芬哀悼了一會兒，重新埋頭在她的生意中。她二度守寡，但當有兩個年輕女孩要撫養時，她是不可能灰心喪志的，而且，灰心喪志……真的不是這個家的處事作風。瑪蓮娜十六歲，心中懷著悲傷，但是同樣充滿熱情並渴望討人歡心。她對男人和女人皆具有吸引力，充滿情欲的她，對男人和女人，皆感到無邊無際的怦然心動。瑪蓮娜懷有熱烈的愛欲，然而她的喜好沒有太大的區別，她點燃了那股德國人浪漫的灼燒火焰；當我們熱愛著歌德（Goethe）、席勒（Schiller）和里爾克（Rilke）時，就是這個樣子，她瘋狂地愛著他們。十八歲時，她更加地喜歡男孩，至少是那些存活下來的男孩，因為當時許多人死在戰壕中。共產份子威脅著嶄新的共和國，新共和國還沒有看到更令人擔憂的納粹衝鋒隊出現在它的右側。在一旁的希特勒，等候著屬於自己的時刻到來。

約瑟芬在母親去世後，繼承了家族紡紗事業。無憂無慮的瑪蓮娜，稍稍地將自己投入彈奏小提琴中；而後，全心全意地，沉迷在她的第一位情人、她的導師裡。這個戀人的眼神就是她相遇所有男人時，他們看她的眼神。瑪蓮娜已經清楚知道發揮在他們身上的吸引力。

一九二〇年代是所有瘋狂發生於德國的年代，特別是在柏林。瑪蓮娜太過優雅、美麗，加上憂鬱、迷人的目光；過於苗條的雙腿、過於纖細的身材，以致她無法投入彈奏小提琴。當您擁有這樣的臉龐和令人神魂顛倒的胴體時，您必須展現出來，並且發揮它們的功用。這不僅僅是獻給一些擦身而過的男孩們，而是必須將它們獻給全世界。恰好，這是一門初生的藝術……它名叫電影。威利舅舅鼓勵瑪蓮娜並且半說服了約瑟芬，但是由於後者不懂得拒絕兄長，所以事情很快地談妥了。

為了獲取經驗，瑪蓮娜從卡巴萊歌舞表演起步。以她擁有的一雙腿，歌唱和跳舞絕對可變成她的一門拿手絕活……尤其是柏林正在歡欣慶賀。在通貨膨脹的打擊之下，街道上越是熱鬧，德國馬克跌得越嚴重，城市越是享受歡愉。香檳海量地傾倒，人們做愛不忌諱男女之間、男性之間，和女性之間；似乎沒有任何事情是被禁止的。當世界末日即將來臨之際，總是如此。瑪蓮娜經歷舞台階段，人們不是因為她的大腿或是嘴唇而錄用她，往往是因為她的嗓音——一個低沉、溫暖、瘖啞的嗓音，一個令您顫抖的嗓音。瑪蓮娜不計代價地全心投入，當前投入於戲劇的心力比投入在男人們身上多，他們一個個拜倒在她腳下，她誘哄他們、以性感的眼神凝視他們，但愛情僅止於調情。目前，躺在床上的瑪蓮娜更喜歡女人，例如年輕的女記者格爾達．胡貝爾（Gerda Huber）。

在電影界中，是威廉．迪亞特勒（William Dieterle）挖掘了她。當時的導演們覺得她稍微圓潤、有點娃娃臉，不夠「具有致命的吸引力」。除了一個人——迪亞特勒捕捉到了她那股難以言喻的魅力，她是一顆具有潛力的明星，但尚未蛻變。

她跑遍許多試鏡。那一天，她現身於《愛的悲劇》（*La Tragédie de l'amour*）俊美的徵選經紀人面前，且帶著一隻用皮帶拴著的小狗，真是有備而來。經紀人的名字叫魯迪．西伯（Rudi Sieber），他年輕又英俊，但已和製片人的女兒訂婚了。無關緊要……他被這雙隨心所欲地表達所有情感、奇異的藍色眼眸所攪亂、迷惑，他墜入愛河，拋下未婚妻，並幾乎是立刻在一九二三年五月十七日與瑪蓮娜結婚。不用說，那個角色她當然沒有獲得，但瑪蓮娜不在乎，因為她戀愛了……這是一位非常特別的情人，雖然她愛魯迪，但她不想和他做愛。從最初也是唯一的歡愛之中，一個小嬰兒誕生了：瑪莉亞（Maria）。這將是她唯一的孩子。

在二十世紀二〇年代柏林的狂野派對上，看見他們相愛的狂歡份子和夥伴們，誰敢打賭這兩位不再是戀人？他們變成了朋友，而且是堅定不移的、具有優先地位的那種朋友。然而，魯迪和瑪蓮娜各自追逐他們的獵物；魯迪追逐女人，瑪蓮娜追逐男人和女人們。對她來說，沒有什麼是不道德的，沒什麼能夠阻擋她。不得不說，在這座巴洛克式的柏林中，毒品與香檳會混合一起、人們會在選帝侯大道（Kurfürstendamm）上的俱樂部私人房間裡做愛，沒有什麼事情是被禁止的。魯迪碰上一位名叫塔瑪拉（Tamara）的女子，一位光彩奪目的年輕俄羅斯人，她將再也不會離開他。所有美麗的人們在家中、西伯的住所中，重新齊聚一堂。人們將會明白離婚是不可能的事情，這段婚姻是因為友誼而存在，而不是因為愛情。

同段時間，瑪蓮娜出演了幾齣卡巴萊歌舞表演。很快地，她變成了不可或缺的要角、一顆寶石。在德國，除了她自己，沒有人穿著性感衣物、或具有節奏感地把腿抬得跟她一樣完美，且被包覆在顯現身材的貼身衣物中；所有遇見她的人都目眩神迷，且心甘情願。不過，不確定瑪蓮娜能否提供每個人所渴望的一切事物。無所謂！他們仍拜倒在她的腳下……彼得・羅赫（Peter Lorre）、奧托・普雷明格（Otto Preminger）；轉眼間，她就成了名人。當時，在她瘋狂的年少時代裡，她似乎更喜歡女人們，如這位法國女演員瑪格・里昂（Margo Lion），她和她一起譜過一段浪漫戀曲。

在德國的電影業裡，她的發展較為停滯：她只接演一些小角色。現在是一九二九年，希特勒離他的夢想僅咫尺之遙：戰爭後毀滅了七千萬德國人的極權。

運氣有時候會在討好它的人面前出現。那一晚，她坐在歌舞酒館的扶手椅上，大腿緊裹著絲綢，作為舞者登台演出，那位決定她命運的人就在現場。他的名字是約瑟夫・馮・史登堡（Josef von Sternberg），一位來自奧地利但在好萊塢發展的導演，他是電影界真正名流的絕對保證，個子高大、英俊，些許的刻薄和居高臨下的態度。在同儕中，算得上是一位明星。他在柏林拍攝《藍天使》（*L'Ange Bleu*），這將是一部講述一位名叫蘿拉・蘿拉（Lola Lola）的女歌手的故事，她是柏林酒館的頭牌歌舞女郎。史登堡才見到唱歌跳舞、身著男裝且裸著大腿的瑪蓮娜，就知道「她將是藍天使」的人選。她沒沒無聞？沒關係！她沒有在人們挖掘潛力新秀的製片廠排著隊伍？沒關係。他想要她。而且他是史登堡，這已足矣。男主角埃米爾・強尼斯（Emil Jannings）縱使不滿地撇撇嘴，史登堡也毫不在意。

瑪蓮娜年輕、有可塑性，對於一個像史登堡可將演員如沙泥般揑塑的創作者來說，這並不是薄弱的優勢。他藉由依附在美國的上流社會而晉升貴族，曾讓瑪麗・畢克馥（Mary Pickford）和其他默片明星入鏡。強尼斯就是維克托・弗萊明（Victor Fleming）創造的產物，一個在攝影棚外增添戲碼、令人討厭的傢伙。他自視天才，而且確實如此，正是他讓史登堡閱讀亨利希・曼（Heinrich Mann）的小說，一本講述教授愛上女歌手，具激情和毀滅的小說。對於一位演員來說，是個寶貴的角色。只不過史登堡認為，對一位女演員而言，更是一個絕佳的劇本。教授昂瑞特（Unrat）[1]年老且戴上綠帽；蘿拉・蘿拉年輕而迷人。強尼斯強烈地認為，對演員來說這正是一個近乎悲劇性的角色。史登堡量身為他的創造物打造一個角色，讓她徹底變為女主角，卻讓強尼斯－昂瑞特淪為配角。這是一場騙局，但知名男星渾然未覺。史登堡以瑪蓮娜的方式打扮她，意即是輕紗薄翼；此外，也要求她以自己的方式唱歌，一個幾乎無聲、嘶啞、奇異的、擾動人心的聲音。我們從未如此塑造她，而他卻塑造出一位明星來，如同變戲法般。在他的掌控以及燈光下，瑪蓮娜令人瞠目結舌。她成為一位永恆的美人，史登堡瘋狂地愛上她，但或許他自己還未察覺這件事……

由於《藍天使》這部傑作，瑪蓮娜獲得了一紙為期七年的好萊塢合約。她猶豫不決，因為她太深愛德國了，這是她母親、姊姊，以及她丈夫兼友人魯迪居住的地方，她不想離開這裡，而且小瑪莉亞不該在她的缺席之下長大……魯迪鼓勵她接受並且說服了她。她出發

1《藍天使》小說男主角。

與史登堡以及派拉蒙影業公司（Paramount）會合，然而只參與了兩部電影。隨後的事我們再看下去吧……她拋下了魯迪，還有幾位情人。如今是一九三〇年了。

約瑟夫堅定不移地等待她，從此之後更確信愛上了她，以至於決定離婚。還有派拉蒙也等著她，指望她來打敗米高梅（MGM）的票房和旗下被暱稱為「女神」的瑞典女明星葛麗泰．嘉寶（Greta Garbo）。喬（Jo）和瑪蓮娜將與擔任男主角的賈利．古柏（Gary Cooper）合作演出《摩洛哥》（*Morocco*）。

在好萊塢，這是群星的時代，一群半人半神的生物被獻給陷入瘋狂的群眾。作為當時的一名好萊塢女明星，是需要做出某些犧牲的。嘉寶不生孩子、不下廚；她是無法觸及的、不可被征服的——是她馴服男人們。她尤其不應該結婚；若她已婚的話，也絕對不能持久，然而她是女同性戀且沒有丈夫。但瑪蓮娜有一個她非常重視的丈夫，也擁有一個孩子，加上她樂於為朋友下廚，如此多的瑕疵，她仍不打算放棄……即便美國不待見她。

喬為她瘋狂，但她沒有陷入情網。如果她獻身於他，只可能是為了感謝他。還能如何更好地回報那個為您打造巨星裝扮的人呢？在《摩洛哥》拍攝現場，她對英俊的賈利．古柏（Daniel Cooper）傾心不已，這使得他的墨西哥妻子惱火。因此她保持低調，卻僅僅是為了不讓喬難堪。至少，目前還沒有……

《摩洛哥》是一部以沙漠為背景，描寫一個傭傭兵和一位來自社會底層的女歌手（又一次！）之間超現實而近乎愚蠢的愛情故事，它獲得滿堂喝采。這是因為一個多情的天才，當愛情縈繞在他心中時，就能把一個狗血的言情故事變成一部傑作。對瑪蓮娜來說，在成名路上她又晉升了一級。但這對於哀痛德國、魯迪和瑪莉亞的瑪蓮娜來說並不滿足……她十萬火急回到柏林。爾後，在一九三一年，她返回美國，連袂魯迪和他的情婦塔瑪拉——年輕的俄羅斯女舞者，當然還有瑪莉亞。喬和《上海快車》（*Shanghai Express*）在那等著她。

那裡也有一位好萊塢最知名的法國人，他藉由巴黎的電影和密斯丁格維特（Mistinguett）[2]跳到美國的大螢幕。莫里斯．雪佛萊（Maurice Chevalier），一位戴著側向耳朵的草帽、愛打趣的男子，是個十足的勾引者。瑪蓮娜被勾引時從不拖泥帶水，他們成為戀人，但是一如往常，是一對低調的戀人，因為美國嚴肅看待通姦之事。莫里斯已婚，瑪蓮娜也是，而史登堡亦然。但是，史登堡卻把自己看作是一個受折磨的天才，這令瑪蓮娜極度厭煩。和巴黎的莫里斯在一起，至少她能開懷大笑，並以她喜歡的香檳風格做愛；她同樣需要那位天才、娛樂的角色和朋友——也就是她的丈夫魯迪，那位拖著塔瑪拉至她的每一個行程的丈夫。最起碼要做到這樣，才能忍受瑪蓮娜。

2 法國歌舞秀顛峰時期的代表歌手。

《上海快車》的劇情跟前幾部電影一樣愚蠢，但無關緊要，因為這只是力捧新星的一個藉口。甚至連電影也不過是一個藉口，因為對於史登堡來說，這是讓瑪蓮娜有血有肉的畢馬龍[3]（pygmalion），她是第一、唯一且是獨一無二的。這部電影的成功超出所有人的預期。在這三部電影中，魔術師塑造出了最迷人的明星，她壓倒競爭對手。米高梅和嘉寶自己退居二線。

藉由《金髮維納斯》（*Blonde Vénus*），她處在眾星雲集的穹蒼之中。然而她是一個悲傷的明星，因為現實禁止她回到心愛的德國。納粹無處不在……她隱居在聖莫尼卡的宮殿中，並以香檳灌醉自己；當然是和魯迪及莫里斯一起，他們太過迷戀她了以至於無法待在與她相隔遙遠的巴黎太久。由於希特勒和他的黨羽們策劃剝奪德國國籍，例如一群背叛「利益」的作家與演員。瑪蓮娜為她的母親和姊姊膽戰心驚，她們像驢子一樣頑固，拒絕離去。說服媽媽約瑟芬嗎？就像把一面混凝土製的牆捏成黏土般，根本不可能。瑪蓮娜靠麻醉自己來排遣心事，為此，她必須擁有大量充足的香檳和愛情兩樣事物，當然，她做事情從來不半途而廢！她滿足了莫里斯、演員布賴恩·艾亨（Brian Aherne）和冠軍弗雷德·佩里（Fred Perry），且全部在同一時間。而後，她加入了一位女人（其實她從未放棄過），就是梅塞德斯·德·阿考斯塔（Mercedes de Acosta）。她是西班牙人、美麗、棕髮、黑眼瞳，就如同瑪蓮娜是金髮、藍眼睛一樣。梅塞德斯是嘉寶的親密友人，突然出現在競爭對手的枕邊……也許是為了讓「女神」發牢騷，誰知道呢？

旅程持續著。巴黎、倫敦，為了她的事業中途停靠，並且在那裡進行性愛——要是沒有墜入愛河的話。永遠有莫里斯，還有艾亨、歌手漢斯・賈拉（Hans Jaray），及一位新的情人……當然，不能遺漏喬，準備好進一步塑造她的喬。這次要將她塑造成俄羅斯的凱瑟琳（Catherine），有哪有角色能比起這個專制的、敏感的、多情的、冷酷的、性感的女沙皇，更能決定性地鞏固其閃耀明星的地位！她是擁有無數情人的凱瑟琳。但頭一遭，這是一項失敗！《放蕩的女皇》（*L'Impératrice rouge*）徹底失敗。

喬勃然大怒，馬上拍攝根據皮耶・路易斯（Pierre Louÿs）小說《魔鬼是女人》（*Le diable est une femme*）改編的電影。為了這部電影，派拉蒙影業強迫他受知名編劇和小說家、約翰・多斯・帕索斯（John Dos Passos）的掌控。喬接受挑戰，他無法忍受任何人，除了他自己以外。而在這個外遇的通俗故事中，還必須有一部傑作。系列的倒數第二部，亦是《女人與玩偶》（*La Femme et le Pantin*）的前一部。一部系列作品完結了……出自於戰前電影最

3 畢馬龍是古希臘神話中一位精於雕刻的國王。他塑造了一座美麗的少女雕像，並深深地戀上這個少女。他將這座雕像視如真人，且立下誓言要與之長相廝守，終於感動了掌管愛與美的女神，使其心愛的雕像少女變成了真人。在心理學上，畢馬龍效應通常指孩童或學生在被賦予更高期望以後，他們會表現出更好的一面的一種現象。

具神祕色彩的這一對情人手裡。這是結局……對於這對戀人來說，的確如此；但對於瑪蓮娜卻不然。戈培爾[4]暗中召見她。瑪蓮娜是德國最知名的明星，納粹打算為她付出一切，她拒絕了並提出美國國籍的申請。這一次，徹底斷絕了關係，這使得她更加為母親和姊姊擔憂。但是要跟可笑鬍子的奧地利下士合作？這件事情，永遠不可能。

同一時間，她在好萊塢派對的喧囂中暈頭轉向，伴隨忠誠的老情人和新來的信徒，進行了其他的冒險。一次又一次……永不饜足的瑪蓮娜！賈利．古柏、克拉克．蓋博（Clark Gable），特別是約翰．吉爾伯特（John Gilbert）。吉爾伯特這傢伙是一位酗酒和絕望的演員，偶然地出現在她的生命中。瑪蓮娜決定藉由愛上他，將他從邪惡的事物中拯救出來；愛情能治癒一切，不是嗎？迷戀上一個漂流的男子，是多麼艱鉅的一個挑戰，但是當瑪蓮娜愛上一個人時，絕對沒有任何事情可讓她退縮，即使要偶爾捨棄賈利．古柏的陪伴，後者終於與他那可怕的墨西哥女人離婚……然而，瑪蓮娜失敗了，吉爾伯特太千瘡百孔、太絕望，且酒癮太深，他是一個徹底完蛋的男人。某個夜晚，一場心臟病奪走他的命，他倒在瑪蓮娜的懷裡；她因擔心醜聞而悄悄溜走，她感到崩潰。她愛吉爾伯特，卻未能拯救他而感到痛苦，這將是她一生中首次真正的不幸。

約翰．吉爾伯特去世，而史登堡展開另一段前程。她如何不感到孤單？即使魯迪始終在那盡忠職守（丈夫魯迪成為她的經紀人，因為她不想要其他人）；受到關愛的獨生女瑪莉亞，在母親的掌控下長大了，猶如瑪蓮娜曾經和自己的母親一樣。只不過我們能夠憑藉意志，從約瑟芬身邊獲得自由，卻無法擺脫瑪蓮娜的束縛。她並不是一個浪得虛名的明星，這是以她的無定性，還有奢華排場造就出來的：她需要一個畢馬龍。

史登堡離去，另一個天才，恩斯特・劉別謙（Ernst Lubitsch）取代了他。劉別謙比史登堡更輕鬆、更柔軟，他讓她演出喜劇，她在《欲念》（*Desire*）中表現得淋漓盡致。這個扮演蕩婦的女演員是如此有趣，以至於劉別謙在《帝國飯店》（*Imperial Hotel*）中如法炮製；無奈她反覆無常，她放棄出演，這讓派拉蒙影業損失慘重。劉別謙退場。另一位大人物，大衛・賽茲尼克（David O. Selznick）忽然現身，為她打造了《樂園思凡》（*Le Jardin d'Allah*），一段令人難以置信的故事，講述在撒哈拉沙漠中某個還俗修士的荒謬愛情，誰知這並未留給影痴們不朽的回憶。

好萊塢沒戲唱了！至少瑪蓮娜如此認為。但她錯了，沒過多久，將是倫敦與亞歷山大・科達（Alexander Korda）讓她受到法國人雅克・費代爾（Jacques Feyder）的掌控。她在一部電影《無甲騎士》（*Chevalier sans armure*）中，飾演被列寧手下的一名士兵拯救的俄羅斯貴族。這嶄新的失敗使她得在新情人、小道格拉斯・費爾班克斯（Douglas Fairbanks Jr）的

4 戈培爾（Paul Joseph Goebbels），納粹德國時期的國民教育與宣傳部部長。

懷中療傷。

由於美國體貼地授予她美國國籍，加上她想擺脫戈培爾，於是回老家好萊塢去了。但沒待太久，因為好萊塢不喜歡商業失利，瑪蓮娜似乎遭逢厄運：派拉蒙影業解除了她的合約，並提供一段非常寶貴的假期給她，她趁此機會回到夢想中的城市巴黎。但是她靜不下來，她無所不在——倫敦、維也納……在這麼多的地方中，她都少不了情人。在奧地利，有歌手漢斯・賈拉；在巴黎，有雕刻家賈科梅蒂（Giacometti）和忠實的朋友丈夫魯迪，與充當電燈泡的情婦塔瑪拉。但是這所有的一切都不是愛情，只是短暫的豔遇。

愛情、真愛，在威尼斯等待她。一如所料，她與埃里希・瑪利亞・雷馬克（Erich Maria Remarque）相戀。他是著名的作家，一名德國作家。她和暢銷小說《西線無戰事》（*À l'ouest, rien de nouveau*）的作者如此幸福美滿的相愛，以至於生平第一次，她與丈夫以外的男人同居生活。她不工作、舉辦著派對，而雷馬克喝著酒，他是酒鬼。在他們位於比佛利山莊的別墅中，所有電影界知名人士、瑪蓮娜的朋友和戀人們絡繹不絕。但是派拉蒙影業仍堅持己見：電影作品再也不需要她。於是她逃避了，再一次地……巴黎、蔚藍海岸（Côte d'Azur）、宮殿、香檳、愛情……塞滿她的時間，不再感到無聊。

忽然間，她再也不用等待的奇蹟突然現身：皮埃爾・謝納爾（Pierre Chenal）邀請她演出《煙花劫》（*Dédé d'Anvers*）中的一個女性角色。男主角是法國的明星，憑藉《大幻影》（*La Grande Illusion*）和《霧港》（*Quai des brumes*）獲得光環，他的名字叫尚・嘉賓（Jean Gabin）。但是這部電影將在她缺席的情況下完成，因為她已經邁向其他的路途，並再次地回到好萊塢——《碧血煙花》（*Femme ou Démon*）的一個美好角色正等著她，將與瘦長的詹姆斯・史都華（James Stewart）站在一起。這是一場勝仗，且是與英俊的詹姆斯戀愛的良機。瑪蓮娜享受著並過著無比充實的生活，彷彿他將會是最後一位情人。

一切似乎都在對她露出微笑，派拉蒙影業公司原本對她不滿，如今卻試圖討好她。三部電影緊隨在後，在另一位好萊塢明星的陪襯下，一位名叫約翰・韋恩（John Wayne）的男子，他的眼神使她心如擂鼓。白費力氣！英俊的約翰不是一個容易屈服的男人，即使是對從未見過如此美麗的瑪蓮娜亦然。她年屆而立。除了韋恩，沒有任何人能夠抵擋得住她。就連她一生的對手嘉寶也放棄並且退休了。未來是屬於瑪蓮娜的。

歲月流逝，電影接踵而至。在歐洲，世界末日開始了：納粹入侵波蘭、捷克斯洛伐克（Tchécoslovaquie），並很快地入侵法國。當時，一位男人來到瑪蓮娜的生命之中，他將占據著無比的分量，而她差一點就錯過了，他是嘉賓。可能因為他與遇過的所有男人如此地大相逕庭，既不像是喬・史登堡的高雅貴族，也不像她的丈夫魯迪這般有素養的詩人，亦非如雷馬克絕望的酗酒者，也不像韋恩的牛仔……他是一位法國人，像她最初的情人莫里斯・雪佛萊一樣愛開玩笑。這是一個健壯的傢伙，儘管瑪蓮娜表現得強悍甚至屹立不搖，但她的高度敏感偶爾讓她變得脆弱。嘉賓堅若磐石，而且相當英俊。一九四一年，為了與柴納克（Zanuck）一起拍攝一部電影，他從巴黎抵達好萊塢，最終拍了兩部且將是失敗之作。無所謂！他不喜歡美國……但是他們彼此相愛，是偉大的愛情。只不過嘉賓是一個單純而專情的男人，而瑪蓮娜恰恰相反。一個規規矩矩的明星再也不是一個明星，而是一個普通人。結果就是嘉賓嫉妒得要命，他再也無法忍受這些討好她的奉承者，不久他感到厭倦，對法國深深懷念。這個遭受苦難而他想為之奮鬥的法國。兩年之後，一九四三年，他離開了她，加入自由法國軍（Forces françaises libres）。他們對彼此許諾了一個永恆的愛情。如過眼雲煙……

由於生命的摯愛投入軍隊，瑪蓮娜亦採取同樣的行動。自珍珠港事件以來，美國一直處於戰爭狀態，而她是美國公民。她像其他演員一樣加入美國軍隊（G. I.），使得聯軍的士兵如痴如狂，緊裹薄紗成為舞台的焦點，她為他們演唱了《莉莉瑪蓮》（*Lily Marlène*），這首德國歌因為戈培爾認定太過萎靡不振，而遭德國禁止，她卻使它大獲成功。最重要的是，戰爭中的瑪蓮娜已經不再是那個瑪蓮娜了：她表現得樸實、和藹可親、樂於助人，彷彿這種士兵生活對她而言是理所當然的，她以軍事作戰服裝取代皮草圍巾和貂皮大衣。她能獻給這些冒著生命危險的士兵和軍官最美好的禮物，就是她自己。因此她毫不掩飾地，溫柔地獻身給他們之中的許多人。無論是單純的小伙子或是將軍都無所謂！她從一個無名氏的床上跳到巴頓[5]或是布雷德利（Bradley）的枕邊，帶著拜占庭狄奧多拉皇后的優雅。簡直是令人難以置信的瑪蓮娜！她甚至成功使蓋文（Gavin）將軍瘋狂地為她傾倒，後者將因為在前往柏林的路途中幫助這位明星從困境中脫身，而如預期般得到應有的回報。

在德國，運氣總是對戀人露出微笑，她與嘉賓重遇。緊接在戰後那段解放的巴黎時期，或許是她一生中最令她開心的一段，然後她幾乎是立即前往柏林看望她的母親、姊姊，以及蓋文將軍。縱使她愛著尚，他卻無法提供她所需要的幻想。瑪蓮娜想要的是派對和香檳；嘉賓則是和朋友們一起待在巴黎年輕人聚集的小酒館。然而，當蓋文返回美國時，她並沒有跟隨他，而是留下來與尚在一起。但是，他們這一對仍無法攜手到最後：她無法忍受嘉賓的醋意。他向她求婚，而她拒絕了，對她來說，這可能是一個束縛。而且，她不是已經嫁給魯迪了嗎？她發過誓，她永遠也不會和他離婚。於是嘉賓在《狂戀》（*Martin Roumagnac*）中留下一個英俊的角色後離去，沒有回頭的希望。

男人沒有緬懷過往的習慣，沒過多久，她得知他已經結婚了。為了不顯得絕望，她把自己淹沒在酒精中。即將迎來五十大壽，她卻展現出萬丈的光芒，她拋棄了威士忌，沉迷於

5 巴頓（George Smith Patton），二戰時期坦克部隊名將領。

自己最重要的熱情，即愛情當中。一次又一次的……尤其是喬・迪馬喬（Joe DiMaggio）、邁克・懷爾登（Michael Wilding）、尤爾・伯連納（Yul Brynner）。那時，第一位男人還未相遇瑪麗蓮・夢露（Marilyn）；第二位男人還沒有碰見年輕的伊麗莎白・泰勒（Elizabeth Taylor）。至於尤爾，他尚未頂著那顆知名的光頭。在兩次戀愛之間，她拍了許多電影使她的傳奇至臻完美……許多平庸之作和幾部傑作，例如也曾經是她情人（有誰不是呢？）的弗里茨・朗（Fritz Lang）的《惡人牧場》（*L'Ange des maudits*）。他讓她投入陰鬱的梅爾・法利爾（Mel Ferrer）的懷中。

時光流逝，無情的機器讓人遺忘世上最討人喜愛的生物。瑪蓮娜衰老了，縱使她保有體態和令人讚嘆的雙腿，她仍舊人老珠黃，顯出老態。輝煌也和來時的一樣，很快地逝去。電影界開始對她失去興趣，比起她，更喜歡年輕的演員，例如美麗動人的伊麗莎白・泰勒，她從她身邊搶走懷爾登。這是不祥的徵兆。甚至是魯迪，連忠實的魯迪也拋下她，去德克薩斯州養育雞群，伴隨在他身旁的是開始失去理智的塔瑪拉。下地獄去吧！他和電影界一樣，再也不想要她了。

播放起音樂的組曲吧。許多人預測她會失敗。她不在乎那些觸她霉頭的傢伙而決心放手一搏。在拉斯維加斯、辛納屈（Sinatra）的大本營，她贏得了賭注。大腿緊裹著絲襪、戴著帽子、嘴角叼根菸，這位五十多歲的明星征服了她的觀眾，不論老少；以擺動和無法模仿的嗓音，低聲細語著她最高的成就。拉斯維加斯是一場勝仗，男人們再次狂戀著她。看來她永遠和他們沒完沒了。

尤爾拜倒在她腳下和枕邊，在短短時間內他就被弗蘭克・辛納屈、諾爾・寇威爾（Noël Coward）、傑克・李蒙（Jack Lemmon）取代。宛如一座真正的宮廷，然而，皇后繼續用長年不變、混合安非他命－鎮靜劑－香檳－菸草的雞尾酒來破壞健康。沒有任何幫助，瑪蓮娜似乎生來是為了永恆，奠基在魅力和美貌上的永恆是不朽的。她的誘惑令維多里奧・狄西嘉（Vittorio De Sica）和只愛男人的維斯康堤（Visconti）、愛著另一個女人的泰隆・鮑爾（Tyrone Power）無動於衷，但是偉大的奧森・威爾斯（Orson Welles）卻無非分之想地給予她友誼，而她知名的現任情人——尤爾獻上了他的愛。

隨著一九六〇年代的到來，變得顯見易見的是，這顆恆星在殞落。歲月留下了痕跡，菸草和酒精亦然。她患有動脈炎，戒除了菸草卻戒不掉酒精。犧牲似乎是不足夠的，她重新透過一扇小門，回到電影界：扮演徐娘半老且疲憊的女人。例如她在奧森・威爾斯的《歷劫佳人》（*La Soif du mal*）中完美演繹出老鴇角色。朋友們遠去、海明威自殺，而煥發年輕、美貌的新進明星們覺得喜不自勝：伊麗莎白・泰勒征服了所有人，瑪麗蓮夢露融化了每顆心。

命運之輪加速轉動。瑪蓮娜依舊誘惑著年輕人，她可悲地企圖靜止時間。接著，史登堡即將去世，這彷彿是在宣告自己的死亡。同樣的，她將面臨雷馬克和雪佛萊的死亡，蘿拉·蘿拉和莉莉·瑪蓮也完結了。《藍天使》被歸檔在電影資料館內，並且屬於過往。瑪蓮娜仍然試圖歌唱，但她再也沒有聲音了，過度吞食菸草和威士忌對她獨有的低啞嗓音造成傷害。塔瑪拉過世，接著輪到魯迪……她成為寡婦了。再接下來，嘉賓的去世給了她致命的一擊。不久，她在蒙田大道上的巴黎公寓閉門不出，等待著死亡——它緩慢地到來，彷彿拖沓著腳步。一九九二年五月六日，它敲響了門。藍天使從此安眠於德國——她的家園——的土地上。

花神咖啡館的愛情典範——西蒙・波娃

在上世紀幾對代表性的伴侶之中，尚－保羅・沙特（Jean-Paul Sartre）和西蒙・波娃（Simone de Beauvoir）占據著一個特殊的地位。在藝術和文學界有很多著名的情侶，如路易・阿拉貢（Louis Aragon）和愛爾莎（Elsa）、達利（Dali）和加拉（Gala）、艾呂雅（Éluard）和努施（Nusch）、白考兒（Bacall）和鮑嘉（Bogart）、赫本（Hepburn）和特雷西（Tracy）、波頓（Burton）和泰勒（Taylor）……或許沒有任何一對，能和這對由矮小、醜陋的偉大哲學家和捍衛女性利益的小說家所結合而成的終生伴侶一樣地吸引人。

這一切始於誕生在一九〇五年六月二十日的獨生子，他外公的親兄弟是偉大的阿爾伯特・史威哲（Albert Schweitzer），是蘭巴雷內[1]（Lambaréné）的醫生、諾貝爾獎得主；而一九〇八年一月九日小西蒙在波娃家中出世。波娃的父母彼此相愛，儘管父親喬治，是一名律師，是極度放縱之徒。

這兩個孩子各自長大成人：尚－保羅自年幼失去父親成為孤兒，受母親撫養；西蒙則在她的父親和母親，以及被暱稱為「小娃娃」的妹妹海倫（Hélène）當中成長。早熟的孩童對於書本的熱情，使得西蒙及尚－保羅在很年幼時，便被捲入想像的世界裡。他們之間的唯一區別是，沙特孩童時不做任何運動，他從來不運動；而西蒙活潑好動，夏日總是在利穆贊（Limousin）鄉間住宅的小路上騎自行車。對於沙特來說，更嚴重的是，當他八歲時，外公史懷哲要求理髮師把他頭髮剪短，讓他看起來像個男孩。這是一場悲劇，少了他漂亮的捲髮，尚－保羅突然發現自己長得很醜。他斜視、皮膚布滿了膿皰，有一張不討人喜歡的面孔。在同個年紀，西蒙也經歷了一場悲劇：她的父親喬治．波娃（Georges de Beauvoir）於一九一六年心臟病發。從前線歸來後，喬治專注於表演戲劇，但未獲得多大的成功，他心懷憤懣。更糟糕的是，這個習於流連花叢和英俊的男人，已經開始拋棄深愛他的妻子。不幸的波娃夫人，對她的女兒——尤其是么女，不再和藹可親了，因此由西蒙開始負責照料「小娃娃」海倫。

至於沙特，他遭受青春期的痛苦。夢想成為一名英雄、一個無所畏懼和無可非難的騎士的他，發現自己發育不全：極為矮小、瘦弱和醜陋，而他必須習慣這一切。他透過智力來面對挑戰，在這一方面，他無可匹敵。他開始寫作，且才思無比敏捷，如同莫札特，音符似乎為他從天而降。沙特是個年輕的天才。很快地，他瞄準了巴黎高師[2]作為目標，但必須先進入亨利四世公立學校讀預備班。終於能夠與其他人一較高下，享受優越感的機會來了，即便他一直如此孤獨。加上他的母親，這個年輕的寡婦，似乎打算拋下他再婚，就更加地孤單了，他永遠不會接納那位搶走他母親的第二任丈夫；至於西蒙波娃，情況截然不同。她在青春期是一個規規矩矩的年輕女孩，西蒙在這段時間裡，在那個除了美好的婚姻

---

1 中非國家加彭（Gabon）位於中部的一座城市。

2 全名為巴黎高等師範學院（École normale supérieure）。

之外，幾乎沒有幸福希望的年代，長大了。

在她身上有一股叛逆感，還在努力地表現出來。她出類拔萃，不能接受男人在研究領域上的優越性。如果她比男人優秀的話，她該以什麼名義向男性卑躬屈膝呢？在她看來，只有一條道路能夠提供她所渴望的自由，就是哲學。一九二四年是這兩個人的絕佳年分：西蒙出色地通過了兩個高中會考，尚－保羅．沙特則就讀巴黎高師。不一會兒，西蒙跨越了所有阻礙，通過高等教師資格會考哲學科目。某一天，勒內．馬厄（René Maheu）在國家圖書館的長椅上遇見她並對她一見傾心，向她介紹在烏爾姆街[3]（rue d'Ulm）的一群朋友，其中包含尼桑（Nizan）和沙特。

西蒙很美。但她不是你們在雜誌封面上看到的那些具有致命吸引力的美女，而是激起人好奇心的美女。事實上，她比徒有美貌的人好多了，因為在她身上的一切，她的臉蛋、聲音，連眼神都散發著智慧。當美麗與智慧融合為一體時，自然變得不可抗拒。沙特，那個矮小醜陋、斜視的男人，立刻為西蒙散發出的魅力動心和被她吸引。他邀請她去一間咖啡館，她答應了，但她並未前去。這個開頭不理想，但他仍堅持下去⋯⋯一點一滴地，她被那個矮小、帶著金屬般聲音，卻答辯如流的男人勾起好奇心；她被這個耀眼的才智征服。沙特的大腦轉動得比她的更快。

在高等教師資格會考中，他們搶下了前兩個席次：沙特第一，西蒙僅居其次。決心稱霸同一代人的他們已經在那閃閃發光了。沙特今年二十四歲，西蒙二十一歲，她是法國通過高等教師資格會考中最年輕的一位。她已經愛上他了，兩人一起在利穆贊度假。西蒙的家人對這個斜視的矮小男人不表贊同，然而這對戀人不在乎，沒有什麼能阻擋他們。他們意識到自己的與眾不同，前方有一個超越規範的命運在等待他們。對於這兩人來說，身體的欲望和頭腦可一起運作。某一天，沙特將一紙奇異的合約交到西蒙手中：他向她提議，以他為優先地愛著他，卻不放棄愛上其他人。這不再是一如資產階級夫妻慣常那樣地祕密外遇，而是能夠在光天化日之下絕對自由地做這件事；沙特希望將愛情與自由結合一起，西蒙先是感到驚訝，然後接受。畢竟，她不渴望結婚，也不想被任何事物束縛。

人生漫長，世界無窮盡，這就是我們二十歲時的想法。沙特和波娃承擔了所有的後果。沒多久，沙特為了服兵役而離開她。他們交往的初期彷彿是一連串的分離。離開軍隊後，沙特在勒阿弗爾（Le Havre）重拾教職而她在馬賽教書；他想念她，但這絕對不會阻止他，在遠離她的情況下，頻繁與其他女人會面，他對女性的身體感到強烈的——幾乎病態的——渴望。依照他對她許下的以及她接受的承諾，他沒有向她隱瞞任何事情；甚至更糟的是，他向她全盤托出。她承受著痛苦，卻知道自己也被愛著。沙特在柏林的法蘭西學院度過了

3 位於巴黎五區先賢祠街區的一條路，巴黎高等師範學校就位於此條大街上。

一年，在那裡他蒐集了許多年輕的柏林女人。那個醜陋的矮小男人具有不合常理的吸引力，他行使甚至濫用它。擁有一個美麗的女人就像是對自己身材的一種嘲弄，卻是對其他男性，尤其是那些英俊男性的一次勝利。

沙特和波娃再次地相聚，這時他不喚她西蒙，而是「海狸」（Le Castor），這是他們的一個朋友為她取的暱稱，用以讚揚她在團隊中傑出的工作能力。他們嘗試了許多幻想，例如一起愛著另一個女人：奧加（Olga）。她是一位年輕女孩，同意從西蒙的懷抱轉到沙特的懷中，最終逃離了他們對彼此間的嫉妒。這對戀人發誓永遠不會嫉妒，但那股毀滅的感情讓他們第一次被迫承認失敗。沙特和「海狸」彼此維繫著一個真誠卻奇特的愛情，已有五年的時間。

奧加離去，然後是萬妲（Wanda），她是奧加的妹妹，如今成為沙特的枕邊人。他對兩人都是忠實的，她們想要成為女演員；為了她們，他投入劇本的寫作，這構成他著作的重要部分。在當時，他認為自己適合撰寫這一類型的題材，而不是哲學，儘管他已經開始為《存在與虛無》（*L'Être et le Néant*）蒐集寫作的資料。戲劇、短篇小說、哲學著作，他發瘋般地書寫，似乎什麼也不能阻止他，甚至連他無法拋棄的那股對於女人的狂熱也不能。越來越多的女人出現。在三十歲時，他已經出名了，女人們似乎蜂擁而至。如果認為「海狸」沒有遭受痛苦，以她仍然緊縛於靈魂的自由的名義，是愚蠢的想法。因此，輪到她向男人們尋求慰藉了。在這十年間，沙特的年輕友人之一，雅克－洛宏．博斯特（Jacques-Laurent Bost）成為西蒙的情人，而且是一個充滿激情的情人。顯然對這段關係知情的沙特——因為他們對彼此坦誠一切——非但沒有悶悶不樂，反而表現得十分高興：他完美地實現了這個令人難以置信的賭注；而她，卻不太開心。

在戰前那幾年，當希特勒準備對歐洲發動毀滅性的襲擊時，兩個堅不可摧的戀人定居在聖日耳曼大道上，這間被稱為花神的知名咖啡館成為了他們的總部。這間小酒館在此之前，是普維[4]的小酒館，後來變成沙特和西蒙的小酒館。沙特與師範學院的同學雷蒙德．阿隆（Raymond Aron）截然不同，他一直對政治不太感興趣。但現在是一九四〇年，法西斯主義和戰爭追趕上他了。入伍後，他被德國人俘虜，身處在戰俘集中營裡。一年半的殘酷經歷使人脫胎換骨，並且在他被釋放之後，引領他與永遠的朋友博斯特、德桑迪（Desanti）夫妻，當然還有波娃，一起走在抵抗運動[5]（la Résistance）的道路上。

這一切並未妨礙他繼續寫作。難以饜足的沙特，下筆如呼吸一樣輕鬆。繼《嘔吐》（*La Nausée*）、《延緩》（*Le Sursis*）和《理性時代》（*L'Age de Raison*）之後，現在投入在他認為

4 賈克．普維（Jacques Prévert，一九〇〇至一九七七年），知名法國詩人與劇作家。
5 指第二次世界大戰期間，為抵抗納粹德國對法國的占領和維希政權的統治所組織的抵抗運動。

是偉大的哲學著作《存在與虛無》中，然而他沒有忘記戲劇。一九四三年，《蒼蠅》（*Mouches*）的出演，由親愛的奧加擔綱要角。這一年，也是西蒙出版第一本小說《女賓》（*L'Invitée*）的同一年。她馬上就贏得了成功，而且是巨大的成功。初出茅廬的作家波娃受到矚目，反之，《存在與虛無》卻遭到評論貶低。沙特並不嫉妒，恰恰相反，他為伴侶——一個盡其所欲地過著愛情和性生活的伴侶感到驕傲。波娃深深地愛著這個矮小男人，認為沙特曾經提出的協議與他的深層本質相符。或許她曾一度希望這會改變？在這個情況下，她很快地意識到女人正如同蒼蠅一樣掉在沙特的床上。她該怎麼做呢？她對博斯特的愛意開始消退。自從與奧加的三角關係開始，她就知道自己是雙性戀。她被受沙特誘惑的所有年輕女性吸引著。

一九四四年，他們雙雙飛往美國，《嘔吐》（*La Nausée*）以及《密室》（*Huis Clos*）的作者在那裡開始聲名遠播。但一當「海狸」回去探望她在葡萄牙的妹妹海倫時，矮小的花心男人甦醒了，而這些是新的仰慕者、新的女演員……直到該來的那一天，他遇見了桃樂絲（Dolorès）。唐璜被征服了。迄今為止，沙特以接連的征服拒絕了愛情。直到那時，那些拜倒在他腳下的女人們，與其說迷戀他這個男人，還不如說她們迷戀名家成分較多呢，她們多半是出自私利而採取行動。和桃樂絲在一起就不同了。除了他的愛之外，她對他沒有任何期望。而這個愛情，這一見傾心的神祕，他感受到了，他決定留在紐約；「海狸」深深受到傷害，寫作對她形成一種療癒。最後，他以慣常的坦誠告訴她，從此之後，他決定每年將獻給桃樂絲兩個月的時間。西蒙覺得被沙特拋棄了，在桃樂絲和其他的巴黎情婦之間，還有她的位置嗎？尤其是，她還是他的最愛嗎？這是第一次，她對此感到懷疑。而這將不會是最後一次。

這兩人的文學成就接踵而至：沙特以《通往自由之路》（*Les Chemins de laliberté*）大放異彩，更不用說戲劇了，因為這個矮小男人寫作時似乎能雙手並用；西蒙則以《他人的血》（*Le Sang des autres*）獲得成功。一九四五年，他們可謂是法國名氣最響亮的一對情人，人們認為他們如膠似漆。他們治理著他們的宮廷雙叟（Deux Magots）或是花神咖啡館。實際上，沙特得宜地過著多重的生活，西蒙則承受著痛苦：桃樂絲已經占據了沙特的心，他可以毫不痛苦地離開奧加或萬妲，卻無法與桃樂絲分開。更糟的是，當他和西蒙剛創立了被認為是戰後最著名的評論雜誌《摩登時代》（*Les Temps modernes*）時，他甚至敢將創刊號獻給一位女性，獻給誰呢？獻給桃樂絲。

對於西蒙來說，簡直痛徹心扉，她迅速貫注了所有心力於《第二性》（*Deuxième Sexe*）的書寫。這首女性自由的頌歌掀起如雷的反響，而她書寫是為了驅逐痛苦。沙特在美國停留的時間越來越長，這讓西蒙變得難以忍受，她開始酗飲，但是她重新振作了起來。沙特寫得越來越多，並涉及所有類型。花神咖啡館不斷綻放新的友誼，例如一九五〇年代，使得聖日耳曼德佩街區聲名大噪的另一對著名夫婦：鮑里斯和蜜雪兒・維昂（Boris et

Michelle Vian）。現在，沙特不再滿足於僅去探訪桃樂絲的旅行了，他把她帶來法國：這個「海狸」認為原屬於她的領地，如今卻將成為入侵者的。只有一種解決方法能夠避免沒頂，該輪到她離去了，去到「他者」的土地上，也就是美國。西蒙得到了在那邊演講的機會，她很自豪地向沙特宣布這個好消息。矮小的男人會表現出不懂得人情世故嗎？現在是一九四七年。

有人建議西蒙在那裡聯繫一位芝加哥的作家納爾遜．艾格林（Nelson Algren）。到達紐約後，她撥打電話，那時西蒙還不知道他將會成為她的摯愛。艾格林陪伴她整個美國的越洋旅行，然後西蒙返回法國，重回沙特身邊。如今，這兩個驚世駭俗的情人旗鼓相當。在沙特的心中，桃樂絲占有一席之地；在西蒙心底，則有一個艾格林的位置。沙特每六個月讓桃樂絲前來一次；西蒙則是才剛剛回到法國，心中就只有一個渴望，即前去找艾格林。

他長得高大、金髮，戴著知性的鐵框眼鏡，是位相當俊俏的男子。與沙特徹底相反。令人著迷的地方還加上，他對於不良、違法階層的愛好。和他在一起，波娃這個出身上流家庭的女孩，頻繁與老鴇、酒鬼、癮君子和小混混往來，這些令她陶醉不已。這與花神咖啡館以及沙特和他「圈子」們詞藻雕琢的對話相比，是多麼的不同啊！艾格林出身街頭，在大街上成長，蹲過牢。他打從心底是個共產主義份子，並對法國懷抱好感，尤其是它在波娃筆下所呈現的形象——半散文、半遊記的著名書籍《西蒙波娃的美國紀行》（*L'Amérique au jour le jour*）。和艾格林在一起，是波濤洶湧的激情，一種與她和沙特在一起時感受到的截然不同。而且，她正處於人生轉捩點：厭煩沙特的離去、沙特的戀情、他的情婦以及桃樂絲。西蒙需要有人跟她說：「我愛妳。」確實，當她返回巴黎後，得知桃樂絲提議沙特結婚，而後者猶豫不定，這使她感到痛苦。他竟然開始遲疑和一個女人結婚的可能性，這是他生平中的第一次。多麼屈辱啊！她對於艾格林和芝加哥感到強烈的需要，於是離開了。

一九四七年九月，輪到艾格林向她求婚，她躊躇不定，請他給予一些時間。在巴黎的沙特盡情地享受，他生命中的女人如此之多，以致他發現自己不得不為她們安排日子和時段，且不得受外界干擾地排入行程。他的評價和名聲逐漸攀升，在戲劇作品，他以《骯髒的手》（*Les Mains Sales*）得到讚揚，他開始對政治產生濃厚的興趣。但是，當西蒙回到與他以及他們朋友的身邊生活時，她知道他們之間的契約沒有被打破，她如同最初的日子，依舊是「被選中的女人」。要離開他嫁給艾格林嗎？這絕對不可能。回到美國後，她向情人坦承了。艾格林感到氣惱和憤怒，一九四八年的夏天，兩人起了爭執。在嘗試這次誘惑之後，波娃意識到婚姻並不適合她，因為她並不是一個人，她擁有沙特。如果沙特決定和桃樂絲結婚的話，可能她會另做打算；或許是她擔心接受艾格林的提議會迫使沙特屈服於桃樂絲。當然，艾格林和她之間的關係不再融洽，但仍藕斷絲連。艾格林還未放棄這場競賽。

一九四九年夏天，艾格林在巴黎，適逢《第二性》出版。這本書引起了持有正統思想衛道人士的強烈抨擊，批評波娃的罵聲一片。在這個緊繃的氣氛下，這兩個戀人逃至北非。艾格林不再提起婚姻，他們重新建立起關係。至於沙特，則竭力捍衛《第二性》，對抗所有倡導女性維持現狀的人士。

從本質來說，他是自由主義者，也是最不嫉妒的伴侶，他在巴黎熱情地接待艾格林。因他自己也還擁有桃樂絲不是嗎？而且他不是剛剛愛上鮑里斯．維昂的妻子蜜雪兒嗎？這對著名的夫婦是「沙特圈子」的成員，更是聖日耳曼德佩街區的偶像。丈夫是小號手和著名小說家，妻子則嬌豔欲滴。這對夫婦陷入極大的麻煩，因為維昂這個誘惑者縱情享樂之中，於是蜜雪兒最終愛上了懂得征服她的沙特。對她來說，沙特是如此敏感和多麼地出眾……因此，當終於離婚的桃樂絲抵達，為與沙特重逢並和他結婚時，結婚已變成不可實現的事情了。桃樂絲退場。

再度地，波娃和艾格林這一對戀人進展不順。一九五〇年，她按計劃與他在芝加哥相會。但是艾格林不再一樣，欲望越漸下降，兩人默契消失。這次的停留將是一場磨難，波娃回到巴黎與沙特重聚時，幾乎充滿了喜悅。但是一九五〇年代的沙特也不復從前了，他似乎只對自己的作品感興趣。他從來不過健康的生活，總是大量地吞雲吐霧，且像個無底洞般的豪飲。為了使自己保持清醒狀態，他每天要吞嚥少量的科利德蘭[6]，加上兩包波爾（boyard）香菸、兩升的咖啡和威士忌，現在，您應該對這個矮小男人的身體狀況有點概念了吧。沙特還同時進行四或五個計畫，戲劇、哲學和小說全部摻混一起，他的文思泉湧比下筆還快。在戲劇方面，寫了《魔鬼與上帝》(*Le Diable et le Bon Dieu*)，仍舊是為了必須供養的萬妲和奧加而創作，然而沙特永遠不會拋下他喜愛的人事物。他與鮑里斯．維昂處於劍拔弩張的狀態：後者雖建議妻子找一個情人，但不能忍受被選上的是沙特，因而想藉由取得孩子們的監護權懲罰他們。總之，沙特與蜜雪兒譜著完美的戀曲，並同時繼續與其他女性見面。

或許「海狸」在沙特的日常事項中占有一個特殊地位，但他們不再性愛，漸漸地她覺得自己變成衰老的女人。她剛滿四十歲，然後，她擁戴了伴侶的另一場鬥爭：政治。這是冷戰時期，沙特吹響了共產主義的號角。我們遠未了解史達林的罪行，而且理由在整個世代的眼中看來是美好的。兩位年輕的知識分子尚．科（Jean Cau）和克勞德．朗茲曼（Claude Lanzmann）與沙特的關係更加親近，他們今年二十七歲，擁有驚人的膽量和豐富的才華。當朗茲曼一見到波娃時，她便吸引了他的目光，她對他也並不是毫無感覺。波娃比他年長，她雖投入了自己卻揣想著，這不過是一場曇花一現的豔遇。在這方面，她又錯了。這場「豔遇」持續了七年，在這段時間裡，他們每一天生活在一起，這將成為「海狸」生命中最美好

6 科利德蘭（Corydrane），一種興奮劑，苯丙胺和阿斯匹靈的組合藥物，一九五〇年在法國被廣泛使用，一九七一年被法國政府禁止使用。

時光的一段戀曲。

朗茲曼是個熱情的人，無論是在戀愛方面，或是為了捍衛他自己的想法。他和沙特一樣是師範學院的學生，並且是來自烏爾姆街的吉爾・德勒茲（Gilles Deleuze）的同學。朗茲曼的家族是猶太人，飽受戰爭的磨難，父母離婚，三個孩子：除了朗茲曼，還有克勞德、雅克（Jacques）和埃維琳（Evelyne），他們度過混亂不堪的童年。當尚・科介紹朗茲曼加入小團體的時候，他已經為沙特服務了六年。克勞德先投入於《摩登時代》雜誌，隨後又開始與波娃談起戀愛。真正的愛情，波娃永遠不會試圖為了自己將他據為己有。她和沙特一樣忠於自己的人生原則，她提議克勞德可以有其他的豔遇。然而，她卻在朗茲曼那體驗到一股真正的熱情，這其中包含了狂喜和悲傷，但她仍不放棄自己的人生準則：自由。

埃維琳才剛加入沙特的一長串情婦名單中。她有著一頭金髮和完美線條的五官，相當迷人，並成功地以女演員的身分演出戲劇。在一九五三年，沙特讓她受僱出演《密室》，她獲得滿堂喝采，沙特喜不自勝。沙特對她的好感，是她的一廂情願嗎？埃維琳是脆弱的，她的前兩個情人吉爾・德勒茲和雷茲瓦尼（Rezvani）並未堅持到底，放任自流。

沙特和埃維琳的故事並不風平浪靜。從未拋棄任何一個「女人」的沙特，持續著他和蜜雪兒・維昂的浪漫愛情；他的策略更是將自己的男女關係進行了劃分。對待她們每個人時，他從不談論其他人，沙特是個隱瞞的高手。一股激情將他們結合一起，沙特瘋狂地愛著她；只不過，埃維琳用情專一，而對她的存在一無所知的蜜雪兒也不願放手。埃維琳想對全世界大聲呼喊她的愛意，她可不是平白無故成為女演員的；至於沙特，他需要低調行事。事情一下子變得很棘手，再加上，沙特的健康狀況每況愈下。在一九五四年前往莫斯科的旅途中，他住進了病房。他每天會吞下二十顆科利德蘭藥錠！他患有高血壓，心臟開始疲乏無力。

同一年，波娃憑藉《名士風流》（*Les Mandarins*）獲得龔固爾文學獎（Prix Goncourt），這是一件喜悅之事；但轉瞬即逝，因為西蒙極度擔憂沙特。她現在與朗茲曼一起住在沙赫爾街（Schoelcher）上的一間公寓，她剛以龔固爾的獎金買下它。

她繼續與沙特一起旅行。奠邊府（Diên Biên Phu）[7]才敲響了法蘭西殖民帝國的喪鐘，阿爾及利亞戰爭（Guerre d'Algérie）伴隨著暴行展開。這一對離經叛道的戀人堅決支持解放殖民地，在各處的藝文團體和會社都對他們冷眼以待，他們比往常更加努力，沙特為《塞勒姆的巫婆》（*Les Sorcières de Salem*）撰寫劇本，並為他宏大的福樓拜（Flaubert）傳記奠

7 法屬越南時期法國最大的軍事據點，西元一九五四年越軍在此地擊退法軍，法國至此結束對越南自一八八四年以來，長達七十年的殖民統治。

定基礎。

一九五六年傳來一件消息，如同沙特對於共產主義和蘇聯幻想的致命一擊：蘇聯的坦克入侵布達佩斯。沙特公開譴責了這場侵略。埃維琳離開了他，但蜜雪兒仍然在他身邊。在沙特的一長串的「女人」名單中，加入了一位來自阿爾及利亞的法國女人阿萊特．爾凱姆（Arlette Elkaïm），她向他尋求幫助：作為孤兒，她渴望進入塞悟荷高等師範學院（l'École normale supérieure des jeunes filles de Sèvres），但她需要一位導師。當她成為沙特的情婦後，他更加地將她視如己出，卻和她共枕。對於沙特身邊的人，現在看來，這似乎是一場恆久的悲劇；他最忠實、最一往情深的蜜雪兒，正經歷一場嚴重的危機：她在沙特和年輕音樂家里韋利奧蒂（Réwéliotty）之間左右為難，她最終崩潰了，並與後者雙宿雙飛。這對於沙特是殘忍的揭露，他發現這當中延續了九年的背叛。同年，也就是一九五八年，波娃同樣從她身邊得知殘忍的消息，朗茲曼為了比她年輕的女孩離開她。這段出軌像洩了氣的皮球很快消散，但事情已成定局，對於波娃來說，一段十年的戀情終結了。同段時間，蜜雪兒回到沙特身邊，並再度地接受共享情人。蜜雪兒第三度地發現懷有沙特的孩子，且第三次墮胎。

古巴、巴西……如今，沙特和波娃像風一般地四處遊歷，毫不饜足；探索一切，分析一切，盡收眼底。趁著還有時間的時候，他們仍舊為阿爾及利亞人積極爭取。作為懲罰，沙特在波拿巴街上的公寓遭到祕密軍事組織（ＯＡＳ）的炸彈襲擊，這不會使像他一樣的男人喪失動力，他更加投入這場自由的鬥爭。旅行、演講、諷刺文宣日益積累，更不用提及重要的成就——他的福樓拜傳記、哲學和戲劇作品……以及女人們。

這位不可思議的矮小男人剛剛愛上一位俄羅斯女人莉娜．佐尼娜（Lena Zonina），他是一九六二年在莫斯科旅行期間認識她的。向「海狸」陳述過的數不清的情婦之中，她是唯一值得一書的……莉娜對於蘇維埃政權大力抨擊，沙特則收斂許多。這位作家需要花費很長時間才能醒悟。人們思忖，這個惡魔如果沒有借助龐大劑量的科利德蘭，要怎麼書寫？他剛從旅途中回來，就必須將大部分時間都花在精力充沛抑或較無性欲感的情婦身上。有難以忍受的萬妲、不幸福的埃維琳、憂鬱的爾凱姆和絕望的蜜雪兒．維昂——因為她的年輕戀人韋利奧蒂剛死於高速行駛的車禍事故；當然，還有「海狸」。

當他不斷地前去俄羅斯情人身邊時，「海狸」比往常更像極了他的角色——充當他的紅娘。被迫見證這段俄國戀曲的萌芽，波娃應該作何想法？不管怎麼樣，這個旁觀者都會傷痕累累，而後，最終成為了勝利者。據說佐尼娜是因為擔心拋下在俄羅斯的母親，所以拒絕沙特的求婚，實際上，她是擔心自己無法比得上沙特和「海狸」所建立的親密關係。許多事情相繼到來，一九六四年，諾貝爾文學獎頒給了沙特，這是繼卡繆（Camus）之後，五年來第二度授獎給法國人。阿萊特．爾凱姆的收養損及了其他人——波娃除外——的利益，他讓她成為所有財產的繼承人。

最新的一位嬌小女子西爾維・勒邦（Sylvie Le Bon）到來，剛滿二十歲的年輕哲學教師，令波娃墜入愛河並幫助她擺脫許多痛苦。在沙特的「女人」之中，朝吹登水子（Asabuki Tomiko）也來了；企求幸福失敗而感到絕望的另一個女人，埃維琳卻離去了。沙特開始喝越來越多的酒，他的身體狀況欠佳。他的「女人們」在他眼前彼此撕裂關係，他必須透過行動向她們證明，他仍然愛著她們。

但是，年過六十歲力不從心。他吃力地進行性愛，迎來四面八方的戰線，他的榮耀在一九六八年達到顛峰。他投入捍衛毛澤東；波娃則以拖沓的步伐，跟隨在他身後。比起毛澤東主義，她更喜歡女性主義；相比人民的利益，她更看重婦女的利益。一九七一年，爭取墮胎權利的運動讓她忙得不可開交，她就是著名「343個蕩婦宣言」（Manifeste des 343 salopes）的發起人。

波娃出版了《論老年》（*La Vieillesse*），而沙特出版了《家庭中的白痴》（*Idiot de la famille*），這是他獻給福樓拜那本傳記巨著的第一卷。但是他的健康狀況迅速下滑，生活作息幾乎是自殺式的；無視醫生的警告，他每天晚上繼續點燃兩包波爾香菸，並且將半瓶威士忌一飲而盡。

一九七一年五月十八日，他中風發作，是一連串病痛發作的第一次。他今年七十歲，這將持續九年。然而身體急遽的衰退，並不妨礙他繼續沉迷自己最愛的消遣：女人。他與一個二十歲的年輕希臘女人、哲學見習生海倫．拉斯奧塔科斯（Hélène Lassithiotakis）一起度過他生命的最後五年光陰。他再也無法提筆了，他同意戒菸但戒不了酒，他永遠也停止不了勾引的需求。一九八〇年四月十五日，沙特去世。在一九八六年四月十四日，也就是幾乎對她至關重要的伴侶去世後的整整第六年，輪到「海狸」波娃回歸塵土。

激情的泡沫——黛安娜王妃

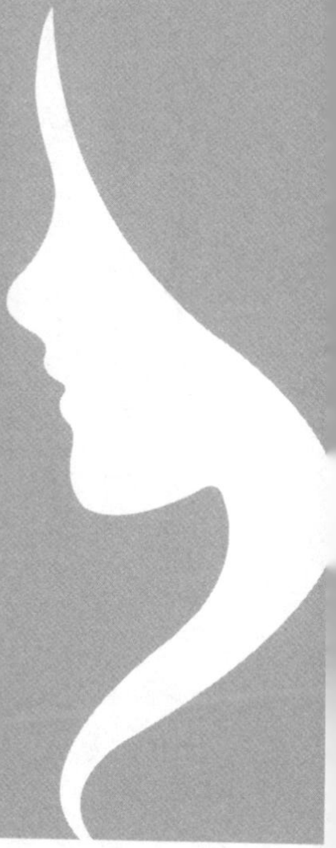

一九九七年八月三十一日。午夜過後，一輛黑色賓士離開麗思酒店（Ritz）。賓士後座坐著一對知名的戀人，他們正被一群狗仔隊追趕著。車子朝著該男子的私人公寓（位於鄰近凱旋門的阿森．侯塞路上〔Arsène-Houssaye〕方向前進。司機將油門踩到底，猛地衝進阿爾瑪廣場（Place de l'Alma）的地下隧道——那個死亡的隧道。突然，一陣令人驚駭的聲響，賓士撞上支撐隧道的一根柱子。一場悲劇將一個生命化作為傳奇。就像李．哈維．奧斯華（Lee Harvey Oswald）的子彈終結了甘迺迪（John F. Kennedy）的生命，人們感覺孤苦無依的那一天；在那個早晨，當我們聞知黛安娜王妃的死訊時，人們同樣地感到自己變成了孤兒。

這故事是關於一位英國貴族女孩，她成長於鄰近桑德令罕府（Sandringham）的帕克莊園（Park House）。據信，那是一幢無人居住的豪華宅邸之一，走廊上陳列著有貴族血統的家族製成紋章的祖先肖像。這是弗莫伊男爵（Baron Fermoy）的領地，他們的後裔弗朗西斯（Frances）與斯賓塞（Spencer）的繼承人結婚，後者的領地稱為奧爾索普莊園（Park House），座落在北安普敦郡（Northamptonshire），但這對伉儷選擇居住在帕克莊園。斯賓塞家族在十五世紀的綿羊貿易中累積大量財富。眾所周知，對於英國貴族來說，金錢可是沒有臭味的。法國男爵從來不會承認此事，而英國的對等階級亦不曾懷有這種複雜情結。兩個女兒是斯賓塞和弗朗西斯相愛的結晶。而一個幼小的男孩，緊隨著家人熱切的希望而來，卻只存活了十一天。一年後，極度希望產下另一個男孩，以修正自然錯誤的弗朗西斯，在一九六一年七月一日誕下……一名女孩，她的名字叫作戴安娜。沒多久，一個男孩，查爾斯（Charles）到來，這次兄弟姐妹成員完整了。

戴安娜很快便知道她應當被生作一位男孩，然而這無助於她像每個孩子夢想的那樣渴望被愛。確實，這個女孩什麼也不缺：一個優美的環境、一座大型的泳池，和一個充滿許多鳥兒、朋友們和禮物的公園。但是戴安娜在成長中並不快樂。當弗朗西斯和約翰．斯賓塞離婚時，她年僅六歲。她永遠無法擺脫自己應負擔起一部分責任的想法，畢竟她生來就是個女孩，一個不久以後到來的男孩並沒有使她自己被寬恕。黛安娜永遠不會忘記媽媽離開家門的腳步聲，它們像傷疤一樣刻在她的身上。或許很多父母離異的孩子，最終克服了悲劇，但黛安娜並不是其中之一；她受的痛苦比姐妹們更多，也比弟弟查爾斯更深。六歲，是體會被遺棄感受的關鍵年齡，儘管不再懷有幼兒的懵懂無知，仍未獲得年長者的成熟，這遺棄的印記永遠烙印在戴安娜敏感的心底。擺脫這個惡夢的唯一方法就是躲在幻想中，戴安娜為自己打造了一個世界，她在裡面與自己動物園中的毛絨玩偶對話，並在腦海裡創造出美麗、善良、忠實和深情的小說人物們；成為少女後，一切沒有改變，她沉迷於芭芭拉．卡特蘭（Barbara Cartland）充滿效力的騎士、迷人的王子和永恆愛情的羅曼史小說中。

十八歲時，戴安娜心中已準備好要嫁給白馬王子，不言而喻，是一位真正的王子。

在這些家族中，貴族之間相互通婚，斯賓塞勳爵對他的三個女兒寄予厚望。就像莎拉·斯賓塞（Sarah Spencer）不就請肯特公爵（le duc de Kent）來當她的教父，伊麗莎白二世（Elisabeth II）作她的教母嗎？而且幾個世紀以來，斯賓塞家族不是在宮廷中身居要職嗎？早在一九九七年，大家不是還見到大姐莎拉·斯賓塞（Sarah Spencer）和查爾斯王子（Charles Prince）調情嗎？當然，浪漫火花只維持了一個夏日時光，卻樹立了榜樣……最小的女兒在她的夢中見到了，比如名字可能叫做安德魯（Andrew）的白馬王子。好吧，非也，他將是查爾斯·溫莎（Charles Windsor），身為長子的威爾斯親王（Prince de Galles），被指定作為英國王位的繼承者。

四十歲時，這位抱定不婚的男子已成為歐洲最令人垂涎的王子。他的確流露出某些缺陷：他並不英俊，且花名在外，這件事還惹怒了循規蹈矩的母親。或許是為了在白金漢宮如此封閉的環境和溫莎家族束縛的教育之外，呼吸一些空氣，他流連花叢，且沒有過多考慮目前追求對象的家世背景。他與家庭成員並無二致：他的祖先愛德華七世（Édouard VII）是維多利亞女王（Reine Victoria）的兒子；或自己的父親是愛丁堡公爵菲利普（Duc Philip d'Édimbourg）。愛德華七世和查爾斯·溫莎的共同點是母親皆為不屈不撓的女王：維多利亞坐擁英國歷史上最長的統治時期，而伊麗莎白似乎想要打破她的紀錄。鑑於伊麗莎白的親生母親、瑪麗王后的長壽，十之八九可以肯定的是，查爾斯若想要執政的話，就需要有強健的身體，伴隨許多耐心。

在等待期間，查爾斯盡其所能地打發時間，最簡單的仍然是在蘇格蘭尼斯湖中捕撈鱒魚以及追逐美女之中輪替。查爾斯具有鋼鐵般堅定的優點，即不會有轉移情感，從一個人到另一個人的痛苦：他從未墜入過愛河。可惜的是，如同阿基里斯患有腳踝的弱點一樣，查爾斯亦然，她的名字叫卡蜜拉．尚德（Camilla Shand）。查爾斯與她相識於一九七二年，溫莎家族對於她並不陌生，因為她的祖母愛麗絲是國王愛德華七世的情婦。卡蜜拉尚未作好準備忍受王子見異思遷的性格，於是她離開了他，嫁給安德魯．帕克．鮑爾斯（Andrew Parker Bowles）。但是查爾斯並沒有忘記這位迷人的女子，過了一段時間後，她重新成為他的情婦——儘管被寵愛卻註定是情婦。儘管卡蜜拉離婚了，依據迫使愛德華八世退位，以便有權留下離婚的華麗絲．辛普森（Wallis Simpson）的「溫莎判例」，她不能嫁給王儲。

一九八〇年代初期，情況就是如此：四十歲的查爾斯，被母親和父親愛丁堡公爵催促結婚，因為這攸關皇室的未來。順從的查爾斯，於是開始尋找他的未婚妻：一位能夠表現得謹言慎行、保持沉默，並對於他的真愛卡蜜拉．帕克．鮑爾斯視若無睹的未婚妻。

身在這個悄無聲息的世界裡，如此愛幻想、多愁善感的戴安娜，怎麼能猜得到這個欺瞞呢？在一九七九年，查爾斯已在一次狩獵途中遇見戴安娜，當時他幾乎沒有注意到她，然後他再次碰見了她。她姿態優雅，相當漂亮，她的血統不容置喙。伊麗莎白二世不斷催促兒子展開追求。一九八〇年的秋天，他邀請戴安娜到他最喜歡的宅邸，蘇格蘭的巴爾莫勒爾（Balmoral）。一開始就產生了誤會：查爾斯想要尋找一個妻子；戴安娜則要尋找她的白馬王子。但是在這些上流社會裡，他們深諳求歡，以至於可憐的戴安娜蒙蔽了雙眼。她愛上了沒有什麼要求的查爾斯，甚至愛得瘋狂，因為她做事從來不會半途而廢。接下來的事情，大家都曉得了：一九八一年二月二十四日，宣布訂婚；七月二十八日，在全世界深為著迷的民眾和電視機面前，世紀婚禮於焉展開。查爾斯和女王都沒有預料到的是，首次亮相後，戴安娜就成為英格蘭及其他地區所有善良人民的偶像。對於溫莎家族來說，這代表他們欠缺高雅風範，被民眾喜愛不是這個家族的處事風格。相反地，大眾的明智很快地發現，王妃有著一副埋藏在美麗臉龐和迷人笑容底下的好心腸。

現在，一場悲劇準備上演，因為這其中有詐。婚禮前一天，查爾斯在卡蜜拉・帕克・鮑爾斯充滿愛意的懷抱中度過，他費盡極大的力氣離開她，前去履行他的責任。戴安娜近來才得知這段關係，但又該如何退縮呢？更糟的是，查爾斯既忠誠又粗魯，向她承認「他不愛她」。他覺得自己很誠實；但戴安娜大受打擊。她的伴侶就如王儲擅長的那樣，虛偽地照章行事，但是在最後一刻——從坎特伯雷大主教那裡接過手中的聖餐餅之前——竟誠心誠意，以便減輕良心的譴責。戴安娜正值十九歲，一頭栽倒在地；但她冷靜了下來，她認為自己比卡蜜拉更漂亮，誰能抵抗一位深情女人的熱情呢？這不就是禾林（Harlequin）系列愛情小說發展的情節嗎？一旦結婚後，大家都會等著瞧，是她或卡蜜拉能奪走王子的芳心！在那之前，這是一位悲傷的王妃，她成功在全世界的電視面前演出幸福的喜劇。

接下來的事情不過是場騙局，在官方微笑和合宜展現的幸福之中延續下去。其他王妃都懂得逆來順受，戴安娜則不然。對於查爾斯來說，這並不是第一次王子的婚禮在缺乏愛的情況下舉行。婚姻不就是一件過於嚴肅的事情，以至不會被愛情束縛嗎？如果愛情偶然在婚禮中結合，當然是再好不過了，但這並不是必要的條件。這個條件只對於無其他要事可做的平民有利，但對王子無益。戴安娜，她在婚禮之日受到千刀萬剮的痛苦。當查爾斯有氣無力地在公眾面前第一次親吻她時，她開心得想要大聲呼喊。在戀愛裡，她只能是真誠的。沒有任何事情比一個戀愛中的女人不被愛來得更可怕，當然，她認為自己可以重新振作起來：她很漂亮，比在照片上見到的卡蜜拉更具吸引力；她一定能夠征服查爾斯，他將會走向她，這是遲早的事。只是查爾斯．溫莎猶如摯愛一樣地珍視卡蜜拉，而這件事，黛安娜還未察覺。

若不是查爾斯使她的任務變得輕鬆，至少她能夠期望依靠一個友好的共犯。忘記了在這個她剛從大門踏入的白金漢宮裡，友誼並不存在，更無愛情可言。伊麗莎白王后，極度令她不愉快的婆婆，將她看作是從賽馬大會贏來的牝馬，任務是為皇家的種馬場綿延子嗣。

年邁王母太后[1]——「母太后」（Queen Mumm）——掛著溺愛孩子的慈母的微笑，卻是個對她絲毫不伸出援手的虛情假意之人。鑑於她嶄新的身分，她無法挽著一個女性朋友的手在大街上散步，或是突然其來地拜訪另一個朋友。日子在令人厭煩的官場儀式和沙龍禮節的沉悶節奏中流逝。當她偶然在查爾斯的記事本中發現卡蜜拉的照片時，她可以向誰吐露她的心慌意亂呢？誰也不能，一個威爾斯王妃不能像平民那樣地在母親的懷抱裡哭泣。這是一條死胡同。她希望自己不再忍氣吞聲，就像她在賽德港所嚥下的委屈：皇家遊艇不列顛尼亞號（Britannia）在中途停靠港口，那時正是他們蜜月旅行時期；查爾斯那天早上戴著袖扣，上面飾有代表弗雷德（Fred）和格拉迪斯（Gladys）的首字母F和G——這是查爾斯和卡蜜拉私下使用的暱稱。於是，無法與任何人談論她遭受的痛苦，戴安娜嘗試透過進食或吞食來撫平悲傷。

她變得暴飲暴食，甚至嘔吐。在這個比墳墓還陰冷的宮殿中，有哪個人能夠察覺到——儘管在壓抑的情況之下——這個求救的呼喚嗎？沒有人！查爾斯尤其不能。她可以增加體重，如果這可讓他開心的話，但他視而不見，因為他眼中沒有她。一九八二年一月，她反應更加激烈，叫嚷威脅著要從白金漢宮的樓梯高處跳下去！結果就是，已經不太喜歡她的女王開始討厭她。「這麼沒有教養，一定是個瘋子吧！」多麼殘忍的無動於衷！為了避免始終可能發生的醜聞，查爾斯對戴安娜表現得更加友善，誰知這比冷淡還糟糕。她期待愛情，他卻憐憫她；他們之間的鴻溝變成了深淵。確實，兩個孩子出世了，足以向丈夫說明她竭盡所能地討他歡心的兩個兒子——威廉（William）和哈利（Harry），他們將成為她緊緊攀住以免沉淪的救生圈。但最重要的是，她仍持續缺乏男人的愛。最終，在這個如同傀儡戲的宮殿裡，成為安德魯王子的妻子——莎拉·弗格森（Sarah Ferguson）個人的朋友。至少她有膽量，使得她的丈夫和所有不知道如何擺脫她的溫莎家族，過著煉獄般的生活。莎拉興高采烈的身影終於讓黛安娜露出嘴角的微笑。時間過得越久，查爾斯對卡蜜拉·帕克·鮑爾斯的愛意越濃；卡蜜拉的丈夫對妻子的出軌視而不見，以換取流星般一閃而逝的事業。

查爾斯愛卡蜜拉幾乎是人盡皆知的事情，因此戴安娜扮演了一個掛著微笑且被背叛的元配。當然，無法百依百順地帶著笑容，因為她處在憤怒和悲傷之間。她打破擺飾，並對他大吵大鬧，甚至拿刀割自己的手臂和大腿；可嘆溫莎家族厭惡矯揉作態，她被視為瘋子。查爾斯很幸福，他在巴爾莫勒爾擁有蘇格蘭短裙和釣魚線，且和卡蜜拉一起度過的夜晚。而戴安娜，她只有孩子們。

一九八六年十一月，這對王室伴侶分房睡，這也是黛安娜開始喜愛騎馬的時期。在她一直對馬保持戒慎的時候，這股突然的熱情從何而來？戴安娜和某一位名叫休伊特的少校

---

1 指伊莉莎白王后（Queen Elizabeth），英王喬治六世王后、英國女王伊麗莎白二世之母。

一起上騎馬課，最終迷戀上他。詹姆斯．休伊特（James Hewitt）是一名皇家騎兵隊軍官。不論如何！一眨眼間，她和休伊特成為了戀人。她帶著熱情，全副身心地投入。當然，人們在官方照片中看到戴安娜和查爾斯出雙入對，但是，最經常的情況是，當戴安娜在倫敦時，查爾斯獨自在巴爾莫勒爾。他們已無法再掩蓋事實：查爾斯和卡蜜拉情濃蜜意，黛安娜和休伊特也是。一切無比完美，至少對查爾斯來說是這樣，因為戴安娜氣憤，她竟然被溫莎家族如此地愚弄。

她盡其所能地，運用她的武器反擊，就像那一日，她在印度泰姬瑪哈陵（Taj Mahal）前拍下獨自一人並且沉思的照片，沒有丈夫在旁。這個象徵之所以強烈，是因為泰姬瑪哈陵是由一位偉大的蒙兀兒帝國（Moghol）皇帝為他已故的年輕妻子，因為愛而興建的陵墓……如今，戴安娜決心不再扮演不存在的幸福喜劇了。如果這在眾目睽睽之下發生，那就再好不過了。英國小報爭先恐後地報導威爾斯王妃的不幸……女王的妹妹瑪格麗特公主（Princesse Margaret）為了彼得．湯森（Peter Townsend）的戀情在別墅裡哭泣的那段日子，恍若隔世。當然，安德魯王子與愛開玩笑的莎拉間的多次爭吵，稍微活絡了白金漢宮的氣氛，但這有點像齣鬧劇，因為他們床頭吵，床尾和。有了黛安娜，大家一定能得到更扣人心弦的故事。

一九九二年，這位王妃向記者安德魯．莫頓（Andrew Morton）在《戴安娜，她的真實故事》(*Diana, sa vraie histoire*)一書中吐露她的祕密，這猶如引爆一顆炸彈般，為伊麗莎白二世(Élisabeth II)招致噩夢。戴安娜在書中道盡一切：她與查爾斯的私生活、後者對卡蜜拉的愛、她的悲痛；她成功復仇，同情她的廣大民眾感動得熱淚盈眶……她是被遺棄的可憐王妃，查爾斯只是粗野的人。王室家族令人窒息。

然而，戴安娜持續地不開心。她曾經相信，如果愛上一個人，她會感到幸福。她誤解了。或許是她要求過高？或許是她太脆弱了；也許是她嚇跑了那些人，雖然他們確實感動並以雀屏中選為豪，卻不禁在承諾面前覺得害怕？黛安娜並不平靜，她不能沒有內疚感地接受一個情人，縱使知道查爾斯不帶複雜情緒地談著他的戀愛，但她的性格卻大不相同。黛安娜不見異思遷，她仍然是個童話故事迷。詹姆斯．休伊特能夠扮演情人，卻不會是白馬王子的角色。首先，他已婚，這使他的生活並不輕鬆。再者，作為士兵必須前往他被派遣的地方，意味著他得先去德國，而後在一九九〇年波斯灣戰爭期間前去沙烏地阿拉伯。這個分離對戴安娜來說是悲慘的。她滿足於短暫的離別，卻不能忍受持續的分離。她能依靠誰呢？周圍幾乎無人可以讓她信任。總之，在一九九一年，她和休伊特和平分手。任何消息皆逃不過女王陛下的耳目，伊麗莎白二世非常清楚兒媳的出軌行為。早就因為卡蜜拉的問題勃然大怒的女王，認為這簡直太過火了，溫莎家族的宮廷可不像薩達那帕拉君主那樣！他們有性愛的權利，但只能在檯面下。在這個家族中，偽善被當作是國家的職責。這使得伊麗莎白更加憎惡戴安娜。還好有額外的附帶收穫：她兒媳的失戀。

戴安娜進入了最糟糕的迴圈，在沒有愛的地方找尋著愛情。在往後時光中，她大多數的「被征服者」都是已婚男人，他們絲毫不願意離開妻子，並且樂意地滿足於與王妃無傷大雅的一夜激情。大衛・華特豪斯（David Waterhouse）、詹姆斯・吉爾比（James Gilbey），甚至橄欖球員威爾・卡林（Will Carling）都是陪襯的角色。

無論如何，只要她和查爾斯還是夫妻，就不可能發生任何嚴重的事情。她再次清醒時就察覺了這一點。至於查爾斯，他願意付出一切換來表面的和平。他將肯辛頓宮（Kensington Palace），即威爾斯親王的住所留給她。她在那裡過著孤獨的生活，在體操和舞蹈教練、音樂、絨毛玩具，以及閱讀（依舊的）芭芭拉・卡特蘭和丹妮爾・斯蒂爾（Danielle Steel）中共享的一份孤寂。再加上花費在各種東方和西方另類療法的時間上……相信您對於戴安娜的生活有清楚的了解。唯有電話連結她至世界各處……如果沒有電話，她便覺得被監禁起來。該怎麼辦呢？如果她出門，一群晝夜埋伏的記者，便會立即朝她撲來。她成為了最多狗仔騷擾的王妃。因此，她不斷地打電話給那些試圖在她身邊建立起小圈子的成員，他們大多數是成為朋友的治療師。她有一種攸關生死且近乎病態地傳達自己感受的需要，如同太長時間保持緘默和心照不宣的這件事，足以激起她傾訴衷腸的欲望，甚至可以連續十個小時在電話中，有必要的話可以是一整個夜晚；要小心提防那些辜負她給予友誼的人，她可能表現得很殘酷，並從圈子中剔除他們。

痛苦和缺乏安全感，抵抗著魔鬼和她對愛情無法遏制的渴求，她如何表現得寬容？她存活下來，並且以一個毀滅性的自戀作為代價，盡一切努力使自己不會深陷困境中。然而，她並非患有強迫症，投入在關懷那些生命受過傷的人的行動是真誠的。她在這方面的表現，遠遠勝過溫莎家族的慈善事業，後者對他們種馬場的馬匹比對他們的同胞更感興趣。在她悲劇性的死亡後，永不吝惜吸引讀者的各大報刊，把她塑造成德蕾莎修女再現。這顯然過火了，但她值得享有「人民的王妃」之稱號。兒童、老人、愛滋病患者、反步兵地雷的受害者、無家可歸之人、囊性纖維化患者、帕金森氏症患者……都有權利獲得她的同情和援助之手。這為她贏得全世界的歡迎，或許是一位王妃所能引起的最高聲望。當然，一如所料，引起了她家人的不悅；去接觸愛滋病患者，對女王來說欠缺優雅風範。

戴安娜不放在心上，激怒溫莎家一部分能平息她的火氣。但是，還有另一個持續存在的激情：為了她自己，自己對愛與被愛永不知足的追求。另一方面，自一九八五年以來，她認識了奧利佛．霍爾（Oliver Hoare），是在後者與查爾斯王子出於對東方神祕主義的共同愛好而結為好友的同一年。當時，王妃幾乎沒有注意到他。但是從一九九一年開始，一切都改變了，霍爾成為戴安娜的知心好友；而戴安娜因為一個由伴侶造成的悲劇，再加上和休伊特註定失敗的愛情，已傷痕累累。接著，霍爾從知己變成欲望的對象，而他自己墜入了愛河。戴安娜重拾生活的情趣。

奧利佛．霍爾是誰？他是一位富有的藝術品交易商，對蘇非（Soufie）文化和神祕主義[2]充滿熱情。隨後三年，如暴風雨般激烈和熱情的交往。當一切順利時，黛安娜表現出自己是最溫柔的伴侶，但是當她察覺或預感到交往上有一丁點的不對勁，她就會驚慌失措；因此顯得令人無法忍受，她對霍爾進行電話疲勞轟炸，每天十次、二十次；也會待在他的門前窺伺著，持續好幾個小時，只為了有機會見到他，哪怕僅是片刻……她就像發瘋了似的，占有欲過強。無論他對戴安娜懷有什麼樣的情感，面對必須稱為騷擾的這個行為，他打退堂鼓了。他已婚、有小孩，如今他的家庭有被王妃過分的行徑破壞的可能。一點一滴地，他放棄了。他曾經像休伊特和其他人一樣，相信可以滿足戴安娜，如今和其他人一樣明白，這是不可能的事情。面對這個拋棄，戴安娜極度低潮，堅信這是她的問題，她已經無法用足夠的愛激勵霍爾留下來。她感到心痛欲裂，一方面公眾輿論認為她光鮮亮麗；另一方面，卻是空洞和深淵。她畢生都徒勞地試圖調和這兩方面。

至少與奧利佛．霍爾的交往，留給她的是對東方與日俱增的熱愛。一九九四年，當這段關係終結並被埋葬時，有人看見她正在閱讀一位劍橋大學教授阿克巴爾．艾哈邁德（Akbar Ahmed）的著作，後者將是朝向新戀情的擺渡人。一九九一年，她遇見了艾哈邁德，在某個應王妃要求籌辦的伊斯蘭研討會上，她掛心著要更進一步了解令她著迷的宗教和文明。

當然，這個教授並沒有被一種興趣所迷惑，這種興趣恰好與她當時的情人休伊特少校去波斯灣的時間相吻合。但若認為這僅僅是關於她對一個男人的愛所支配的熱情，是不正確的。因此她必須正式出訪巴基斯坦，並希望從艾哈邁德教授的口中得知一切，以免犯下錯誤。

九月底，她在拉哈爾[3]（Lahore）扮演著完美的人民公主：在窮困的孩子、醫院瀕死之人的身邊……不需要足夠的智識，也可以猜到她的內心同樣受了傷。她覺得巴基斯坦的男子英俊且可靠，把他們理想化，並將他們視為一名東方的王子，一名東方的白馬王子。查爾斯無所謂地聳了聳肩，前往尼泊爾；而戴安娜前去加爾各答（Calcutta）探望德蕾莎修女，撫慰和減緩垂死之人的痛苦。就現況而言，唯有這樣的行動能讓她平靜；想要在粗野無禮教的溫莎家族中求生存，必須有過人的膽量。

事實上，在一九九四年六月，或許是受到卡蜜拉施加的壓力，查爾斯公開發表了一項粗魯的聲明：沒錯，他對妻子不忠，但他能依據一個無懈可擊的藉口：他從來沒愛過她。確實，國王們，尤其是英格蘭的那些國王，無數的卑劣行為使我們習以為常了；但我們承認吧，查爾斯在這方面發揮得可圈可點。黛安娜想以其人之道，還治其人之身。換句話說，

2 指伊斯蘭教派的一種神祕主義。
3 巴基斯坦的第二大城市。

報仇。

一九九五年十一月二十日，在黃金時段播出的知名節目《廣角鏡》（*Panorama*）中，她全盤托出，向所有溫莎家族的人直言不諱：揭發丈夫的醜事，並講述她的暴食症、恐懼和被遺棄。從來沒有王室妃子可以如此地剖白心跡；毫無疑問，女王一定差點暈厥過去。史無前例！最糟的是，她總結道，她毫不在乎無法成為這個國家的女王，她寧願成為人民的女王，因為整個世界都忍受著缺乏愛的痛苦……對女王來說，這是一個戰爭藉口；對黛安娜而言，卻是一場勝利！一場從此贏得老百姓高度讚揚她的勝利，因為她跟他們一樣感同身受。

伊麗莎白二世咒罵她：她不是溫莎家族的人，從來都不是，這個外人必須被趕走。昨日出於謹慎而對查爾斯離婚一事反感的女王，這一次鐵了心，甚至必須加快速度以免為時已晚。戴安娜繼續以殿下的身分談話肯定是最糟糕的事，但若當她只是威爾斯親王的前妻時，他們就可以喘口氣。但戴安娜不會任人擺布。

她知道他們的致命弱點，就是金錢。這個富可敵國的家族視財如命，因此，為了離婚，她設立了很高的標準，最終獲得一千七百萬英鎊的贍養費，加上每年額外的四十萬英鎊的補貼，此外附帶享有肯辛頓宮（Kensington Palace）和保留她的威爾斯王妃頭銜。一九九六年八月二十八日，大勢底定：戴安娜與查爾斯離婚。

她自由了，總算……並且戀愛了，她的心再次地跳動起來。自從一九九五年九月，她前去專治心臟和肺部的皇家布羅普頓醫院（Royal Brompton Heart and Lung Hospital）那一天起。她不是為了尋求治療，而是去拜訪一位珍視並且重病的患者：她的針灸師烏娜・杜佛洛（Oonagh Toffolo）的丈夫喬瑟夫・杜佛洛（Joseph Toffolo）。

當專攻心臟外科的巴基斯坦籍醫師哈斯納特・可漢（Hasnat Khan）進入房間時，戴安娜正在剛施行完手術的病人床邊。他今年三十六歲，有雙漂亮的手掌和十分迷人的眼睛。戴安娜一見到他，就深深地動了心。至於他，老實說，全心在他的工作中，幾乎沒看她一眼。哈斯納特出身於巴基斯坦的一個上流社會家庭，受過良好的教育。他在一九九二年來到倫敦之前，曾在巴基斯坦和雪梨的醫院工作，這是一位富有同情心、全心全意為患者服務的醫生，他的這一面性格觸動了戴安娜。她返回了一次、十次、二十次……幸運的是，如果可以這麼說的話，她朋友喬瑟夫的身體狀況需要長期住院。然後她邀請哈斯納特到肯辛頓宮，他們充分地認識彼此。很快地兩人一起走在大街上，參加音樂會。她找到方法擺脫跟蹤她的一群狗仔，她偽裝自己：牛仔褲、夾克、假髮、墨鏡……她如此地深愛哈斯納特・可漢，甚至可以忍受他身上一些正常情況的重大缺陷：他抽菸抽得很兇並且胡亂飲食。她如此迷戀，以至於為他下廚並坐上他搖搖欲墜的車。她以高度謹慎的代價，成功保護他們的隱私和祕密。戴安娜很幸福。

終於，愛上一個男人，也就意味著想要了解他的家人，所以她只有一個念頭，就是去見見哈斯納特的家人；她幾乎是一名孤兒，她的原生家庭嚴峻死板，而溫莎家族排擠她。戴安娜開始與哈斯納特的祖母南妮·阿帕（Nanny Appa）積極聯繫，並會見她情人住在倫敦的的家人，特別是他的兩個叔叔——賈瓦德·可漢（Jawad Khan）教授和奧馬爾·可漢（Omar Khan），後者和一位英國女人結婚。沒多久，她也結識了億萬富翁詹姆斯·戈德史密斯（James Goldsmith）的女兒珍美瑪（Jemima），她與板球明星球員伊姆蘭·可漢（Imran Khan）結婚。

這些英國女性是如何在保有她們性格的同時，成功地融入另一種文化呢？這個問題盤繞著想要與哈斯納特·可漢建立家庭的戴安娜。一有機會，她便前往巴基斯坦進行人道援助，同時與可漢的家人會面，猶如在一九九六年二月，當時她尚未離婚呢。麻煩的是，媒體尾隨在王妃身後，而可漢一家人想要安定的生活。於是，她為病童奉獻心力，與可漢家人之後再會面吧，她知道如何等待。戴安娜有了極大的轉變，她更加地愛自己，也許這是第一次，為了自己而自愛。哈斯納特確實與她過往的情人大相徑庭。哈斯納特寧願在切爾西（Chelsea）凌亂的學生公寓中和她度過平淡的日常生活，也不願待在肯辛頓宮。他不喜歡富麗堂皇的宮殿，或是被服侍，也或許他最討厭的是媒體。在他身邊，戴安娜學習下廚、洗碗和使用熨斗。而這讓她開心！

無庸置疑，在戴安娜離婚後，她希望和哈斯納特結婚並為他生下孩子。由於她的名氣和媒體，這在英國將是非常困難的事情。從那時開始，她只夢想生活在其他地方，考慮著開普敦、雪梨和美國。問題是，哈斯納特不想離開英國，不想離開他的病人和同事們。該怎麼辦呢？最糟的是，在旁窺伺的媒體，終於發現了這祕密的戀情。一九九六年十一月三日，《星期日鏡報》（*Sunday Mirror*）以頭條揭露了戴安娜的新歡。戴安娜走投無路，在沒有與哈斯納特商量下，便欺瞞他身邊的人，向一家報刊競爭對手吐露她從未愛過哈斯納特，這個揭露深深地傷害了他。後者對於在違背他意願的情況下被當作公眾輿論的題材，顯得震懾不已。他和王妃分手了幾個星期，然後他回來，原諒她。她向他保證，她完全是出於愛才如此做的，即使她錯了。但是這謹慎的男人戰勝了情人，他決定在自己和王妃之間拉開一些距離，並全心投入他的外科醫生職業。黛安娜重新變回了黛安娜並感到恐慌。她撥打無數通電話給醫院總機，亦喬裝打扮，在他切爾西公寓前面的一輛汽車裡站崗，等待她的情人好幾個小時。然後她冷靜下來，恢復鎮定。

在一九九七年初，開始了一項全球性的運動，以便終止毀滅數千人性命的一個禍害：

反步兵地雷[4]。朋友們前來尋求她，因為大家需要一個代表人物來推動全球的輿論風向，沒有人比她更能勝任。在一月中旬，戴安娜身著牛仔褲和防彈背心，穿越安哥拉（Angola）的地雷區，並在盧安達（Luanda）的醫院將傷殘的孩童抱在懷裡。

這個經歷滋養了她的內心，以至於在回去後，她的焦慮一掃而空。結束突如其來的眼淚、不定時的電話轟炸和歇斯底里的表現。戴安娜從此開始泰然地、平靜地愛著哈斯納特；她比往常更加堅決地要嫁給他，她會因為愛而單純地說服他，會對他的文化敞開心扉，最終進入他的世界。可惜，戴安娜並未充分地了解他們的文化差異。哈斯納特是一個普什圖人（pachtoune），是巴基斯坦最驕傲和最傳統的民族之一，家庭是他們的支柱。在這個部族中，人們要麼在普什圖族之間選擇對象結婚或與來自另一個氏族的友好成員結婚。哈斯納特的母親納希德（Naheed）夢想著為她的兒子做這件事，她從不隱藏這個想法。雖然，納希德的兄弟奧馬爾．可漢娶了一個英國女人，但這是奧馬爾一意孤行才能實現。因此，哈斯納特在面對戴安娜的愛與母親的愛之間左右為難。

然而，黛安娜在一九九七年五月二十二日，滿懷希望地，以官方的名義抵達拉哈爾，為了參加她朋友珍美瑪的丈夫伊姆蘭．可漢成立的新醫院落成典禮。實際上，主要是為了見哈斯納特的家人，他們願意接待她和極為熱烈地歡迎她，卻同時避免直接切入事情的核心。這只是一個禮貌的拜訪，僅此而已。從那一刻開始，黛安娜似乎變得憂鬱了，為了使她內心的魔鬼緘默，她狂熱地投入活動：反對地雷的運動令她分身乏術，她從一架飛機跳到另一架。六月，人們看見她與德蕾莎修女在紐約貧民區手挽著手。

同個期間，哈斯納特遭受痛苦，和她一樣的不幸福，始終左右為難，始終舉棋不定。看來不僅是因為文化的衝突，也因為她是一個精神領袖。哈斯納特只渴望有一個私密的幸福，他是否預感到和戴安娜在一起，這一切都將無法實現？不得而知，但是，無論如何，他拿不定主意且在原地打轉。六月底，悶悶不樂的戴安娜，同意與她的兒子威廉和哈利，在億萬富翁穆罕默德・法耶茲（Mohamed Al-Fayed）泊於聖羅蘭度瓦（Saint-Laurent-du-Var）港口的遊艇上度過幾天的假期。這齣悲劇登場了。

這對她而言，是與孩子們度過的愉快時光。但是她怎麼驅除明擺在她眼前的事實：她的愛情陷入僵局。穆罕默德・法耶茲猜中了在略為勉強的喜悅背後，公主的真正悲傷？無論如何，七月十四日，他邀請兒子多迪（Dodi）加入他們的行列。他笑容滿面、活力四射、充滿幽默。多迪正與未婚妻模特兒凱莉・費雪（Kelly Fisher）譜著美好戀曲，且預備在月底於洛杉磯結婚。這沒關係，再說，這不過是幾天的假期罷了。

4 指一九九七年簽署的《渥太華條約》（*Ottawa Treaty*），宣布禁止使用、儲存、生產和轉讓具對人員殺傷力的地雷，及銷毀、完全禁止一切殺傷地雷。

誰是多迪・法耶茲？一位四十二歲的花花公子、環遊世界的富豪人物，他參與好萊塢電影製作並獲得一些成功。多迪不知道該如何拒絕他的父親，於是他即刻抵達。戴安娜對他並不陌生，她曾多次在正式聚會上遇到他，但並未激起她多大漣漪。但他是可遇不可求的，不矯揉造作、膚淺而有趣；恰好適合戴安娜，她促使自己投入感情。的確，當她和兒子們於七月二十日回到倫敦時，她感覺好多了，至少在表面上。此刻在她腦中打轉著什麼念頭嗎？這極有可能。

可以肯定的是，七月三十日她在肯辛頓宮與哈斯納特・可漢碰面。那一天，這兩個人之中，是哪一位提出分手的？是她？是他？眾說紛紜。但是，或多或少可以肯定的是，這段關係確實破裂了。然而，毫無疑問，戴安娜無法將哈斯納特拋在腦後，她從來都不是一個放棄夢想的女人。那麼，為什麼不試著讓她愛的男人嫉妒，以便說服他跨越那一步呢？仍然非常弔詭的是，八月十日刊登在新聞頭版上的那幅著名照片顯示他們摟抱在一起，那是由唯一一個知情法耶茲遊艇停泊處的攝影師所拍攝的。是誰通知他的？是戴安娜嗎？還是一個朋友？我們不清楚。

可惜！效果失敗了，哈斯納特沒有反應，但黛安娜不打算放棄。自八月二十一日開始，她將與多迪一起在海上旅行整整十天。她做什麼呢？她電話轟炸最親近的朋友們。他們後來作證，發自內心地深信：多迪是一場夏日戀曲，的確非常令人開心，但只是一時的迷戀，僅此而已。戴安娜絕對不可能嫁給他。她堅信嫉妒最終會使哈斯納特如心臟電擊一樣清醒過來。可嘆的是，後者只能躺在西敏寺大教堂的告別儀式上的棺材中，重新見到王妃。一張照片顯現他在人群中痛苦倒下。

八月三十一日晚上阿爾瑪橋下發生的悲劇性事故，永遠地將戴安娜・斯賓塞變成了精神象徵。

Bitch！歷史中最美麗叛逆、敢作敢為的15位婊子英雄

Polissonnes : les grands secrets d'alcôve de l'histoire

作　　者／皮埃爾．盧內爾（Pierre Lunel）
譯　　者／克蘿伊
責任編輯／陳姿穎
封面設計／任宥騰
內頁設計／家思編輯排版工作室
行銷企畫／辛政遠、楊惠潔
總 編 輯／姚蜀芸
副 社 長／黃錫鉉
總 經 理／吳濱伶
發 行 人／何飛鵬
出　　版／創意市集

Bitch！歷史中最美麗叛逆、敢作敢為的15位婊子英雄 / 皮埃爾．盧內爾（Pierre Lunel）著；姜盈謙譯. -- 初版. -- 臺北市：創意市集出版：英屬蓋曼群島商家庭傳媒股份有限公司城邦分公司發行, 2021.04
面；　公分
譯自：Polissonnes : les grands secrets d'alcôve de l'histoire
ISBN 978-986-5534-36-3（平裝）
1. 女性傳記
781.052　　110000504

發　　行／英屬蓋曼群島商家庭傳媒股份有限公司城邦分公司
香港發行所／城邦（香港）出版集團有限公司
香港灣仔駱克道193號東超商業中心1樓
電話：(852) 25086231
傳真：(852) 25789337
E-mail：hkcite@biznetvigator.com

馬新發行所／城邦（馬新）出版集團
Cite (M) Sdn Bhd
41, Jalan Radin Anum, Bandar Baru Sri Petaling,
57000 Kuala Lumpur, Malaysia.
電話：(603) 90578822
傳真：(603) 90576622
E-mail：cite@cite.com.my

展售門市／台北市民生東路二段141號7樓
製版印刷／凱林彩印股份有限公司
初版一刷／2021年4月
I S B N／978-986-5534-36-3
定　　價／460元

若書籍外觀有破損、缺頁、裝訂錯誤等不完整現象，想要換書、退書，或您有大量購書的需求服務，都請與客服中心聯繫。

客戶服務中心
地　　址：10483 台北市中山區民生東路二段 141 號 2F
服務電話：（02）2500-7718、（02）2500-7719
服務時間：週一至週五 9：30～18：00
24 小時傳真專線：（02）2500-1990～3
E-mail：service@readingclub.com.tw